열반종요
涅槃宗要

동국대학교 불교기록문화유산아카이브사업단(ABC)
본서는 문화체육관광부 지원으로 동국대학교 불교학술원에서 간행하였습니다.

한글본 한국불교전서 신라 20
열반종요

2017년 10월 20일 초판 1쇄 발행
2024년 05월 10일 초판 2쇄 발행

지은이 원효
옮긴이 이평래
발행인 박기련
발행처 동국대학교출판부

출판등록 제1973-000004호
주소 04626 서울시 중구 퇴계로36길2 신관1층 105호
전화 02-2264-4714
팩스 02-2268-7851
Homepage https://dgpress.dongguk.edu/
E-mail abook@jeongjincorp.com

편집디자인 나라연
인쇄처 네오프린텍(주)

ⓒ 2024, 동국대학교(불교학술원)

ISBN 978-89-7801-593-6 93220

값 16,000원

이 책의 무단 전재나 복제 행위는 저작권법 제98조에 따라 처벌받게 됩니다.

한글본 한국불교전서 신라 20

열반종요
涅槃宗要

원효 元曉
이평래 옮김

동국대학교출판부

열반종요涅槃宗要 해제

이 평 래
충남대학교 명예교수

1. 『대반열반경大般涅槃經』의 종류

원효가 『열반종요涅槃宗要』에서 분석의 대상으로 삼고 있는 『대반열반경大般涅槃經』에 대해 먼저 알아보겠다. 이 경은 크게 두 가지 종류로 분류하여 설명할 수 있다.

첫 번째, 『마하빠리닙바나쑷딴따(Mahāparinibbāna-suttanta, 大般涅槃經)』이다. 이는 빨리어(Pāli)로 기록된 남방 상좌부의 경장으로서, 장부長部(Dīgha-nikāya)의 제16경이다. 한역漢譯 『장아함경長阿含經』 제2경의 『유행경遊行經』 및 독립된 『불반니원경佛般泥洹經』 2권, 『반니원경般泥洹經』 2권, 『대반열반경大般涅槃經』 3권은 이 빨리어 경전에 해당한다. 이 경은 장부 경전 가운데에서도 가장 긴데, 석가모니 부처님이 라자그리하(Rājagṛha, 王舍城)를 출발하여 마지막으로 밟은 꾸쉬나가라(Kuśinagara)에 이르는 여정과 그때 있었던 일, 설법하시던 광경 그리고 대반열반大般涅槃(Mahāparinirvāṇa)에 드신 뒤에 다비茶毘를 하고 사리舍利를 분배하는 일들을 상세하게 기술하고 있다. 부처님의 전기에 있어서는 확실하게 알려지지 않은 것들이 많지만, 이 경전은 부처님께서 열반에 드신 전후의 사정을 명확하게 알려주고 있다는 점에서 매우 중요한 자료이다. 부처님께서는 언제 어디서나 법法(dharma)과 율律(vinaya)을 스승으로 삼아 게으름을 피우지 말고 정진하라는 최후의 유훈을 남기시고, 꾸쉬나가라의 샬라(śāla) 쌍수雙樹 아래에서 대반열반에 드셨다.

꾸쉬나가라 부근에는 특히 샬라 나무가 많다. 이 나무는 용뇌향과龍腦香科에 속하는 열대식물로서, 줄기는 매우 길게 자라며 재질은 견고하다. 건축용의 목재로서 최적이기 때문에 인도 정부에서 많이 심어서 키우고 있다. 석가모니 부처님이 꾸쉬나가라에서 80세로 대반열반에 드실 때, 와상臥床의 사변四邊에 동일한 뿌리로부터 생겨난 한 쌍씩 여덟 줄기의 샬라 나무가 있었다. 그런데 석가모니 부처님의 열반을 슬퍼하여 한 쌍 가운데 각 1본씩이 말라 죽어버렸다(枯死). 네 줄기는 하얗게 말라 죽고 네 줄기는 생생하게 번성하였기 때문에, 이것을 사고사영四枯四榮 또는 비고비영非枯非榮이라고 한다. 또한 고사枯死한 네 줄기가 하얀 학(白鶴)처럼 모두 흰색으로 바뀌어 버렸기 때문에 이 숲을 학림鶴林이라고도 부른다.

그때 재가자들은 큰 슬픔을 머금고 부처님의 유체를 다비하고, 사리를 팔등분八等分하여 균등하게 분배하였기 때문에, 여덟 개의 사리탑舍利塔(śarīra-stūpa)이 세워졌는데, 이는 다음과 같다.

① 마가다(Magadha)의 국왕인 아자따샤뜨루(Ajātaśatru)는 라자그리하(Rājagrhā)에 부처님의 유골을 봉안하기 위하여 탑을 건립하고 또 공양을 지성으로 올렸다.

② 와이샬리(Vaiśāli)에 살고 있는 릿차위(Licchavi) 족은 와이샬리에 부처님의 유골을 봉안하기 위하여 탑을 건립하고 또 공양을 지성으로 올렸다.

③ 까삘라와쓰뚜(Kapilavastu)에 살고 있는 샤끼야(Śakya) 족도 까삘라와쓰뚜에 부처님의 유골을 봉안하기 위하여 탑을 건립하고 또 공양을 지성으로 올렸다.

④ 알라깝빠(Allakappa)에 거주하고 있던 불리(Buli) 족도 알라깝빠에 부처님의 유골을 봉안하기 위하여 탑을 축조하고 또 공양을 지성으로 올렸다.

⑤ 라마그라마(Rāmagrāma)에 살고 있는 꼴리야(Koliya) 족도 라마그라마에 부처님의 유골을 봉안하기 위하여 탑을 건립하고 또 공양을 지성으로 올렸다.

⑥ 웨타디빠(Veṭhadīpa)에 살고 있는 바라문婆羅門들도 웨타디빠에 부처님의 유골을 봉안하기 위하여 탑을 축조하고 또 공양을 지성으로 모셨다.

⑦ 빠와(Pāvā)에 살고 있는 말라(Malla) 족도 빠와에 부처님의 유골을 봉안하기 위하여 탑을 축조하고 또 공양을 지성으로 올렸다.

⑧ 꾸쉬나가라(Kuśinagara)에 살고 있는 말라(Malla) 족도 꾸쉬나가라에 부처님의 유골을 봉안하기 위하여 탑을 축조하고 또 공양을 지성으로 올렸다.

두 번째 종류는 대승불교의 중기에 성립된 『마하빠리니르와나쑤뜨라(Mahāparinirvāṇa-sūtra, 大般涅槃經)』이다. 대승경전에 속하는 이 경은 싼쓰끄리뜨어로 편집된 것은 현존하지 않으며, 세 가지 한역본漢譯本만 있다.

첫째는 『불설대반니원경佛說大般泥洹經』 6권이다. 이것을 중국에 최초로 들여온 스님은 법현法顯(339?~420?)이다. 법현의 속성은 공龔이며, 평양平陽 무양武陽 사람으로서, 세 살 때 출가하여 스무 살 때 구족계를 받았다. 당시 중국에는 불교가 들어온 지 얼마 되지 않았으므로 율장이 갖추어져 있지 않았다. 법현은 율장에 깊은 관심을 가지고, 이것을 탐구하려는 뜻을 품었다. 그와 같은 굳은 의지를 살리려고 길동무들과 함께 인도로 갔다. 그가 진晉 융안隆安 3년(399)에 장안長安을 출발하여 육로로 중부 인도에 도착하기까지는 6년이란 세월이 걸렸다. 6년 동안 인도에 머무르면서, 성지를 순례하는 한편, 싼쓰끄리뜨를 공부하고, 그가 관심을 가지고 있던 분야의 자료를 수집했다. 그리고 인도로부터 해로로 중국의 청주淸州까지 되돌아오는데 3년이 걸렸다.

그가 인도에서 불교성지를 순례했던 여정 가운데 주목할 만한 것은 빠딸리뿌뜨라(Pāṭaliputra)를 세 번이나 찾아간 일이다. 이것은 아주 놀라운 일인데, 왜 그랬을까? 법현은 본디 계율을 구하려고 인도로 순례를 떠난 것이다. 그런데도 북부 인도에서는 스승으로부터 제자에게 모두 구전口傳하였기 때문에 책을 구할 길이 없었다. 그래서 그는 멀리 중부 인도로 갔다. 마가다(Magadha)의 수도인 빠딸리뿌뜨라에 3년 동안 머물면서 싼쓰끄리뜨어와 싼쓰끄리뜨 경전을 배우는 한편 율장을 필사했다. 그는 여기서 마하승기율摩訶僧祇律(Mahāsaṅghika)의 율장을 수집하며, 또 일부의 초율抄律을 얻었는데, 그것은 설일체유부說一切有部(Sarvāstivādin)의 것으로서 7천 개의 게송으로 이루어져 있었다. 그리고 또 5천 게송으로 이루어진 『마하빠리니르와나쑤뜨라』를 입수했다. 그는 필생의 원력으로 수집한 『마하승기율』과 『불설대반니원경』을 가지고 더욱 남쪽으로 내려가 스리랑카(Śrīlanka)를 순례하고, 의희義熙 8년(412)에 청주淸州의 해안에 귀착하였으며, 414년 동진東晋의 건강建康(南京)에 도착했다.

법현은 도량사道場寺에서 붓다바드라(Buddhabhadra, 佛陀跋多羅, 358~429)와 함께 힘을 모아 416년부터 418년 사이에 『마하승기율』 40권과 『불설대반니원경佛說大般泥洹經』 6권을 번역했다. 이 6권본 경의 번역은 불교 본래의 목적인 깨달음을 이룰 수 있는 '부처님의 마음자리(buddhadhātu, 佛性)'에 관한 문제를 제기하여 줌으로써 커다란 의미를 갖는다고 볼 수 있다. 우리가 깨달음을 이루려면 부처님의 마음자리가 있어야 한다. 그런데 이와 같은 부처님의 마음자리의 문제를 직접 논의하는 경전이 번역된 것은 이 경이 효시를 이룬다. 그러나 붓다바드라가 번역한 『불설대반니원경』 6권은 『마하빠리닙바나쑷딴따』의 전반부에 해당하는 것이므로, 그 내용의 전모를 파악하기는 실제적으로 어렵다는 문제를 지니고 있다.

둘째는 『대반열반경大般涅槃經』 40권이다. 인도의 전도傳道 스님인 다르마락샤(Dharmarakṣa, 曇無讖, 385~433)가 인도로부터 『마하빠리니르와나쑤뜨라』를 가지고 중국에 들어와 『대반열반경』 40권으로 한역한 것이다. 부처님의 마음자리에 관한 내용을 완전하게 파악할 수 없는 『불설대반니원경』 6권과는 달리, 이 경은 부처님의 마음자리에 관한 사상의 전모를 완전히 밝힌 것이다.

다르마락샤가 이 경을 번역하는 경로를 알아보면, 불운으로 끝난 그의 비참한 생애를 알 수 있다. 그는 『대반열반경』의 앞부분 10권, 『보살계경菩薩戒經』, 『보살계본菩薩戒本』을 가지고 인도로부터 꾸차(Kucha)로 들어온 뒤에, 더욱 동쪽으로 유행遊行을 계속하여 중국의 고장姑藏에 도착했다. 그때 스스로 하서왕河西王을 자칭하고 있던 저거몽손沮渠蒙遜은 다르마락샤를 아주 정중하게 맞이했다. 그리고 그가 가지고 온 경본經本을 번역할 수 있도록 여러 가지 환경을 만들어 주었다. 중국어를 3년 동안 배운 뒤에 앞부분 10권을 번역했다. 그러나 이것은 『불설대반니원경』 6권처럼 『대반열반경』으로서는 품수品數가 모자라는 것이다. 그러므로 나머지 모자라는 부분을 구하기 위하여 고국인 인도로 돌아갔다.

고국에 돌아갔을 때 어머니가 돌아가시는 슬픔을 맞게 되었다. 그 뒤에 인도로부터 코탄(Khotan)으로 들어가서 경본經本의 중간부분을 입수하여 다시 고장姑藏으로 되돌아와, 이것을 번역했다. 그런 다음에 코탄으로 사신을 보내어 다시 후반 부분을 구해 오도록 하여, 그것을 완역함으로서 『대반열반경』의 한역을 마쳤다. 이렇게 해서 다르마락샤는 414년에 이 경의 번역을 시작해서 421년에 완료하게 되었다. 일반적으로 이것을 40권 『대반열반경』이라 하며, 북쪽 지방에서 번역이 이루어졌으므로 『북본열반경北本涅槃經』이라고도 한다. 이 『북본열반경』은 붓다바드라와 법현이 함께 번역한 『불설대반니원경』 6권을 번역한 이후 4년 만에 이루어진 역경 사업이다.

셋째는 『대반열반경大般涅槃經』 36권이다. 앞서 다르마락샤가 번역한 『대반열반경』 40권은 송宋 원가元嘉 7년(430) 말쯤 강남 지역에까지 전해졌다. 혜엄慧嚴(363~443)은 혜관慧觀(생몰 연대 불명) · 사령운謝靈運(358~433)과 함께 한 가지 발원을 하였다. 『불설대반니원경』 6권과 『대반열반경』 40권을 묶어서 하나의 경전으로 꾸미려는 것이었다. 그들은 앞의 것과 뒤의 것의 내용을 하나하나 대교하여 36권 25품으로 다시 구성하여 편집하였다. 이 경전을 40권 『대반열반경』에 대하여 36권 『대반열반경』, 또는 『북본열반경北本涅槃經』에 대하여 『남본열반경南本涅槃經』이라고도 부른다.

원효의 『열반종요』는 이 가운데서도 36권 『대반열반경』을 텍스트로 하여, 열반涅槃(nirvāṇa)과 '부처님의 마음자리(佛性)'에 관한 사상을 서술한 논문이다.

2. 『대반열반경』의 중심 사상

『대반열반경』의 중심 사상은 크게 세 가지로 요약할 수 있는데, 그 세 가지란 무엇인가를 알아보기로 한다.

첫째, 부처님은 언제나 존재한다는 것이다. 우리 범부들의 눈에는 부처님의 몸이 무상신無常身 · 파괴신破壞身 · 미진신微塵身 · 잡식신雜食身으로 보이지만 실제로는 영원한 존재라는 것이다. 석가모니불의 대반열반大般涅槃은 거룩한 부처님의 역사적인 죽음이 아니라, 그 이상의 종교적 의미를 갖게 된다. 거룩한 부처님은 깨달음을 성취한 뒤에, 자신이 깨달은 법은, 자신이 깨닫기 이전에도 존재하고 있고, 지금도 존재하고 있으며, 또 구원久遠한 미래에도 존재할 영원한 진리라고 말씀하신다. 자신은 그렇게 구원한 진리를 처음으로 발견한 것뿐이며, 또 그것은 누구라도 발견할 수 있는 열린 진리라고 말씀하셨다. 깨달음이란 이 진리와 내가 한 덩어리로

합일하는 것을 가리킨다. 그러므로 깨닫기 이전에는 진리를 객체처럼 생각하지만 깨닫고 보면 나 자신이 진리의 당체라는 것이다. 깨달음을 성취함으로써 생사윤회에서 벗어날 수 있다는 것도 이러한 논리 속에서 이루어진다. 생사윤회에서 벗어난 몸은 해탈신이며 법신이다. 이와 같은 법신法身은 상주常住한다는 것을 가르쳐주려고 하는 것이 바로 법신상주法身常住 사상이다.

둘째, 열반涅槃(nirvāṇa)은 상常(nitya) · 낙樂(sukha) · 아我(ātman) · 정淨(śubha)의 네 가지 덕성을 갖추고 있다는 것이다. 초기불교와 부파불교에서는 선禪 수행의 하나로 사념처四念處를 가르쳤다. 사념처란 무엇인가? 신身은 부정不淨하며, 수受는 고苦이고, 심心은 무상無常하며, 법法은 무아無我라고 관조하는 것이다. 그래서 부정不淨 · 고苦 · 무상無常 · 무아無我를 근거로 해서 삼법인三法印이나 사법인四法印을 생각할 수 있고, 부파불교 시대까지의 사바세계娑婆世界에 대한 부정적인 입장을 정리할 수 있다. 생신生身은 그렇다고 하더라도 열반을 증득한 해탈신解脫身은 윤회의 세계를 벗어났으므로 청정무구淸淨無垢한 법신法身으로 봐야 한다는 것이다.

셋째, 모든 사람들은 깨달음을 실현할 수 있는 '부처님의 마음자리(佛性)'를 지니고 있다는 것이다. 불교를 포함한 인도의 모든 종교는 깨달음을 그 최고의 이상理想으로 삼고 있다. 모든 수행은 깨달음에 초점이 맞추어져 있다. 그러므로 깨달음을 실현할 수 있는 자질을 갖추고 있느냐, 그렇지 않느냐라는 문제는 대단히 중요한 것이라고 말하지 않을 수 없다. 인도의 다른 종교에서는 여자의 출가를 허락하지 않을 뿐 아니라, 여자의 몸으로는 해탈을 성취할 수 없다고 한다. 여자가 해탈하려면 윤회 전생하여 남자의 몸을 빌려야 한다는 것이다. 그러나 불교의 입장은 그것과는 다르다. 해탈에 있어서는 여자와 남자의 차별을 말하지 않는, 그야말로 여女 · 남男 평등, 인간평등이다. 더 나아가서 "모든 중생은 모두 다 부처님의 마음자리를 가지고 있다.(一切衆生悉有佛性)"고 외치는 것이다. 생명이 있는 모든 깃은 모두 부처님의 마음자리를 가지고 있으므로, 수행하기만 하면 성불할 수 있다는 가르침이다.

이 경에서는 일천제一闡提(icchantika, 선근이 끊긴 사람)가 성불할 수 있느냐, 없느냐를 꾸준히 논의해 가고 있는데, 결론적으로는 그조차도 성불할 수 있다는 가능성을 말씀하고 있다. 원래 일천제의 뜻을 이 경에서는 무신無信·파계破戒·비법기非法器·불가치不可治·필사必死·초종焦種·무목無目·난치병難治病·생맹生盲·단선근斷善根·비방정법誹謗正法 등이라고 풀이하고 있으므로 정말로 성불하기 어렵다는 의미로 볼 수 있지만, 무상無常의 법칙은 안 좋은 쪽이든 좋은 쪽이든 어느 쪽으로도 걸리기 때문에, 맹구우목盲龜遇木의 인연 공덕으로 사람의 몸을 받은 이상, 늦고 빠름이 있기는 하여도 안락의 경지를 누리게 된다는 희망을 안겨주고 있다.

3. 중국불교와 『대반열반경』

도생道生(355~434)은 『불설대반니원경』 6권을 근거로 해서 '일천제의 성불론'을 내세운 결과, 그것은 거룩하신 부처님의 정견에서 벗어난 사견邪見이라고 하여 종교적인 곤경을 겪기도 한다. 그러나 북본 『대반열반경』이 번역되어 중국에 유포됨으로써 그의 이론은 선견지명이 있는 것으로 평가를 받아 출가자들과 재가자들로부터 신뢰와 존경을 받는 결과를 가져온다. 드디어 중국에서는 『대반열반경』이 온 나라에 유행하기에 이르렀다. 남조의 양梁 무제武帝(464~549) 때인 509년에 이미 『대반열반경집해大般涅槃經集解』가 편집된 것이 그것을 증명한다.

이 『대반열반경집해』는 어떤 책인가? 이 책은 『대반열반경』에 관한 주석서를 쓴 도생道生(355~433)·승량僧亮·법요法瑤·담제曇濟(411~475)·승종僧宗(438~496)·보량寶亮(444~509)·지수智秀·법지法智·법안法安(454~498)·

담준曇准 등 이렇게 열 명의 학자들의 주석서를 모아서 편집한 책이다. 양 무제의 발원으로 보량寶亮이 천감天監 8년(509)에 편찬한 것으로 알려져 있다.

이러한 것을 근거로 삼는다면 남조의 양나라에서는 열반종涅槃宗이 일찍 성립되어 있었던 것을 알 수 있다. 예를 들면, 양나라의 유명한 3대 법사였던 광택사光宅寺 법운法雲(467~529)·개선사開善寺 지장智藏(454~522)·장엄사莊嚴寺 승민僧旻(467~527)은 전심전력으로 이 경을 연구하여, 이 경이 교상판석에서는 제5시의 경전이라고 극찬하면서 지극한 신앙의 대상으로 삼았다. 이 밖에도 송宋·제齊·양梁에서는 실제로 많은 학자들이 배출되었다.

이와 같은 배경을 가지고 있으므로『대반열반경』36권에 관한 연구가 활발하게 이루어져, 원효 이전에 벌써 중국에서는 많은 해석서가 출현한 것을 알 수 있다. 예를 들면, 위에서 든 보량寶亮이 편집한『대반열반경집해』속의 학자들을 비롯하여, 혜원慧遠(523~592)의『대반열반경의기』, 길장吉藏(549~623)의『대반열반경유의』, 관정灌頂(561~632)의『대반열반경현의』와 같은 해석서가 그것이다. 또한 혜원의『대승의장大乘義章』에서도『대반열반경』에 관한 해석이 많은 것을 볼 수 있다.

원효는 중국에서 형성된 열반종으로부터 지대한 영향을 받고 있는 것으로 보이며, 특히 혜원과 길장의 영향을 많이 받은 것으로 보인다. 원효의『열반종요』의 내용을 자세히 살펴보면, 그러한 자취들을 쉽게 찾을 수 있다. 원효의『열반종요』는 앞에서 지적한『대반열반경』36권의 중심사상을 간결하면서도 아주 명료하게 잘 드러내고 있다.

4. 『열반종요』의 구성과 내용

원효의 『열반종요』는 크게는 '대체적 의의'와 '분석적 전개'의 두 부분으로 구성되어 있다. 첫 번째, '대체적 의의'의 내용은 『대반열반경』의 근본사상을 서술하는 글로서, 종교적으로는 심오하고 철학적으로는 논리적인 짧은 글로 구성되어 있다.

두 번째, '분석적 전개'의 내용은 아주 긴데, 크게 네 부분으로 구성되어 있다. 네 부분이란, 첫째, 『대반열반경』을 말씀하신 까닭, 둘째, 경의 근본종지, 셋째, 경의 교체, 넷째, 경의 교판을 논변하는 부분이다.

첫째, 『대반열반경』을 말씀하신 까닭은 부처님께서 이 경을 말씀하신 까닭이 있었는지, 아니면 없었는지에 대해 논술하는 부분이다.

둘째, 『대반열반경』의 근본종지는 총체적인 입장과 분석적인 입장으로 나누어 논술한다. 전자는 근본종지를 밝히기 위하여 여섯 학자의 주장을 들지만, 결과적으로는 '열반'과 '부처님의 마음자리(buddhadhātu, 佛性)'로 실상을 드러낼 수 있다고 논술한다. 후자는 열반과 부처님의 마음자리의 두 줄기로 나누어서 그의 불교관을 서술하고 있다. 이 두 가지에 대한 철학적·종교적·역사적 해석이 이 저술의 핵심적인 내용이라고 볼 수 있다. 원효는 먼저 깨달음인 열반을 서술하고, 다음에 깨달음을 성취할 수 있는 도구로서의 부처님의 마음자리를 서술하는 절묘한 표현기법을 쓰고 있다.

깨달음인 열반은 언어가 끊긴 곳이지만 언어라는 방편을 쓸 수밖에 없다. 그래야 중생에게 그곳으로 가는 길을 안내할 수 있기 때문이다. 이름을 번역하며, 의의를 명료하게 드러내 보려고 번민에 번민을 거듭하지 않았는가 싶다. 원효는 마하니르와나(Mahānirvāṇa, 大般涅槃)를 대멸도大滅度로 한역하고, 그가 구사할 수 있는 언어를 모두 끌어 모아 해석을 한다. 열반의 체상, 통체성과 한정성, 여러 가지 열반, 법신·지혜·해탈의 삼사三事,

네 가지 공덕에 관한 과목을 건립하여 철학적·종교적·사상사적·논리적·조직적으로 서술한다.

그는 깨달음의 씨앗이기도 하며 열매이기도 한 부처님의 마음자리에 관한 서술을 합리적으로 진행한다. 황금덩어리는 아주 귀한 것이다. 금광석에서 몇 단계의 제련과정을 거쳐 추출해 낸 것이라고 생각하면 그 자체로서 존재성을 가지는 것이다. 그 단계에서 더 나아가 그것을 가지고 공교로운 세공을 하여 장엄구를 만들면 더 귀하고 값진 보물이 된다. 부처님의 마음자리는 이와 같은 성격을 가지고 있다. 그는 부처님의 마음자리에 대해 본체·인과因果·견성見性·있고 없음·삼세·회통에 관한 항목을 설정하여 논설하였다.

열반을 주제로 하여 논술하는 쪽의 화쟁에 대하여, 부처님의 마음자리를 주제로 하여 논술하는 쪽에서는 회통을 내세워 논리를 전개한다. 열반과 부처님의 마음자리, 화쟁과 회통은 서로 대구對句를 이루면서도 통일과 조화성을 잘 살리고 있다. 고도의 수학문제를 풀려면 높은 IQ가 요구되듯 깨달음을 이루려는 수행자에게는 부처님의 마음자리가 요구되는 것은 자연스러운 이치라고 본다. 지성으로 수행을 하여 열반을 성취하면 탐·진·치의 삼독이 소멸하여 버린다. 삼독이 소멸하여 깨달음을 이룬 이는 진리의 당체이며 진리의 벗이기 때문에 조화로운 삶을 산다. 그는 도리에 맞게 살고 합리적으로 사유하므로, 그와 같은 삶은 화쟁의 정신을 실현하는 것이라고 말하지 않을 수 없다.

현대사회에서 평등성은 존재하는 모든 중생이 공통적으로 향유한다. 그와 마찬가지로 부처님의 마음자리는 존재하는 모든 중생이 공유하는 보편성이다. 여러 줄기의 강들은 육지를 흐르는 동안 서로 다른 이름을 가지고 있지만 바다에 흘러들어오면 모두 강의 이름을 버리고 오직 하나의 짠맛인 바다를 이루듯이, 공유하는 부처님의 마음자리의 보편성 앞에서는 모든 중생이 하나이다. 부처님의 마음자리의 보편성으로 볼 때, 회통의 정신이 형성되어, 더불어 사는 삶 속에서 자비를 베풀고, 깨달음을 함께 추구하는 공동체가 될 수 있는 것이다. 원효는 열반에서의 화쟁과 부처님의 마음자리에서의 회통의 논리를 잘 전개하여 『대반열반경』이 드러내려고 하는 거룩한 부처님의 가르침의 정신을 정치하고도 조직적으로 서술하고 있다.

셋째, 『대반열반경』의 교체를 논변하는 부분은, 교체敎體에 관한 부파불교의 학설과 대승의 학설을 제시하여 서술하고 있다.

넷째, 『대반열반경』의 교판을 논변하는 부분은, 교판에 관한 원효의 입장을 보여 준다. 남쪽 지방의 학자들은 오시교五時敎를 가지고 거룩하신 부처님의 뜻을 한정하려고 하고, 북쪽 지방의 학자들은 사종교판四宗敎判을 가지고 경經의 종지를 과분科分하려고 하는데, 이것은 마치 소라고둥으로 바닷물을 퍼내려고 하는 짓이며, 좁은 대롱을 가지고 하늘을 보려고 하는 짓이나 마찬가지일 뿐이라고 비판한다. 이것을 근거로 하면, 원효는 당시 유행하던 교판론에 대하여 비판적인 입장을 취한 것으로 보인다.

5. 『열반종요』의 가치

원효의 『열반종요』의 가장 두드러진 독창성은, 『대반열반경』을 크게 '열반을 해석하는 부문'과 '부처님의 마음자리를 해석하는 부문'의 두 줄기로 나누어서 해석한 점에 있다고 본다. 왜냐하면 전자에서는 누구나 열반을 성취함으로써 싸움을 멈추게 하는 화쟁의 정신을 제시하여 평화平和를 실현할 수 있다는 인류의 원망願望을 잘 드러내고 있으며, 후자에서는 누구나 부처님의 마음자리를 가지고 있기 때문에 차별을 멈추게 하는 회통의 정신을 제시하여 평등平等을 실현할 수 있다는 인류의 원망願望을 잘 드러내고 있기 때문이다. '열반涅槃—화쟁和諍—평화平和'와 '부처님의 마음자리(佛性)―회통會通―평등平等'의 논리체계는 언제 어디서나 인류의 삶에 밝은 빛이 될 것이라고 믿는다.

차례

열반종요涅槃宗要 해제 / 5
일러두기 / 24

제1편 대체적 의의 27

제2편 분석적 전개 34

   제1장 『대반열반경』을 말씀하신 까닭 34
      1. 까닭이 없다는 학설 35
      2. 까닭이 있다는 학설 38
      3. 회통 41

   제2장 『대반열반경』의 근본종지 42
      1. 총체적 구명究明 42
         1) 서른여섯 가지의 뜻을 종지로 삼음 42
         2) 네 가지의 큰 뜻을 종지로 삼음 43
         3) 출세간의 인과를 종지로 삼음 46
         4) 미래의 상덕常德과 현재의 상덕을 종지로 삼음 46
         5) 원만하고 지극한 일과를 종지로 삼음 47
         6) 모든 부처님이 비장한 둘도 없는 실성을 종지로 삼음 48
         7) 회통 49
      2. 분석적 구명 50
         1) 열반을 해석하는 부문 50
           (1) 이름과 의의를 해석함 50
              ① 이름의 번역 50
                 가. 열반이라는 이름을 번역해야 함 51
                 나. 열반이라는 이름을 번역해서는 안 됨 52

다. 문답 ······· 54
　　　라. 회통 ······· 56
　② 의의를 해석함 ······· 58
　　　가. 의의를 명료하게 드러냄 ······· 58
　　　　가) 대大 ······· 59
　　　　　(가) 넓기로는 이것보다 앞서는 것이 없음 ······· 60
　　　　　(나) 길기로는 이것보다 앞서는 것이 없음 ······· 60
　　　　　(다) 깊기로는 이것보다 앞서는 것이 없음 ······· 61
　　　　　(라) 높기로는 이것보다 앞서는 것이 없음 ······· 61
　　　　　(마) 많기로는 이것보다 앞서는 것이 없음 ······· 62
　　　　　(바) 훌륭하기로는 이것보다 앞서는 것이 없음 ······· 62
　　　　나) 멸滅 ······· 63
　　　　　(가) 사멸事滅 ······· 63
　　　　　(나) 이멸理滅 ······· 64
　　　　　(다) 덕멸德滅 ······· 65
　　　　　(라) 택멸擇滅 ······· 65
　　　　　　㉮ 곳에 따라서 이름을 얻음 ······· 66
　　　　　　㉯ 원인에 따라서 이름을 얻음 ······· 66
　　　　　　㉰ 결과에 따라서 이름을 얻음 ······· 67
　　　　다) 도度 ······· 68
　　　나. 문답 ······· 68
(2) 체상을 해석함 ······· 71
　① 체성의 증명 ······· 71
　　　가. 때가 끼지 않은 진여가 열반의 체성임 ······· 71
　　　나. 과지果地의 모든 덕이 열반의 체성임 ······· 73
　　　다. 회통 ······· 74
　② 허망과 진실을 가림 ······· 77
　　　가. 진실하고 불공不空임 ······· 78
　　　나. 허망하고 공空임 ······· 79
　　　다. 회통 ······· 83
(3) 통체성과 한정성을 해석함 ······· 85

① 소승에 관한 논술 ……… 85
　　가. 범부와 성인에 공통임 ……… 86
　　나. 무학에만 해당함 ……… 86
② 대승에 관하여 논술함 ……… 87
　　가. 완전히 공통되는 부문 ……… 88
　　나. 범부와 성인을 가리는 부문 ……… 88
　　다. 대승과 소승을 가리는 부문 ……… 89
　　라. 원인과 결과를 가리는 부문 ……… 90
(4) 두 가지 열반을 해석함 ……… 90
　① 자성청정열반 및 방편파괴열반 ……… 91
　② 유여열반 및 무여열반 ……… 96
　　가. 소승의 학설 ……… 96
　　　가) 설일체유부의 학설 ……… 96
　　　나) 성실론종의 학설 ……… 98
　　　다) 비유부의 학설 ……… 99
　　나. 대승에서의 학설 ……… 100
　　　가) 화현에 관한 논리 ……… 100
　　　나) 실의에 관한 논리 ……… 100
　　　다) 대승과 소승에 관한 논리 ……… 103
　　　라) 세 불신에 관한 논리 ……… 104
(5) 삼사三事를 해석함 ……… 107
　① 삼사의 체상을 밝힘 ……… 107
　　가. 법신 ……… 107
　　나. 지혜 ……… 108
　　다. 해탈 ……… 108
　② 삼사를 건립하는 이유를 밝힘 ……… 109
　③ 삼사의 총·별을 밝힘 ……… 110
　④ 왕복하면서 결택함 ……… 114
　　가. 색상이 있음 ……… 114
　　나. 색상이 없음 ……… 117
　　다. 회통 ……… 119

(6) 네 가지 공덕을 해석함 121
　① 모습을 나타냄 121
　　가. 총체적으로 통·별을 설명함 122
　　나. 나누어서 설명함 123
　　　가) 상덕常德의 두 가지 뜻 123
　　　나) 낙덕樂德의 두 가지 뜻 124
　　　다) 아덕我德의 두 가지 뜻 125
　　　라) 정덕淨德의 두 가지 뜻 127
　　　마) 문답 127
　② 의의를 건립함 128
　　가. 네 가지 장애를 제거함 128
　　나. 네 가지 환난을 뒤엎음 130
　　다. 네 가지 전도를 대치함 131
　　라. 네 가지 상에서 벗어남 131
　　마. 문답 133
　③ 차별을 해석함 134
　　가. 상常 134
　　나. 낙樂 142
　　다. 아我 144
　　라. 정淨 149
　④ 화쟁을 해석함 150
　　가. 보신은 상주라고 집착함 151
　　　가) 보신의 공덕은 생겨나지만 소멸하지는 않음 151
　　　나) 보신의 공덕은 생인生因에서 얻지만 생상生相을 벗어남 151
　　나. 보신은 무상이라고 집착함 154
　　다. 회통 161
2) 부처님의 마음자리를 해석하는 부문 166
　(1) 본체를 나타냄 166
　　① 여러 학설을 서술함 166
　　　가. 내세의 불과를 부처님의 마음자리의 본체로 삼음 167
　　　나. 현세의 중생을 부처님의 마음자리의 본체로 삼음 169

다. 중생의 심성을 정인의 본체로 삼음 ……… 170
　　라. 마음에 있는 신령을 정인의 본체로 삼음 ……… 171
　　마. 아뢰야식의 본디 종자를 부처님의 마음자리의 본체로 삼음 ……… 172
　　바. 아마라식인 진여의 깨달은 성품을 부처님의 마음자리의 본체로 삼음
　　　　……… 174
　② 여러 학설의 옳고 그름을 가림 ……… 175
(2) 인과를 밝힘 ……… 179
　① 통틀어 논설함 ……… 179
　② 분석하여 논설함 ……… 182
　③ 공통점을 논설함 ……… 184
(3) 견성見性에 관하여 해석함 ……… 188
(4) 부처님의 마음자리가 있고 없음을 해석함 ……… 200
　① 성인의 계위에 의거함 ……… 201
　② 범부의 계위에 의거함 ……… 206
　　가. 두 문을 나타냄 ……… 207
　　나. 인과를 구별함 ……… 209
　　다. 네 가지 의미를 전개함 ……… 211
　　라. 두 가지 치우침을 막음 ……… 212
(5) 삼세三世를 해석함 ……… 216
　① 법신 부처님에 의거함 ……… 216
　② 보신 부처님에 의거함 ……… 217
(6) 회통에 관하여 논설함 ……… 224
　① 경전의 서로 다른 말씀을 회통함 ……… 224
　② 같은 뜻으로 분류되어도 경전에는 서로 다른 말씀으로 표현되어 있는 것
　　을 회통함 ……… 233
　　가. 자성이 청정한 부문 ……… 234
　　나. 염오를 따르는 부문 ……… 237
　　다. 현재의 과위 ……… 239
　　라. 미래의 과위 ……… 240
　　마. 인위도 아니고 과위도 아님 ……… 242
3. 『대반열반경』의 교체를 논술함 ……… 245

1) 서로 다른 부파에 관하여 서술함 245
　　2) 대승의 학설을 드러냄 251
　4.『대반열반경』의 교판을 논술함 253
　　1) 남쪽 지방 스승들의 학설 253
　　2) 북쪽 지방 스승들의 학설 256
　　3) 회통 261

찾아보기 / 265

일러두기

1. '한글본 한국불교전서'는 문화체육관광부의 지원을 받아 동국대학교 불교학술원에서 수행하고 있는 '불교기록문화유산아카이브(ABC)사업'의 결과물을 출간한 것이다.
2. 이 책은 『한국불교전서』(동국대학교출판부 간행) 제1책의 『열반종요涅槃宗要』을 저본으로 하였다.
3. 번역문에 이어 원문을 병기하고 간단한 표점 부호를 삽입하였다.
4. 원문의 교감 사항은 번역문의 각주와 별도로 원문 아래 부분에 제시하였다.
   ㉠은 『한국불교전서』 편찬자가 교감한 내용이다.
   ㉡은 번역자가 교감한 내용이다.
5. 약물은 다음과 같다.
   『 』: 경명
   「 」: 분 또는 품명
   T : 『대정신수대장경大正新脩大藏經』
   S : 싼쓰끄리뜨어
   P : 빨리어

열반종요

|涅槃宗要*|

원효 스님 지음
元曉師撰

---

* ㉠『대정신수대장경大正新脩大藏經』제38권에 수록된『열반종요涅槃宗要』를 저본底本으로 삼고,『동문선東文選』제83권에 기재된「열반경종요서涅槃經宗要序」를 갑본甲本으로 삼는다.

이『대반열반경大般涅槃經』(Ⓢ Mahāparinirvāṇasūtra)을 해석하는 데 두 부문이 있다. 첫 번째는 대체적 의의를 서술하는 것이고, 두 번째는 분석적 전개를 하는 것이다.

是¹⁾經有其二門。一者略述大意。二者廣開分別。

---
1) ⓔ '是' 앞에는 천치天治 원년元年 필사본에 따르면, 판독이 안 되는 두 글자가 더 들어 있다.

제1편 대체적 의의[1]

    대체적 의의를 서술하겠다. 본디 열반涅槃,[2] 이것을 도道라고 할 경우, 도가 아니면서 도가 아닌 것이 없으며, 안주하지 않으면서 안주하지 않음이 없다. 이것은 그 도가 지극히 가깝고도 지극히 먼 것임을 알게 한다. 따라서 그 도를 깨달은 이는, 도가 아주 고요하기도 하고 아주 우렁차기도 하다는 것을 안다. 아주 우렁차기 때문에 두루 여덟 가지의 훌륭한 소리(八音)[3]를 내어서 허공을 두루하여도 그치지 아니하며, 아주 고요하기 때문에 열 가지의 모습(十相)[4]을

---

1 대체적 의의, 곧 약술대의略述大意의 교감은 『東文選』 제83권의 「涅槃經宗要序」를 따른다.
2 열반涅槃 : Ⓢ nirvāṇa. 열반涅槃, 열반나涅槃那, 니원泥洹이라고 음사하며, 멸滅, 적멸寂滅, 멸도滅度, 원적圓寂, 무위無爲, 무생無生, 무작無作 등으로 번역한다. nirvāṇa라는 용어를 분해하여 설명하면 다음과 같다. nir는 ~로부터, 밖으로, 사라진, 無, 離, vā는 (바람이) 불다, ṇa는 것, 일, 그러므로 nirvāṇa는 본디 사라져 버리는 것, 생명의 빛이 꺼져 버리는 것이라는 뜻이다. 그러나 이것이 불교 사상을 드러내는 용어로 수용되면서 완전한 해탈을 의미하게 되었다. 탐욕(Ⓢ rāga)·성냄(Ⓢ dveṣa)·어리석음(Ⓢ mohā)의 삼독(Ⓢ tri-viṣaṃ)을 소멸하여 모든 번뇌의 속박에서 벗어나 진리를 체득한 경지를 의미하는 말이다.
3 여덟 가지의 훌륭한 소리(八音) : 부처님의 음성에 여덟 가지의 훌륭한 특질이 있다는 것을 말한다. ① 극호음極好音–듣는 사람으로 하여금 불도로 끌려들게 하는 미묘한 음성. ② 유여음柔軟音–부드럽고 친절한 음성. ③ 화적음和適音–조화가 있는 상냥하고 우아한 음성. ④ 존혜음尊慧音–듣는 사람으로 하여금 지혜를 체득하게 하는 음성. ⑤ 불녀음不女音–남성적으로 외경畏敬하는 마음을 일으키게 하는 음성. ⑥ 불오음不誤音–듣는 사람으로 하여금 바른 견해를 품게 하는 틀림이 없는 음성. ⑦ 심원음深遠音–심원한 도리를 깨닫게 하는 음성. ⑧ 불갈음不竭音–듣는 사람으로 하여금 빠짐없이 모든 것을 깨닫게 하는 명료한 음성.
4 열 가지의 모습(十相) : 십계十界, 십법계十法界, 십법계상十法界相. 미혹과 깨달음의 세계를 열 가지로 나누어 놓은 모습. 지옥계地獄界·아귀계餓鬼界·축생계畜生界·

떨쳐 버려서 진제眞際[5]와 합쳐 담연하다. 지극히 멀기 때문에 가르침을 따라서 그쪽으로 가면 천겁千劫[6]이나 되는 긴 세월이 지나도 이르지 못하고, 지극히 가깝기 때문에 말을 버리고 그것을 찾으면 한 생각도 지나지 않은 사이에 스스로 알게 된다.

『대반열반경』은 불법의 큰 바다이고 방등方等[7]의 비장이어서, 그 가르침을 헤아려 알기 어렵다. 그것은 참으로 너무나 넓고 넓어서 가가 없으며, 너무나 깊고 깊어서 밑바닥을 모른다. 밑바닥을 모르기 때문에 다하지 않음이 없고, 가가 없기 때문에 해당하지 않는 것이 없으니, 여러 경전들의 부분들을 통합하여 온갖 흐름을 한맛으로 귀납시키고, 부처님이 지닌 뜻을 지극히 공정하게 전개하여 모든 사상가들(百家)[8]의 서로 다른 쟁론을 화합시킨다.

드디어는 아주 시끄러운 사생四生[9]으로 하여금 모두 '둘이 아닌 참된 성품'으로 돌아오게 하고, 꿈만 꾸는 긴 잠에서 깨어나 다 함께 '큰 깨달음의 극과極果'[10]에 이르게 한다. '극과의 큰 깨달음'이라고 하는 것은 참된 성품을 체험하면서도 체험한다는 마음조차 깨뜨려 버리는 것이요, '참된 성품은 둘이 아니다'

아수라계阿修羅界 · 인간계人間界 · 천상계天上界 · 성문계聲聞界 · 연각계緣覺界 · 보살계菩薩界 · 불계佛界. 지옥계로부터 천상계까지의 여섯 개의 세계는 범부가 방황하는 미혹의 세계이며, 그 나머지의 네 개의 세계는 성자의 안온한 깨달음의 세계이다. 육범사성六凡四聖이라고도 한다.

5 진제眞際 : 실제實際, 진실제眞實際. 제는 구경을 의미하며, 진리의 경지, 절대적인 경지를 가리킨다.

6 천겁千劫 : 겁劫은 Ⓢ kalpa를 음사하여 겁파劫波라고 하며, 줄여서 겁劫이라고 한다. 분별시분分別時分 · 분별시절分別時節 · 장시長時 · 대시大時라고 번역하며, 오랜 세월을 의미한다.

7 방등方等 : Ⓢ vaipulya. 비불략毘佛略이라고 음사하고, 방등方等, 방광方廣, 증광增廣, 발전發展 등으로 번역하며, 대승을 의미한다.

8 모든 사상가들(百家) : 모든 사상가 · 종교가, 말하자면 불교 이외의 외도들의 모든 학설을 통칭하는 말이다.

9 사생四生 : 생물이 태어나는 형식에 따라서 분류한 것으로, 태생胎生 · 난생卵生 · 습생濕生 · 화생化生을 가리킨다.

10 극과極果 : 최상의 깨달음. 대승에서는 부처님의 과위果位를 말하며, 소승에서는 아라한과를 말한다.

라고 하는 것은 진실과 거짓이 혼융하여 하나로 되는 것이다. 벌써 진실과 거짓이 혼융하여 하나로 되어 둘이 아니라고 하니, 어찌 하나인들 있을 수 있으며, 진실과 거짓이 혼융하여 하나로 되니 무엇을 그 참된 성품이라 하겠는가.

述大意者。原夫涅槃之爲道也。無道而無非道。無住而無非[1]住。是知其道。至近至遠。證斯道者。彌寂彌喧。彌喧之故。普震八聲。[2]通[3]虛空而不息。彌寂之故。遠離十相。同眞際而湛然。由至遠故。隨敎逝之。綿[4]歷千劫而不臻。由至近故。忘言尋之。不過一念而自會也。今是經者。斯乃佛法之大海。方等之祕藏。其爲敎也。難可測量。由良[5]廣[6]蕩無崖。[7]甚深無底。以無底故。無所不窮。以無崖[8]故。無所不該。統衆典之部分。歸萬流之一味。開佛意之至公。和百家之異諍。遂使擾擾四生。斂歸無二之實性。夢夢長睡。並到大覺之極果。極果之大覺也。體實性而忘[9]心。實性之無二。[10] 混眞忘[11]而爲一。旣無二也。何得有一。眞忘[12]混也。熟爲其實。

1) ㉘ '非'는 『東文選』에는 '不'로 되어 있다. 2) ㉘ '聲'은 『東文選』에는 '音'으로 되어 있다. 3) ㉘ '通'은 『東文選』에는 '遍'으로 되어 있다. 4) ㉘ '綿'은 『東文選』에는 '緜'으로 되어 있다. ㉓ 문맥으로 볼 때 '綿'이 맞다. 5) ㉘ '由良'은 『東文選』에는 '良由'로 되어 있다. 6) ㉘ '廣'은 『東文選』에는 '曠'으로 되어 있다. 7) ㉘ '崖'는 『東文選』에는 '涯'로 되어 있다. 8) ㉘ '崖'는 『東文選』에는 '涯'로 되어 있다. 9) ㉘ '忘'은 『東文選』에는 '亡'으로 되어 있다. 10) ㉘ '二' 다음에 『東文選』에는 '也'가 있다. 11) ㉘ '忘'은 『東文選』에는 '妄'으로 되어 있다. 12) ㉘ '忘'은 『東文選』에는 '妄'으로 되어 있다.

이것은 이리[11]와 지지[12]에 상즉하여 명칭(名)[13]과 의의(義)[14]를 모두 끊었

---

11 이리 : ⓢ yoga, yukti, yukta. 이치, 조리條理. 사실을 사실이게 하는 이유. 사사의 반대. 진리, 근본 도리, 우주를 관통하는 진리.
12 지지 : ⓢ jñāna. 이해, 지식. 깨달음, 완전히 아는 것. 근본지와 무분별지를 통하여 모든 인人과 법法의 의의를 분별하는 능력의 모든 것을 가리킨다.
13 명칭(名) : ⓢ nāman. 사물의 이름으로, 단어를 가리킨다. 명명이 조합되어 구句가 된다. 문文은 음소이다. 예를 들어 단어를 모아 제행무상諸行無常과 같은 구를 만드는 것이다. 신신(ⓢ kāya)은 집합의 뜻이다.
14 의의(義) : ⓢ artha. 문장이 지니고 있는 사상의 내용.

으므로, 이것을 '열반의 현묘한 종지'라고 이른다. 다만 모든 부처님은 이 열반의 현묘한 종지를 깨달아서 안주하지 아니하여, 응하지 않는 데가 없고, 말씀하지 않는 것이 없으므로, 이것을 열반의 지극한 가르침이라고 이른다. '현묘한 종지'를 이루었으면서도 아직 고요하지 아니하며, 지극한 가르침을 말씀하셨으면서도 아직 말씀하지 않으므로, 이것을 이법理法과 교법敎法의 한맛(一味)이라고 이른다.

이와 같이 완전한 가르침(滿字)[15]을 들은 이는 모두 다 털구멍이 많은 것처럼 그렇게 많은 이익을 얻을 것이고, 반구半句의 게송[16]만을 구하는

---

[15] 완전한 가르침(滿字) : 만자滿字는 반자半字의 상대어이며, 완전한 가르침을 의미한다. 천태종에서 만자교滿字敎란 통교·별別·원圓의 대승교를 가리킨다. 자세한 것은 『妙法蓮華經文句』(T34, 39c)에 실려 있다.

[16] 반구半句의 게송 : 『大般涅槃經』(T12, 692a~693a), "諸行無常。是生滅法。生滅滅已。寂滅爲樂." 이것을 무상無常 가타, 설산동자雪山童子 이야기, 설산반雪山半 가타, 설산팔자雪山八字 가타, 사신捨身 가타라고 한다. 아함[S] Āgama) 경전에 있는 『大般涅槃經』(T1, 204c)에서는, '무상 가타'는 제석천이 부처님의 입멸을 애도하여 제창한 게송이라고 말하고 있다. 한편 대승경전에 있는 『大般涅槃經』(T12, 692a~693a)에서는 무상 가타가 보살 시대의 부처님의 수행하는 자세를 시험하기 위한 게송이라고 말하고 있다. 『大般涅槃經』(T12, 692a~693a)에 있는 설산동자 이야기의 내용을 간추려서 소개하면 다음과 같다. 부처님이 전생의 보살이었던 시대에 브라흐마나(Brāhmaṇa) 선인仙人이 되어 설산 속에서 수행을 하고 있었다. 이 선인을 설산동자라고 한다. 부처님이 없는 시대였으므로 부처님의 설법이나 경전을 구하여도 구할 수 없는 때이다. 그때, 제석천은 이 청년이 신명을 버릴 각오로 법을 구하고 있는가, 어떤가를 시험하기 위하여 무서운 나찰羅刹[S] ākṣasa)로 모습을 바꾸었다. 청년이 있는 곳으로 가까이 가서 무상 가타의 전반(諸行無常。是生滅法。)을 제창하였다. 미묘한 음성으로 이제까지 들은 일이 없는 거룩한 가타(偈頌, [S] Gāthā)가 들려왔기 때문에, 청년은 어디서 누가 이렇게 노래를 잘 부를까라고 생각하면서 사면을 두리번거렸다. 아주 무서운 모습을 한 나찰 이외에는 아무도 없었다. 청년은 무서움도 잊어버리고 나찰 가까이 가서, 지금 제창한 거룩한 절반의 게송은 당신이 말했느냐? 나는 처음으로 이것을 들었는데, 바로 이 가르침을 듣기 위하여 수행하고 있다. 만일 무상 가타의 후반을 알고 있으면, 부디 꼭 들려 다오. 나는 죽을 때까지 당신의 제자가 되겠다고 간청하였다. 나찰은, 자신은 사람의 따뜻한 피와 살을 음식으로 삼고 있는데, 오랫동안 굶주려서 어떻게 할 수도 없게 되었다고 말했다. 이 말을 들은 청년은, 만일 나의 피와 살을 네가 좋다면 바칠 터이니 부디 꼭 후반을 들려달라고 했다. 그래서 나찰은 무상 가타의 후반(生滅滅已。寂滅爲樂)을 제창했다. 노래를 들은 청년은 대단히 크게 기뻐하면서, 이 무상게를 자신의 사후에 남

이는 골수骨髓가 부서짐을 돌보지 않을 것이며, 오역죄五逆罪[17]를 지은 이가 이 경을 믿으면 틀림없이 (오역죄를) 없애게 될 것이며, 선근을 끊어버린 일천제一闡提[18]가 이 경의 가르침을 의지하면 (선근이) 되살아나게 될 것이다.

> 斯卽理智都忘.[1] 名義斯絶. 是謂涅槃之玄旨也. 但以諸佛證而不位,[2] 無所不應. 無所不說. 是謂涅槃之至敎也. 玄旨已[3]而不[4]嘗寂. 至敎說而未嘗言. 是謂理敎之一味也. 爾乃聽滿字者. 咸蒙毛孔之益. 求半偈者. 不傾[5]骨髓之摧. 造逆罪者. 信是經而能滅. 燋[6]善種[7]者. 依玆敎而還生之矣.

1) ㉑ '忘'은 『東文選』에는 '亡'으로 되어 있다. 2) ㉑ '位'는 『東文選』에는 '住'로 되어 있다. 3) ㉑ '己'는 『東文選』에는 '亡'으로 되어 있다. ㉓ 문맥으로 볼 때 '己'도 아니고 '亡'도 아니며 '已'가 맞다. 4) ㉑ '不'은 『東文選』에는 '未'로 되어 있다. 5) ㉑ '傾'은 『東文選』에는 '顧'로 되어 있다. 6) ㉑ '燋'는 『東文選』에는 '斷'으로 되어 있다. 7) ㉑ '種'은 『東文選』에는 '根'으로 되어 있다.

대반열반大般涅槃[19]이라고 하는 것은, 만일 그것을 인도의 발음으로 모

기고 싶어 부근에 있는 돌·벽·나무·도로에 이것을 서사하고 나서, 나무 위로 올라가서 땅으로 뛰어내려 나찰에게 몸을 던졌다. 그런데 그 몸은 공중에서 살며시 안겨지고, 나찰은 제석천의 모습으로 되돌아와 청년에게 예배를 하였다. 그는 신명을 아끼지 않는 참된 보살이라고 찬탄하고 청년을 시험한 죄를 참회하면서, 당신은 장래에 틀림없이 성불하여 세상 사람을 구제할 붓다가 될 것이라고 예언하였다.

17 오역죄五逆罪 : Ⓢ pañcānantariyāṇi. 오역중죄五逆重罪, 오무간업五無間業. 다섯 가지 무거운 죄. 무간지옥에 떨어지는 가장 무거운 대역죄. ① 어머니를 살해한 죄. ② 아버지를 살해한 죄. ③ 아라한을 살해한 죄. ④ 부처님의 몸에 상처를 입혀 피가 흐르게 한 죄. ⑤ 교단의 화합과 일치를 파괴하고 분열시킨 죄.
18 일천제一闡提 : Ⓢ icchantika. 일천제라고 음사하며, 단선근斷善根 또는 신불구족信不具足 등으로 번역한다.
19 대반열반大般涅槃 : Ⓢ mahā-pari-nirvāṇa. 대반열반이라고 음사하며, 거룩한 부처님의 위대하고 완전한 열반을 의미한다. mahā는 마하摩訶라고 음사하며, 대大라고 번역하고, pari는 반般이라고 음사하며, 완전하다는 뜻이고, nirvāṇa는 열반涅槃, 열반나涅槃那, 니원泥洹이라고 음사하며, 멸滅, 적멸寂滅, 멸도滅度, 원적圓寂, 무위無爲, 무생無生, 무작無作이라고 번역한다.

두 갖추어 보면, 마땅히 마하반열반나摩訶般涅槃那(⑤ Mahā-pari-nirvāṇa)라고 해야 한다. 이 나라에서는 이것을 번역하여 대멸도大滅度라고 한다. 여래가 깨달은 바의 도道를 증명하려고 하면, 체體[20]는 겉이 없는 데까지 두루 미치고, 용用[21]은 유정에까지 두루 미치므로, 널리 포섭하고 멀리 제도하는 데에는 이것보다 앞서는 것이 없다. 그래서 모든 것 가운데에서 이것보다 앞서는 것이 없다는 뜻을 근거로 하여 대大(⑤ mahā)라고 말씀하신다. 대체大體와 대용大用은 둘이 아니며 차별이 있는 것이 아니다. 이미 건너야 할 피안彼岸[22]이 없는데 어찌 떠나야 할 차안이 있겠는가? 떠나야 할 것이 없으므로 떠나지 않은 것이 없으니, 이것을 대멸大滅이라고 한다. 건너야 할 것이 없으므로 건너지 않은 것이 없으니, 이것을 대도大度라고 한다. 이러한 뜻을 가지므로 대멸도大滅度라고 한다.

경經[23]이라는 것은, 위대한 성인의 격언은 시방十方을 꿰뚫으면서도 그것은 한 법도이며, 천대千代를 거치면서도 둘이 아니다. 법다우면서도 언제나 그대로이기 때문에 '경'이라고 부른다.

본론을 설하기에 앞서 먼저 당시의 일을 서술한다. 그러한 까닭에 「서품」 제일'이라고 말하였다. 이런 것들을 이유로 해서 『대반열반경』[24] 「서품」 제일'이라고 한 것이다.

所言大般涅槃經[1)]者。若也[2)]具存西域之音。應謂摩訶般涅槃那。此土譯之。

---

20 체體 : 자체, 주체. 용用의 반대. 본체. 실체, 근본적인 것.
21 용用 : 작용, 활동.
22 피안彼岸 : ⑤ paryavasāna, ⓟ pārimaṃ tūraṃ. 강 저쪽 언덕, 이상세계, 이상의 경지, 생사의 고해를 초월한 깨달음의 세계.
23 경經 : ⑤ sūtra. 수다라修多羅라고 음사하며, 경經이라고 번역한다.
24 여기서 말하는 『大般涅槃經』은 남본南本을 가리킨다. 왜냐하면 6권 『泥洹經』과 36권 『大般涅槃經(南本)』에는 「序品」이 들어 있으나 40권 『涅槃經(北本)』에는 없기 때문이다. 그러므로 원효의 『涅槃宗要』는 남본을 중심으로 한 연구임을 알 수 있다.

言³⁾大滅度。欲明如來所證⁴⁾道。體周無外。用⁵⁾遍有情。廣苞⁶⁾遠濟。莫是爲先。依莫先義。故名爲大。體⁷⁾大用無二無別。旣無彼崖⁸⁾可到。何有此崖⁹⁾可離。無所離故。無所不離。乃爲大滅。無所到故。無所不到。方是大度。以是義故。名大滅度。所言經者。大聖格言。貫十¹⁰⁾方而一揆。歷千代而莫二。法而且常。故名爲經。正說之前。先序¹¹⁾時事。以之故言序品第一。故導大般涅槃經序品第一。

---

1) ㉑ '經'은 『東文選』에서는 삭제되어 있다. 2) ㉑ '也'는 『東文選』에는 '其'로 되어 있다. 3) ㉑ '言'은 『東文選』에는 '云'으로 되어 있다. 4) ㉑ '證' 다음에 『東文選』에는 '之'가 있다. 5) ㉑ '用'은 『東文選』에는 '周'로 되어 있다. ㉡ 문맥으로 볼 때 '用'이 맞다. 6) ㉑ '苞'는 『東文選』에는 '包'로 되어 있다. 7) ㉑ '體' 앞에 『東文選』에는 '大'가 있다. 8) ㉑ '崖'는 『東文選』에는 '岸'으로 되어 있다. 9) ㉑ '崖'는 『東文選』에는 '岸'으로 되어 있다. 10) ㉑ '十'은 『東文選』에는 '千'으로 되어 있다. ㉡ 문맥으로 볼 때 '十'이 맞다. 11) ㉑ '序'는 『東文選』에는 '敍'로 되어 있다.

제2편 분석적 전개

두 번째, 분석적 전개를 하는 것에 네 가지 부분이 있다.
첫째는 『대반열반경』을 말씀하신 까닭을 논설하고, 둘째는 가르침의 종지를 구명究明하고, 셋째는 경의 교체敎體를 드러내고, 넷째는 교판(敎迹)을 논술한다.

二者廣開之內。有其四門。初說因緣。次明敎宗。三出經體。四辨敎迹。

제1장 『대반열반경』을 말씀하신 까닭

첫째는 『대반열반경』을 말씀하시게 된 까닭을 논설하는 것이다.

第一說經因緣門者。

문 부처님이 열반에 들려고 할 때에 이 경을 말씀하셨다. 그런데 이 경을 말씀하시게 된 까닭이 있었는가 없었는가? 까닭이 없었다면 마땅히 이 경을 말씀하시지 않았을 것이며 까닭이 있었다면 몇 가지가 있었는가?

問。佛臨涅槃而說是經。爲有因緣。爲無因緣。若無因緣。亦應無說。若有因緣。有爲[1)]幾種。

1) ㉕ '有爲'는 문맥에 따르면 '爲有'가 되어야 한다.

1. 까닭이 없다는 학설

답 부처님이 이 경을 말씀하실 때는 그럴 만한 원인도 없었고 그럴 만한 조건도 없었다. 그러한 까닭은, 말씀하신 취지가 명언을 초월해서 까닭을 일부러 전개하지 않았기 때문이다. 이 경을 말씀하신 부처님은 모든 분별을 여의어서 그러한 까닭을 생각하지 않은 것이기 때문이다. 그러므로 부처님은 까닭이 없는데도 어쩔 수 없이 이 경을 말씀하신 것이다. 이 『대반열반경』의 다음 글에서 말씀하시는 것과 같다.

따일라(⒮ taila, 拉羅婆夷)를 먹는 기름이라고 하지만 실제로는 먹는 기름이 아니며, 어쩔 수 없이 이름을 붙여 먹는 기름이라고 한다.[1]

『대반열반경』도 역시 그와 같아서 까닭이 있는 것은 아니지만, 어쩔 수 없이 그렇게 이름을 붙인 것이다. 또 진제眞諦가 번역한 『섭대승론석攝大乘論釋』에서 논술한다.

부처님이라는 과보, 이것이 무분별지無分別智[2]의 나타남이라면, 중생을 분별하는 일을 벗어난 것이다. 그런데 어떻게 중생에게 이익이 되는

---

1 『大般涅槃經』(T12, 747b).
2 무분별지無分別智 : ⒮ nirvikalpa-jñāna. 주관과 객관의 상을 벗어나서 평등하게 작용하는 진실한 지혜. 식별·변별하기 이전의 지혜.

일을 할 수 있는가?

이치에 맞아 어긋남이 없으니, 공용 없이 일하는 것을 나타내기 위해서이다. 그러므로 거듭하여 게송으로 말씀하신다.

예를 들면 마니摩尼[3]와 하늘 북은
생각이 없이 스스로의 일을 한다.
이와 같이 아무런 분별도 없이
여러 가지 부처님의 일을 한다.[4]

答。佛說是經。無因無緣。所以然者。所說之旨。絶於名言。不開因緣故。能說之人。離諸分別不思因緣故。無因强說是經。如此下文言。如拉[1)]羅婆夷。名爲食油。實不食油。强爲立名。字爲食油。是大涅槃。亦復如是。無有因緣。强立名字。又攝論云。若佛果是無分別智所顯。離分別衆生。云何得作衆生利益事。如理無[2)]倒。爲顯無功用作事。故重說偈言。譬摩尼天鼓。無思成自事。如是不分別。種種佛事成。

1) ⓔ '拉'는 『大般涅槃經』에는 '坻'로 되어 있다. '따일라(taila)'의 음사이므로 '坻'로 보았다. 2) ⓔ '無'는 『攝大乘論釋』에는 '不'로 되어 있다.

ⓗ 이 뜻에 따르면, 까닭이 없으면서 말씀하신 것이 있다고 할 수도 있으며, 또 까닭이 없으므로 역시 말씀하신 것이 없다고 할 수도 있다. 이 『대반열반경』의 다음 글에서 말씀하시는 것과 같다.

여래가 언제나 법을 말씀하시지 않는 것을 알면, 이것은 보살[5]이 다

---

3 마니摩尼 : Ⓢ maṇi. 마니라고 음사하며, 주珠·보寶·이구離垢·여의如意라고 번역한다. 주옥珠玉의 총칭이다.
4 『攝大乘論釋』(T31, 243a).
5 보살菩薩 : Ⓢ bodhisattva. 보리살타菩提薩埵라고 음사하며, 줄여서 보살이라고 한다.

문多聞을 구족한 것이라고 부른다.[6]

또 『이야경二夜經』에서 말씀하신다.

부처님이 처음으로 도를 깨달으신 밤으로부터 열반에 드시는 밤에 이르기까지, 이 두 밤 사이에 한마디 말씀도 하지 않으셨다.[7]

이러한 논증으로써 까닭도 없고 말씀하신 것도 없다는 것을 알 수 있다.

解云。若依是義。無因緣而有所說。又復得言無因緣故。亦無所說。如是經下文言。若知如來常不說法。是名菩薩具足多聞。二夜經云。從初得道夜乃至涅槃夜。是二夜中間。不說一言字。以是證知無因無說。

각유정각有情이라고 번역하며, 구법자求法者 또는 구도자求道者를 의미한다.
6 『大般涅槃經』(T12, 764c).
7 『大智度論』(T25, 59c)에 다음과 같은 글이 실려 있다. "又佛二夜經中說。佛從得道夜。至般涅槃夜。是夜中間所說經敎。一切皆實不顚倒。" 이 글은 두 가지로 읽을 수 있다. 첫째, '佛二夜經中說'의 '二夜經'을 경전의 이름으로 보려고 할 경우에는 다음과 같이 번역된다. "또한 부처님은 『二夜經』 가운데에서 말씀하신다. 부처님은 도를 깨달으신 밤으로부터 반열반에 드시는 밤에 이르기까지, 이 밤의 중간에 말씀하신 경의 가르침은 모두가 다 진실하여 전도되는 것이 아니다." 둘째, '佛二夜經中說'의 '經'을 동사로 번역하면 다음과 같다. "또한 부처님은 두 밤을 거치는 가운데에 말씀하셨느니라. 부처님은 도를 깨달으신 밤으로부터 반열반에 드시는 밤에 이르기까지, 이 밤의 중간에 말씀하신 경의 가르침은 모두가 다 진실하여 전도되는 것이 아니다." 첫째 경우에는 원효가 재세할 때는 『二夜經』이 있었는지 모르지만 현재는 존재하지 않는다는 것이 문제이고, 둘째의 경우에는 '二夜經'이라는 경전의 이름이 나오지 않는다는 것이다. 그리고 또 『大智度論』에서는 부처님은 말씀을 하신 것으로 되어 있는데, 원효는 자신의 의도를 펴기 위하여 부정적으로 활용한 것을 우리는 어떻게 볼 것인가 하는 점이다. 이와 관련하여 『楞伽阿跋多羅寶經』(T16, 498c)에 다음과 같이 우리들의 주목을 끄는 글이 실려 있다. "나는 어느 날 밤에 최고의 정각을 얻고 나서부터 내지 어느 날 밤에 반열반에 들기에 이르기까지, 그 중간에는 한 글자도 말하지 않았느니라. 또 과거에도 말하지 않았으며, 미래에도 말하지 않을 것이니라. 말하지 않는 것, 이것이 거룩한 붓다의 말씀이니라.(我從某夜得最正覺。乃至某夜入般涅槃。於其中間。乃至不說一字。亦不已說當說。不說是佛說。)"

2. 까닭이 있다는 학설

어떤 스승은, 큰 까닭이 있어서 부처님이 이 경을 말씀하셨다고 주장한다. 왜냐하면 어리석은 사람은 도무지 까닭이 없으므로 일을 하지 않지만, 지혜로운 사람은 그렇지 않아 깊은 까닭이 있어야 일을 한다는 것이다. 『대지도론大智度論』에서 논술하는 것과 같다.

> 예를 들면 수미산왕須彌山王[8]은 까닭이 없거나 까닭이 작으면 스스로 동작하지 않는 것과 같다.[9]

모든 부처님도 그와 같으므로 까닭이 없이는 경을 말씀하시지 않는다. 이 글의 뜻을 근거로 하여 보면 까닭이 있으므로 말씀하신 것이 된다.

或有說者。有大因緣。佛說是經。所以然者。如愚癡人。都無因緣。有無[1]所作。智者不爾。有深所以。乃有所作。如智度論云。譬如須彌山王。不以無因緣。及小因緣。而自動作。諸佛亦爾。不無因緣。而有所說。依是文意。有因有說。

---
1) ㉾ '有無'는 문맥에 따르면 '無有'로 바꿔야 한다.

---

8 수미산왕須彌山王 : ⓢ Sumeru. 수미로須彌盧라고 음사하며, 줄여서 수미須彌라고 한다. 묘고妙高 · 묘광妙光 · 안명安明 · 선적善積이라고 번역한다. 불교의 우주관에 의하면 사주세계四洲世界의 중앙에 우뚝 솟은 가장 높은 산을 가리킨다. 큰 바다 가운데에 있으며, 금륜金輪의 위에 있고, 그 높이는 수면에서 8만 요자나(ⓢ yojana)이며, 그 둘레에는 9산 · 8해가 둘러싸고 있다고 한다. 이 산의 주위를 해와 달이 돌며, 이 산의 중턱에는 동방에 지국천持國天, 남방에 증장천增長天, 서방에 광목천廣目天, 북방에 다문천多聞天의 사천왕四天王이 있고, 이 산의 꼭대기에는 뜨라야쓰뜨림싸뜨(ⓢ Trāyastriṃsat, ⓟ Tāvatiṃsa, 忉利天, 33天)가 있으며, 그 중앙에 '샤끄라 데와남 인드라(ⓢ Śakra devānaṃ indra, ⓟ Sakka devānaṃ īndra, 釋提桓因)'가 사는 희견성喜見城이 있다고 한다. 그러므로 희견성에 살고 있는 '샤끄라 데와남 인드라'를 수미산왕이라고 한다.
9 『大智度論』(T25, 57c).

이 뜻을 근거로 하여 보면 이 경을 말씀하신 까닭에는 총체적인 것이 있고 개별적인 것이 있다.

개별적으로 이것을 논술하면 까닭을 헤아릴 수 없이 많다. 왜 그런가 하면, 위대한 사람이 발언을 할 때에는 부질없이 말하는 것이 아니므로 한 게송·한 구절에도 각각 까닭이 있으며, 한 말씀 속에도 또한 여러 가지 까닭이 있다. 이 경의 범본梵本(Sanskrit)에는 2만 5천의 게송이 있으므로, 이것은 곧 2만 5천의 까닭이 있는 것이고, 그 한 게송마다 네 구절이 있으므로 곧 10만의 구절에 그만큼의 까닭이 있는 것이며, 또 하나하나의 구절마다 각각 여러 까닭이 있는 것이다. 이것을 근거로 하여 말하면 헤아릴 수 없이 많은 까닭이 있다. 개별적인 까닭은 이와 같으므로 이루 다 말할 수 없다.

총체적인 까닭으로 이것을 논술하면, 여래는 마땅히 커다란 까닭이 있으므로 이 경을 말씀하셨다. 말하자면 모든 부처님은 세상에 출현한 큰 뜻을 나타내려고 하셨기 때문이다. 『묘법연화경妙法蓮華經』에서 말씀하시는 것과 같다.

> 모든 부처님은 오직 한 가지 커다란 일을 하겠다는 까닭을 가지고 이 세상에 출현하였다. ……[10]

또 이 『대반열반경』 「보살품」 제16에서 말씀하신다.

> 어떤 사람이 헤아릴 수 없이 많은 부처님을 공경하며 공양하면 틀림없이 곧 『대반열반경』을 듣게 될 것이다. 그 까닭은 무엇인가? 큰 공덕을 쌓은 사람이라야 이와 같이 큰 것을 들을 수 있기 때문이다. 무엇을

---

[10] 『妙法蓮華經』(T9, 7a).

크다고 하는가? 모든 부처님의 아주 깊이 비장한 여래의 성품을 말씀하신 것이므로, 이런 뜻으로 큰일이라 한다.[11]

若依是意。說此經。因有總有別。別而論之。因緣無量。所以然者。大人發言。必不徒說。一偈一句。各有因緣。一言之內。亦有衆緣。此經梵本有二萬五千偈。則有二萬五千因緣。隨其一偈。皆有四句。則十萬句。有爾許因緣。又一一句。各有諸緣。由是言之。有無量緣。別緣如是。不可具陳。總因緣者。如來宜以大因緣。而說是經。所謂欲顯諸佛出世之大意故。如法花經言。諸佛如來。唯以一[1)]事因緣故。出現於世。乃至廣說。又此經菩薩品云。若有人能供養恭敬無量諸佛。方乃得聞大涅槃經。所以者何。大德之人。乃能得聞如是大事。何等爲大。所謂諸佛甚深祕藏如來之性。以是義故。名爲大事。

1) ㉥ '一' 다음에 『妙法蓮華經』에 따르면 '大'를 넣어야 한다.

[해] 이제 이 경을 말씀하실 때는, 부처님이 바로 일생의 교화를 마치는 마지막 날이었으며, 마침내 모든 부처님의 큰 뜻을 나타내 보이려는 참이었다. 말하자면 부처님이 성도한 다음부터 중생의 근기根機[12]를 따라 말씀하신 모든 언교言敎를 총괄하여, 모두 한맛이면서 평등한 도라는 것을 보여 줌으로써, 널리 중생들로 하여금 둘이 아닌 성품으로 돌아가게 하려는 것이다. 이것은 시방삼세의 모든 부처님이 모두 이 뜻과 같으므로 둘이 아니며 차별도 없는 것이다. 이것을 모든 부처님이 세상에 나온 뜻이라고 하며 여래가 매우 깊이 간직한 비장이라고 말씀하신다. 이와 같은 하나의 커다란 까닭이 있음을 근거로 하여 여래는 이 『대반열반경』을 말씀하셨다.

11 『大般涅槃經』(T12, 658c).
12 근기根機 : [S] indriya. 사람의 종교적 소질·활력·능력을 말한다.

이와 같이 이 총체문에서 말하는 하나의 큰 까닭은 곧 개별문에서 말하는 헤아릴 수 없이 많은 까닭들을 포섭한다. 그것은 개별문의 여러 까닭이 총체문의 하나의 뜻을 벗어나지 않기 때문이다.

解云。今說是經之時。正臨一化之終日。究意[1]顯示諸佛大意。所謂總括成道以來。隨機所說。一切言教。悉爲示一味之道。普今[2]歸趣無二之性。十方[3]世一切諸佛。悉同是意。無二無別。是謂諸佛出世大意。是名如來甚深祕藏。由有如是。一大因緣。是故如來。說是大經。如是總門。一大因緣。卽攝別門。無量因緣。以其衆緣。不出一意。

1) ㉠ '意'는 문맥에 따르면 '竟'으로 바꿔야 한다. 2) ㉠ '今'은 문맥에 따르면 '슈'으로 바꿔야 한다. 3) ㉠ '方' 다음에 '三'을 넣어야 한다.

3. 회통

㈜ 저 먼저 스승은 이 경을 말씀하실 까닭이 없었으므로 말씀하신 것이 없다고 하였으며, 이 뒤의 스승은 이 경을 말씀하실 까닭이 있었으므로 말씀하신 것이 있다고 하였으니, 이와 같은 두 학설은 어느 것이 옳고 어느 것이 그르다고 하겠는가?

(답) 어떤 스승은 말하기를 두 학설이 모두 옳다고 한다. 그것은 모두 경전을 근거로 한 것이므로 서로 방해가 되지 않기 때문이다. 비록 상대방의 주장이 그렇지 않은 것도 아니기 때문에, 이 경을 말씀하실 까닭이 있었는가 없었는가라고 말하지만, 그렇다고 자기의 주장이 결코 그런 것도 아니므로, 두 학설이 서로 틀리는 것이 아니다.

이 경을 말씀하실 까닭이 마땅히 이와 같음을 알아야 한다.

問。彼初師義。無因無說。此後師意。有因有說。如是二說。何得何失。或[1] 有說者。二說悉得。皆依經典。不相妨故。雖非不然故。說有無無。[2] 而非定 然故。不相違。說經因緣。應如是知。

1) ㉠ '或' 앞에 문맥에 따라 '答'을 넣어야 한다. 2) ㉠ '無'는 문맥에 따르면 삭제해야 한다.

제2장『대반열반경』의 근본종지

둘째는『대반열반경』의 종지를 구명究明하는 것이다.

第二辨敎宗者。

1. 총체적 구명究明

이 경의 종지에 대하여는 말하는 사람마다 그 주장이 같지 않다.

此經宗旨。說者不同。

1) 서른여섯 가지의 뜻을 종지로 삼음

어떤 스승은, 이 경의 처음부터 끝까지 전표詮表된 여러 가지 뜻을 가지고 이 경의 종지로 삼는다고 말씀하신다. 질문에 대답하여 말한 것이 곧 6×6=36[13]의 뜻이 있으니, 이른바 첫 번째의 장수長壽의 인과로부터 최후의 모든 구성 요소(陰)[14]에 관한 법문에 이르기까지이다.

有師說言。經文始終。所詮衆義。以爲經宗。對問而言。即有六六三十六義。所謂第一長壽因果。乃至最後諸陰法門。

2) 네 가지의 큰 뜻을 종지로 삼음

어떤 스승은, 네 가지의 큰 뜻을 이 경의 종지로 삼는다고 말씀하신다. 네 가지란 무엇들인가? 첫째, 대열반이라고 하는 원만하고 지극한 묘과妙果는 (법신法身·반야般若·해탈解脫의) 삼사三事와 (상常·낙樂·아我·정淨의) 네 가지 덕을 두루 갖추고 있는 것이다. 둘째, 모든 중생은 모두 부처님의 마음자리(佛性)[15]를 가지고 있지만 그것이 번뇌에 뒤덮여서 볼 수 없는 것

---

13 이는 『涅槃經』에서 전표된 여러 가지 뜻을 모두 종지로 삼는다는 견해이다. 그런데 이를 질문과 그것에 대한 대답으로 나눌 경우, 서른여섯 가지의 뜻이 바로 종지가 된다는 것이다. 그 서른여섯 가지란 처음의 장수인과長壽因果에서 시작하여 마지막에 제음법문諸陰法門에 이르는 것을 말한다. 보량寶亮 등의 『大般涅槃經集解』(T37)를 보면, 질문과 그에 대한 대답에 대한 여러 견해가 나오지만, 여기서 원효가 말하는 '六六三十六義'와 동일한 내용은 발견되지 않는다. 참고로 『雜阿含經』에 『六六法經』(T2, 86c~87a)이란 경명이 수록되어 있다. 이는 송宋 천축天竺 구나바드라(Guṇabhadra, 求那跋陀羅) 삼장이 번역하였다. 내용을 보면, 이는 육내처六內處·육외처六外處·육식신六識身·육촉신六觸身·육수신六受身·육애신六愛身을 가리키며, 이와 같은 것들이 아소我所가 아니고 아我가 아니며 아체我體가 아니라고 있는 그대로 관조하여 알면 열반에 이르는 것이라고 한다.
14 구성 요소(陰) : Ⓢ skandha. 신역에서는 온蘊이라고 번역한다. 쌓아 올려 모은 것을 의미하며, 불교에서는 인간 존재를 구성하는 요소를 가리킨다.
15 부처님의 마음자리(佛性) : Ⓢ buddha-dhātu, buddhatā, buddhatva. 부처님이 될 수 있는 가능성으로, 대승불교에서는 이것이 모든 인간 또는 존재에게 갖추어져 있다고 한다. 그래서 『大般涅槃經』에서는 모든 중생이 부처님의 마음자리를 지니고 있다는 것을 다섯 가지 비유를 들어 설명하고 있다. 역자는 이것을 '부처님의 마음자리'라고 번역한다. ① 가난한 여인의 집의 땅속에 진금장眞金藏이 묻혀 있다. 가난한 여인의 집안에

진금장이 묻혀 있어도 그녀는 그것을 모른다. 그것을 다른 사람이 파내어서 보여 주니까 그때서야 비로소 그 여인은 마음에 기쁨이 생겼다. 중생에게 부처님의 마음자리가 갖추어져 있어도, 그것이 번뇌로 뒤덮여 있기 때문에 중생은 그것을 보지 못하며, 알지 못하고, 이제 여래에 의하여 그것이 개시開示된다고 하는 의미로 풀이할 수 있다. 여기서 가난한 여인이란 헤아릴 수 없이 많은 일체의 중생을 가리키며, 진금장이란 부처님의 마음자리를 지시하는 것이다.(T12, 648b) ② 쓰디쓴 약을 어머니의 젖에 바르다. 어떤 여인이 아기를 하나 키우는데, 그 아이가 병에 걸렸기 때문에, 그 아기의 어머니는 의사에게 아기를 데리고 가서 진찰을 받고 약을 받아 왔다. 의사는 소수酥(cheese)·유유乳(milk)·석밀石蜜(honey)의 세 가지를 섞어 약을 지어 주면서, 이 약이 완전히 소화가 될 때까지는 젖을 주지 말도록 설명했다. 어머니는 아이에게 방편으로 젖꼭지에 독을 발랐기 때문에 빨아먹거나 만져서는 안 된다고 말했다. 약이 모두 소화가 된 것을 보고서, 어머니는 젖몸을 깨끗이 씻고, 아이에게 '이리 와! 이리 와! 젖을 줄 테니까'라고 불렀지만, 그 아이는 아까 독기毒氣에 관한 말을 들었기 때문에 어머니를 피하였다. 어머니는 약을 먹이기 위한 방편이었다는 것을 아이에게 설명하고, 아이는 그 까닭을 알고서 점차로 젖을 먹기 시작했다. 여래도 일체를 제도하기 위하여 세속의 법에 대하여 무아의 법을 수행할 것을 가르쳐, 세간출과世間出過의 법을 말씀하셨다. 부처님은 이렇게 해서 수행인의 공空을 실천함에 의하여 마침내 여래장을 말씀하신다고 하는 가르침이다.(T12, 648b) ③ 역사力士의 미간에 금강주金剛珠가 박히다. 이 역사는 미간에 금강주가 있었는데, 다른 역사와 씨름을 하다가 서로 머리를 부딪쳤기 때문에, 그 이마에 있던 구슬이 피부 속으로 함몰하여 버렸다. 역사는 스스로는 그 구슬의 행방을 모르고, 그곳에 부스럼이 났기 때문에 의사에게 치료를 받으러 갔다. 의사는 너의 이마에 있던 구슬은 어디에 있느냐고 물었다. 자기 자신은 그 구슬의 행방을 모르고 있던 역사는, 내 이마의 구슬은 지금 어디에 있을까, 환화幻化했을까라고 탄식하면서 울었다. 그때 의사는 역사를 달래면서 그렇게 몹시 슬퍼하거나 괴로워하지 말라고 했다. 네가 씨름을 할 때 분노심이 강성했기 때문에 그때 구슬은 살 속으로 함몰하여 버리고 스스로는 그것을 모르고 있다고 일러 주었다. 역사는 의사의 말을 믿지 않았다. 그래서 의사는 거울을 가져다 보여 주면서 함몰한 구슬을 비쳐 확인시켰다. 구슬이 똑똑하게 현현하는 것을 보고, 그때서야 기특奇特한 상념이 떠올랐다. 일체중생도 이와 마찬가지로 선 지식에게 친근할 수가 없기 때문에 부처님의 마음자리가 있어도 볼 수가 없다. 더구나 탐·진·치 삼독에 휩싸여서, 여러 종류의 가계에 태어나 이십오유二十五有를 받아 부처님의 마음자리가 있는 것을 모른다. 무아를 닦아도 참된 무아를 모르며, 더구나 유아有我를 모른다. 여래는, 일체는 모두 부처님의 마음자리를 지니고 있다고 말씀하지만, 중생은 무량한 번뇌에 뒤덮여 있어서 부처님의 마음자리가 있는 것을 모른다. 만일 번뇌를 소멸시켜 버리면 부처님의 마음자리를 증지證知하는 것은 요요了了하다고 교시하고 있다.(T12, 649a) ④ 설산雪山에 일미一味의 약이 있다. 그 약을 약미樂味라고 부르며, 그 맛은 대단히 달다. 깊은 숲속에 있으므로 사람은 향기에 의해서 그 존재를 알 수 있을 뿐이다. 아주 옛날에 전륜성왕이 있었는데 설산에 있는 이 약을 구하기 위하여 목통木筒을 만들었다. 이 약이 성숙할 때는 땅으로부터 유출하여 목통에 모이다. 셋째, 삼보와 부처님의 마음자리는 동체이므로 둘이 아니다. 넷째, 불법을 비방하는 일천제一闡提나 성품에 집착하는 이승二乘[16]까지도 모두 장래에 부처님이 된다. 이와 같은 네 가지 뜻을 가지고 그 종지로 삼는다.

或有說者。四種大義。爲此經宗。何等爲四。一者大涅槃圓極妙果。具足三事。及與四德。二者一切衆生。悉有佛性。煩惱覆故不能見。三者三寶佛性。同體無二。四者闡提謗法。執性二乘。悉當作佛。如是四義。以爲其宗。

이는 것이다. 그 맛은 진정眞正이었다. 그런데 그 왕이 죽고 난 뒤에 그 약의 맛이 그 유처流處에 따라서, 시기도(酢)·짜기도(鹹)·달기도(甘)·쓰기도(苦)·맵기도(辛)·싱겁기도(淡) 하여 여러 가지 맛으로 나누어졌다. 이와 같이 일미가 그 유처에 따라서 여러 가지 다른 맛으로 나타난다. 그러나 이 약의 진미는 산에 머물러 있어 마치 보름달 같았다. 박덕한 사람들이 약을 얻으려고 공을 들여 땅을 파도 얻지 못하더니, 다른 전륜성왕이 세상에 나와 그의 복력의 인연으로 약의 진정한 맛을 얻었다. 이와 같이 여래가 말씀하시는 비장의 부처님의 마음자리의 맛도 그와 같아서 모든 번뇌의 숲속에 묻혀 있으므로 무명이 두터운 중생은 맛이 좋은 약을 보지 못한다. 일미란 부처님의 마음자리가 번뇌 때문에 여러 가지 맛을 내는데, 드디어 인연을 얻어서 본래의 제 맛인 일미를 얻는다고 하는 가르침이다.(T12, 649b) ⑤ 날카로운 괭이로 땅을 파서 금강에 다다르다. 어떤 사람이 땅속에 있는 보물이 든 독을 잘 알고 괭이로 땅을 파는데 모래·자갈·반석은 무난하게 파 내려갈 수 있었지만, 금강에 이르면 뚫을 수 없다. 금강은 창이나 괭이로 깨뜨릴 수 없다. 중생의 부처님의 마음자리도 그와 같아서 누구도 깨뜨릴 수 없으며, 중생의 오온五蘊은 만들어진 것이니, 만들어진 것은 모래나 돌과 같아서 뚫을 수 있고 깨뜨릴 수 있지만 부처님의 마음자리인 진아眞我는 금강과 같아서 깨뜨릴 수 없다고 하는 가르침이다.(T12, 649c)

16 이승二乘 : ⓢ yāna-dvaya. 성문승과 연각승을 말한다. yāna는 수레라는 뜻이며, 승乘이라고 번역한다. 성문승이란, 스승의 가르침에 의하여 깨닫는 사람으로, 부처님의 가르침을 직접 듣고 사성제의 도리에 의하여 깨닫는 사람, 또는 그와 같은 입장을 따르는 사람들을 말한다. 연각승이란, 이법을 체득하여 스스로 깨닫는 사람으로, 부처님의 가르침에 기대지 않고 홀로 십이인연의 도리를 관찰하여 깨닫는 사람, 또는 그와 같은 입장을 따르는 사람들을 말한다.

3) 출세간의 인과를 종지로 삼음

어떤 스승은 '출세간出世間[17]의 인과'를 가지고 그 종지로 삼는다고 말씀하신다. 과보는 곧 보리菩提와 열반을 말하며, 원인은 곧 부처님의 마음자리와 성스러운 행위를 말씀하신다. 이 경의 「순타품」 제2에서는 보리菩提라는 과보를 전개하며, 「애탄품」 제3에서는 열반이라는 과보를 전개하고, 「여래성품」 제12에서는 부처님의 마음자리라는 원인을 나타내며, 「성행품」 제19에서는 행덕行德이라는 원인을 말씀하고, 그 나머지의 모든 품에서도 거듭하여 원인과 과보를 드러내 보인다. 그러므로 이 경은 '무상無上의 인과'를 종지로 삼는다.

或有說者。出世因果。以其爲[1)]宗。果卽菩提涅槃。因卽佛性聖行。如能[2)]陀章。開菩提果。哀歎章中。開涅槃果。如來性品。顯佛性因。聖行品中。說行德因。其餘諸品。重顯因果。故知無上因果爲宗。

1) ㉮ '其爲'는 문맥상 '爲其'가 되어야 한다. 2) ㉮ '能'은 '純'의 오기이다.

4) 미래의 상덕常德과 현재의 상덕을 종지로 삼음

어떤 스승은, 이 경은 미래의 상덕常德과 현재의 상덕의 두 과보를 종지로 삼는다고 말씀하신다. 이른바 모든 중생은 모두 부처님의 마음자리를 가지고 있다고 한 것은 미래의 상덕을 나타낸 것이며, 여래가 깨달은 대반열반大般涅槃은 현재의 상덕을 밝혀 말한 것이다. 성행聖行 등의 원인

17 출세간出世間 : Ⓢ loka-uttara. '세世'는 천류遷流한다는 뜻으로 시간성을 말하며, '간間'은 간격이라는 뜻으로 공간성을 말한다. 곧 생성·소멸하는 변화의 세계를 세간이라고 한다. 출세간이란 이와 같은 생성·소멸하는 변화의 세계에서 벗어난 세간을 말한다. 삼계의 번뇌를 벗어나서 깨달음의 경지로 들어간 세계.

은 곧 미래의 상덕과 현재의 상덕의 과보를 도와서 드러내지만, 순정한 종지가 되는 것은 아니다. 부처님의 뜻에 근거하여 보면, 중생으로 하여금 각각 미래의 상덕의 과보를 깨닫게 하고 싶지만, 다만 미래의 상덕의 과보는 아직 (이루어지지) 않아서, 다분히 중생이 믿음을 얻기 어려울까 하여, 이 때문에 자신이 깨달은 대반열반의 현재의 상덕을 말해서 중생으로 하여금 믿음을 이루어 보려고 한 것이다. 이런 뜻을 가지기 때문에 (미래의 상덕과 현재의 상덕의) 두 과보를 종지로 삼는다. 다만 여기서는 현재의 상덕인 대반열반을 쫓아 이 경의 제목을 붙였기 때문에 '열반'이라고 말씀하셨다.

> 或有說者。當常現常。二果爲宗。所謂一切衆生。悉有佛性。是顯當常。如來所證。大般涅槃。是明現常。聖行等因。卽助顯於果。非爲正宗。若據佛意。欲使衆生。各證當果。但當果未非。恐難取信。是故自說所證。將成物信。以是義故。二果爲宗。但從現立題。故名涅槃也。

5) 원만하고 지극한 일과를 종지로 삼음

어떤 스승은 원만하고 지극한 일과一果를 이 경의 종지로 삼는다고 주장한다. 말하자면 (이 원만하고 지극한 일과는) 곧 모든 부처님의 대반열반大般涅槃이다. 그러므로 이 종지를 따라서 이 경의 제목을 붙였다.『보살영락본업경菩薩瓔珞本業經』은 여섯 가지의 영락[18]을 종지로 삼고,『대반야경』은 세 가지 반야(三種般若)[19]를 종지로 삼는다. 그러므로 마땅히 이『대

---

18 여섯 가지의 영락 : 동보영락銅寶瓔珞 · 은보영락銀寶瓔珞 · 금보영락金寶瓔珞 · 유리보영락琉璃寶瓔珞 · 마니보영락摩尼寶瓔珞 · 금강보영락金剛寶瓔珞을 가리킨다.
19 세 가지 반야(三種般若) : 문자반야文字般若 · 관조반야觀照般若 · 실상반야實相般若를 가리킨다.

『반열반경』은 '하나의 대열반'을 종지로 삼는다는 것을 알아야 한다.

> 或有說者。圓極一果。爲是經宗。所謂諸佛大般涅槃。所以從宗而立題名。瓔珞經。六種瓔珞爲宗。大般若經。三種般若爲宗。當知是涅槃經。一大涅槃爲宗。

6) 모든 부처님이 비장한 둘도 없는 실성을 종지로 삼음

어떤 스승은, 모든 부처님이 비장祕藏한 둘도 없는 참된 성품을 이 경의 종지로 삼는다고 주장한다. 이와 같은 실성實性은 상相을 여의고 성性을 여의었으므로 모든 부문에 있어서 장애가 없다. 그것은 상相을 여의었으므로 더럽지도 않고 깨끗하지도 않으며, 또 인도 아니고 과도 아니며, 또 동일하지도 않고 다르지도 않으며, 있는 것도 아니고 없는 것도 아니다. 그것은 성性을 여의었으므로 더럽기도 하고 깨끗하기도 하며, 또 인이기도 하고 과이기도 하며, 또 동일하기도 하고 다르기도 하며, 있기도 하고 없기도 하다. 또 더럽기도 하고 깨끗하기도 하기 때문에 중생이라고도 하며, 생사라고도 하고, 여래라고도 하며, 법신이라고도 한다. 그것은 인도 되고 과도 되기 때문에 부처님의 마음자리라고도 하고, 여래장이라고도 하고, 보리菩提라고도 하며, 대열반大涅槃이라고도 한다. 또는 있기도 하고 없기도 하기 때문에 진제眞諦·속제俗諦라고도 한다. 있는 것도 아니고 없는 것도 아니기 때문에 중도라고도 한다. 동일하지 않기 때문에 아주 잘 모든 부문에 해당하며, 다르지 않기 때문에 모든 부문이 한맛이다. 이와 같은 둘도 없는 비장을 이 경의 종지로 삼는다. 다만 그 제목 속에 전적으로 모든 이름을 다 둘 수 없으므로, (부처님이 반열반에 들려 하실) 때의 일을 따라서 '열반'이라는 이름을 세운 것이다.

或有說者。諸佛祕藏。無二實性。以爲經宗。如是實性。離相離性故。於諸門無障無礙。離相故不垢不淨。非因非果。不一不異。非有非無。以離性故。亦染亦淨。爲因爲果。亦一亦異。爲有爲無。爲染淨故。或名衆生。或名生死。亦名如來。亦名法身。爲因果故。或名佛性。名如來藏。或名菩提。名大涅槃。乃至爲有無故。名爲二諦。非有無故。名爲中道。由非一故。能當諸門。由非異故。諸門一味。如是無二祕藏。以爲是經宗旨。但其題目之中。不能並偏存諸名。且隨時事。立涅槃名。

7) 회통

문 여섯 스승의 학설 가운데에서 어느 것이 진실인가?

답 어떤 스승은, 모든 학설이 두루 진실하다고 주장한다. 왜냐하면 부처님의 뜻은 모나지 않으므로 해당되지 않는 것이 없기 때문이다. 또 어떤 스승은, 여섯 번째 학설을 진실이라고 주장한다. 왜냐하면 여래의 모나지 않은 뜻을 아주 잘 얻었으므로, 앞에서 말한 모든 스승의 뜻을 모두 받아들였기 때문이다. 마땅히 이 두 스승의 학설(여섯 스승의 학설이 모두 옳다는 설과 여섯 번째 학설이 옳다는 설)이 또한 서로 위배되지 않음을 알아야 한다.

問。六師所說。何者爲實。答。或有說者。諸說悉實。佛意無方。無不當故。或有說者。後說爲實。能得如來。無方意故。並容前說諸師義故。當知是二說。亦不相違也。

통틀어 말하면 그렇다고 하더라도, 그 가운데서도 분별하면 또 두 문에 의거하여 그 실상을 드러낸다. 두 문이란 '열반문(涅槃門)'과 '부처님의 마음자리문(佛性門)'을 말씀하신다.

總說雖然。於中分別。且依二門。以示其相。謂涅槃門及佛性門。

2. 분석적 구명

1) 열반을 해석하는 부문

열반涅槃의 뜻은 여섯 가지 부문으로 나누어 논술한다.

첫째는 이름과 의의를 해석하고, 둘째는 체상體相을 해석하고, 셋째는 통체적인 것과 한정적인 것을 해석하고, 넷째는 두 가지 열반을 해석하고, 다섯째는 삼사三事를 해석하고, 여섯째는 네 가지 공덕을 해석하는 부문이다.

涅槃之義。六門分別。一名義門。二體相門。三通局門。四二滅門。五三事門。六四德門。

(1) 이름과 의의를 해석함

명의문名義門 안에는 첫째는 이름의 번역, 둘째는 뜻의 해석이 있다.

名義門內。翻名釋義。

① 이름의 번역

먼저 이름을 번역한다는 것은 여러 가지 학설이 동일하지 않다. 어떤 스승은 열반이라는 이름을 번역해서는 안 된다고 말하며, 어떤 스승은 번역해야 한다고 주장한다.

初翻名者。諸說不同。或說無翻。或說有翻。

가. 열반이라는 이름을 번역해야 함

번역해야 한다고 말하는 학설에도 여러 가지 주장이 있지만, 지금 한 가지 뜻을 끌어내어 번역하면 '멸도減度'라고 한다. 그러한 문서의 증거로는 『묘법연화경』의 산문에서 말씀하시는 것과 같다.

> 여래는 오늘 밤중에 무여열반無餘涅槃(S nirupadhiśeṣam nirvāṇa)에 들어 갈 것이니라.[20]

또 『묘법연화경』에 있는 아래의 게송에서 말씀하신다.

> 부처님이 오늘밤에 멸도하시는 것은
> 마치 섶이 다 타서 불이 꺼지는 것과 같으니라.[21]

또 이 『대반열반경』 제1권의 「서품」 제1에서 말씀하신다.

> 그 부류의 음성에 따라서 중생들에게 널리 외치노라. 오늘 여래께서 곧 열반에 들려고 하신다.[22]

---

20 『妙法蓮華經』(T9, 4b).
21 『妙法蓮華經』(T9, 5a).
22 『大般涅槃經』(T12, 605a).

여섯 권으로 된 『불설대반니원경(佛說大般泥洹經[S] Mahāparinirvāṇasūtra)』의 이곳에 해당하는 글에서 말씀하신다.

아주 고요하고 맑은 적멸(寂滅), 대모니 존자(大牟尼尊)께서는, 모든 중생들에게 이제 멸도하려고 한다고 이르신다.[23]

이들 경의 문장을 근거로 하여 마땅히, '멸도'는 바로 '열반'을 번역한 것이라는 것을 알아야 한다.

> 有翻之說。雖有諸宗。今出一義。翻爲滅度。其文證者。如法花經長行言。如來於今日中夜。入當[1]無餘涅槃。下偈頌曰。佛此夜滅度。如薪盡火滅。又此大經第一卷云。隨其類音。普告衆生。今日如來。將欲涅槃。六卷泥洹。此處文言。悟惔寂滅。大牟尼尊。告諸衆生。今當滅度。以是等文。當知滅度。正翻涅槃也。

1) ㉠ '入當'은 『妙法蓮華經』에 따르면 '當入'이 되어야 한다.

나. 열반이라는 이름을 번역해서는 안 됨

또한 '열반'을 번역해서는 안 된다는 학설에도 여러 가지 주장이 있지만, 다만 한 가지 주장만을 끌어낸다. 그 스승은, 외국의 말은 포용적이어서 많은 뜻을 내포하지만, 이 나라의 말은 치우쳐서 그 말에 상당할 수 없다고 주장한다. 이 때문에 하나의 이름으로 번역할 수 없다는 것이다. 그러한 글의 증거로는 『대반열반경』「광명변조고귀덕왕보살품」제22에 있는 제7공덕문에서 말씀하시는 것과 같다.

---

23 『佛說大般泥洹經』(T12, 853a).

선남자여, 열涅(Ⓢ nir)은 불不이라는 말이며, 반槃(Ⓢ vāṇa)은 멸滅이라는 말이니, 불멸不滅이라는 뜻으로 열반涅槃(Ⓢ nirvāṇa)이라고 말씀하셨다. 반槃은 또 복覆이라는 말이니, 불복不覆이라는 뜻으로 열반이라고 말씀하셨다. 반槃은 또 거래去來라는 말이니, 불거불래不去不來라는 뜻으로 열반이라고 말씀하셨다. 반槃은 취取라는 말이니, 불취不取라는 뜻으로 열반이라고 말씀하셨다. 반槃은 부정不定이라는 말이니, 틀림없이 부정이 아니라는 뜻으로 열반이라고 말씀하셨다. 반槃은 신고新故(새로운 것과 옛것)라는 말이니, 신고가 없다는 뜻으로 열반이라고 말씀하셨다. 반槃은 장애라는 말이니, 장애가 아니라는 뜻으로 열반이라고 말씀하셨다.[24]

또 『대반열반경』「광명변조고귀덕왕보살품」 제22에 있는 아래의 글에서 말씀하시는 것과 같다.

선남자여, 반槃은 유有라는 말이니, 유가 아니라는 뜻으로 열반涅槃이라고 말씀하셨다. 반槃은 화합和合이라는 말이니, 화합和合이 아니라는 뜻으로 열반이라고 말씀하셨다. 반槃은 괴로움이라는 말이니, 괴로움이 없다는 뜻으로 열반이라고 말씀하셨다.[25]

이곳에 대략 열 가지 뜻이 나타나 있다. 위아래의 모든 글들은 (그 뜻이) 아주 많다. 그러므로 용어를 하나로 하여 번역하는 것은 불가능하다는 것이다.

無翻之說。亦有諸宗。且出一義。彼師說言。外國語容。含多名訓。此土語

---

24 『大般涅槃經』(T12, 758c).
25 『大般涅槃經』(T12, 758c).

偏。不能相當。是故不可一名而翻。其文證者。如德王品。第七功德文言。涅者不。槃者識。不識之義。名爲涅槃。槃言覆。不覆之義。乃名涅槃。槃言去來。不去不來。乃名涅槃。槃者言取。不取之義。乃名涅槃。槃者不定。無不定義。乃名涅槃。槃言新故。無新故義。乃名涅槃。槃言障礙。無障礙義。乃名涅槃。又下文言。善男子。槃者言有。無有之義。乃名涅槃。槃者名爲和合。無和合義。乃名涅槃。槃者言苦。無苦之義。乃名涅槃。此處略出。是十種訓。上下諸文乃衆多。故知不可一語而翻。

다. 문답

問 만일 나중 스승(無飜之說)이 세운 뜻을 따르면, 이 어려운 문제를 어떻게 풀 것인가? 어떤 어려움인가 하면, '경에서는 열반(Ⓢ nirvāṇa)을 번역할 수 있다고 했는데, 어째서 번역할 수 없다는 것인가?'라는 것이다. 예를 들면, "그 부류의 음성에 따라서 중생들에게 널리 외치노라. 오늘 여래께서 곧 열반에 들려고 한다."라고 말한 것과 같다. 벌·개미 등의 육도 중생의 음성에 따라서 열반이라는 이름을 번역할 수 있는데, 어째서 홀로 이 나라의 말로는 번역할 수 없다고 말하느냐? 또 이것에 해당하는 이 경의 글에서는 이미 이것을 번역하여 '멸도'라고 하였다. 그런데 어찌하여 번역할 수 없다고 말할 수 있는가?

(答) 그 스승은, 열반이라는 이름은 여러 가지 뜻을 가지고 있는 가운데에서 다만 한 가지만을 골라서 번역하여 '멸도'라 한다고 풀어서 주장한다. 그러기에 멸도라는 뜻을 근거로 하여 두루 중생들에게 외친 것이지, 열반이라는 그 이름이 오직 멸도로만 번역된다고 말하는 것은 아니다. 이러한 뜻을 가지므로 그 사람의 어려움은 잘 풀린다.

問。若立後師義。是難云何通。謂有難曰。經說有翻耶[1]得無翻。如言隨其類音。普告衆生。今日如來將欲涅槃。豈隨蜂蟻六道之音。得翻涅槃之名。而獨不得此國語翻。又當此處經文。旣翻云之滅度。豈可得云。不能翻耶。彼²⁾師通曰。涅槃之名。多訓之內。且取一義。翻爲滅度。卽依此訓。普告衆生。非謂其名。只翻滅度。以是義故。彼難善通。

1) ㉠ '耶'는 문맥에 따르면 '那' 혹은 '何'가 되어야 한다. 2) ㉠ '彼' 앞에 문맥에 따르면 '答'을 넣어야 한다.

問 만일 먼저 스승(有飜之說)이 세운 뜻을 따르면 이 글은 어떻게 풀 것인가? 이는 『대반열반경』「광명변조고귀덕왕보살품」 제22에서 보살이 질문(難)하는 것과 같다.

멸도가 열반이 아니라면 왜 여래는 스스로 석 달 뒤에 반열반般涅槃(Ⓢ pari-nirvāṇa)에 든다고 하셨습니까?²⁶

『대반열반경』「사자후보살품」 제23에서 말씀하신다.

모든 번뇌의 불이 꺼졌으므로 멸도滅度라 하고 각관覺觀²⁷을 여의었으므로 열반涅槃이라고 말씀하신다.²⁸

이 글을 가지고 증명하면 '멸도'는 '열반'이라는 이름을 바르게 번역한 것이 아니라는 것을 알게 될 것이다.

---

26 『大般涅槃經』(T12, 757c).
27 각관覺觀 : 각관은 vitarka와 vicāra의 구역으로, 신역에서는 심사尋伺라고 번역한다. vitarka(覺, 尋)는 사물의 이치를 추리하여 헤아리는 마음의 거친 작용을 가리키며, vicāra(觀, 伺)는 사물의 이치를 추리하여 헤아리는 마음의 미세한 작용을 가리킨다. 거친 마음과 미세한 마음.
28 『大般涅槃經』(T12, 794b).

(답) 그 스승은, 이러한 경문들은, 이것을 번역하는 사람들이 싼쓰끄리뜨(Sanskrit, 梵語)[29]와 한문漢文을 모두 들고서 그 문장을 꾸민 것이라고 풀어서 주장한다. 외국어인 싼쓰끄리뜨를 그대로 남겨 두기로 한다면, 위의 경문에서 '열반이 열반이 아니라면'이라고 하거나, 또한 '모든 번뇌의 불이 꺼졌으므로 열반이라 하고 각관을 여의었으므로 열반이라고 부른다.'라고 말했을 것이다. 만일 이 나라의 말인 한문을 그대로 남겨 두기로 한다면, 위의 경문들에서 곧장 '멸도가 멸도가 아니라면'이라고 말했어야 한다. 아래 나오는 경문의 예도 그러하다.[30] 이러한 뜻으로 보면 서로 어긋나지 않는다.

問。若立初師義。是文云何通。如德王品菩薩難言。若使滅度。非涅槃者。何故如來。自期三月。當般涅槃。師子孔[1]品云。諸結火滅故名滅度。離覺觀故故名涅槃。以是文證。明知滅度非正翻於涅槃名也。彼[2]師通曰。此等經文。是翻譯家。故[3]漢互擧。綺飾其文。若使令存外國語者。旣[4]言若使涅槃非涅槃者。又諸結火滅。故名涅槃。離覺觀故。故名涅槃。如其令存此土語者。卽云若使滅度非滅度者。下文例爾。由是義故。不相違也。

1) ㉠ '孔'은 인용한 경전에 따르면 '吼'가 되어야 한다. 2) ㉠ '彼' 앞에 문맥에 따르면 '答'을 넣어야 한다. 3) ㉠ '故'는 문맥에 따르면 '胡'가 되어야 한다. 4) ㉠ '旣'는 문맥에 따르면 '卽'이 되어야 한다.

라. 회통

---

29 싼쓰끄리뜨(Sanskrit) : 싼쓰끄리뜨는 본디 원어인 saṃskṛta를 영어로 바꿔서 표기한 것을 다시 한글로 음사한 것이다. saṃskṛta는 성어聖語라는 뜻이며, 한문경전에서는 일반적으로 범어梵語라고 부른다.
30 이는 질문에 나온 『涅槃經』 인용문 중 두 번째 경문에 대해 언급하는 것이다. 즉 한문으로 표기하는 경우라면 "각관을 여의었으므로 멸도라고 한다."라고 말해야 한다는 것이다.

㊀ 두 스승이 말한 것 가운데에서 어느 것이 옳고 어느 것이 그른가?

㊁ 어떤 사람은 두 학설이 모두 옳다고 말한다. 그것은 모두 이 경문에 의하여 성립하였기 때문이다. 왜 그런가? 열반이란 이름에는 두 뜻이 포함되어 있는데, 은밀어隱密語와 현료어顯了語이다. 현료어를 근거로 하여 보면 열반을 바로 멸도라고 번역하게 되는데, 먼저 스승(有飜之說)의 학설과 같다. 그러나 은밀어를 근거로 하여 보면 열반에는 여러 가지 뜻이 포함되어 있으니, 나중 스승(無飜之說)의 학설과 같다. 이러한 도리에서 보면 두 학설이 모두 옳다.

만일 이런 뜻을 근거로 하여 저 어려움을 풀면, 현료어의 뜻에 의하여 열반을 바로 번역할 때는 "그 부류의 음성에 따라서 중생들에게 널리 외치노라."라고 말하고, 은밀어의 뜻에 의하면 (열반은) 여러 가지 뜻을 포함하기 때문에 뒤의 문장도 잘 풀릴 수 있다는 것이다. 위에서 "멸도는 열반이 아니다."라고 말한 경우의 멸도는 현료어를 든 것이니 죽음을 멸도라고 한 것이고, "멸도는 열반이 아니다."라고 말한 경우의 열반은 은밀어의 여러 가지 뜻 속에서 취한 것이니, 불멸이란 뜻이다.

(고귀덕왕보살의) 질문의 뜻(難意)을 곧장 말하면, 만일 죽음을 멸도라고 말한 멸도의 뜻이 불멸인 열반의 뜻이 아니라면, 무엇 때문에 불멸이라는 이름으로 '여래는 스스로 석 달 뒤에 반열반般涅槃에 든다고 하였는가?' 왜냐하면 부처님은 보리수 아래에서 성도하였을 때에 이미 불멸인 열반을 얻었기 때문이다. 요컨대 번뇌가 있어야 그것을 조건으로 수행하여 생사를 소멸하게 되는 것이다. 그러므로 (위에서 벌써 예증한)『대반열반경』「사자후보살품」제23의, "모든 번뇌의 불이 꺼졌으므로 멸도라 한다."[31]라는 말은 현료어의 뜻인 죽음을 멸도라고 말한 것이며, 또한『대반열반경』「사자후보살품」제23의, "각관을 여의었으므로 열반이라고 말씀하신

---

31 『大般涅槃經』(T12, 794b).

다."³²라는 말은 은밀어의 (여러 가지 뜻) 속에서 괴로움이 없다는 뜻을 취하여 그렇게 말한 것이다. 무여열반에 들어갔을 때에는 고苦의 과보가 모두 없어져서 각관인 분별심을 여의기 때문이다. 이러한 도리에서 보면 모든 사람의 학설이 잘 풀린다고 말할 수 있다.

問。二師所說。何是何非。答。或有說者。二說俱是。悉依經文。而成立故。是義云何。涅槃之名。卽含二義。所謂密語。及顯了語。依顯了語。正翻滅度。如初師說。若依密語。卽含多訓。如後師訓。由是道理。二說悉得。若依是意。通彼難者。就顯了義。有正翻故。隨其類音。普告衆生。就其密語。含多義訓。是故後文。亦得善通說言。若使滅度者。擧顯了語。死滅度也。非涅槃者。取密語內。不識¹⁾義也。難意正言。若使死滅之滅度義。非不滅之涅槃義者。何故以是不識²⁾之名。自期三月。當般涅槃。以先樹下成道之時。已得不識³⁾之涅槃故。要有煩惱。乃識⁴⁾生死。故師子吼⁵⁾言。諸結火滅。名滅度者。亦是顯了語之滅度。離覺⁶⁾故。名涅槃者。取密語內。無苦之義。入無餘時。苦報滅已。方離覺覺⁷⁾分別心故。由是道理。諸善說⁸⁾通也。

1) ㉢ '識'은 문맥에 따르면 '滅'이 되어야 한다. 2) ㉢ '識'은 문맥에 따르면 '滅'이 되어야 한다. 3) ㉢ '識'은 문맥에 따르면 '滅'이 되어야 한다. 4) ㉢ '識'은 문맥에 따르면 '滅'이 되어야 한다. 5) ㉢ '吼' 다음에『大般涅槃經』을 따르면 '品'을 넣어야 한다. 6) ㉢ '覺' 다음에『大般涅槃經』을 따르면 '觀'을 넣어야 한다. 7) ㉢ '覺' 다음에『大般涅槃經』을 따르면 '觀'을 넣어야 한다. 8) ㉢ '善說'은 문맥에 따르면 '說善'이 되어야 한다.

② 의의를 해석함

가. 의의를 명료하게 드러냄

---

32 『大般涅槃經』(T12, 794b).

다음에 열반의 뜻을 해석한다는 것은 우선 현료어顯了語에 근거해서 한문으로 번역된 뜻을 해석하려는 것이다. 이 나라에서 이것을 해석하면 '대멸도大滅度'라고 한다.

次釋義者。且依顯了之語。以釋有翻之義。此土釋之。言大滅度。

가) 대大

'대大'라고 하는 것은, 고인古人[33]이 말하기를, "이것보다 앞서는 것이 없다는 뜻이다."라고 한다. 말하자면 거룩함을 해석할 때에 이것보다 앞서는 것이 없다는 뜻이지, 시간의 전후를 가지고 따져서 앞서는 것이 없

---

[33] 여기서 말하는 고인古人은 누구일까? 고인으로는 정영사淨影寺 혜원慧遠(513~592)·천태 지의天台智顗(538~597)·가상 길장嘉祥吉藏(549~623)의 세 스님을 생각할 수 있다. 혜원의 저술인 『大乘義章』(T44, 813c), 지의의 저술인 『妙法蓮華經文句』(T34, 6a) 및 길장의 저술인 『涅槃遊意』(T38, 232b) 속에 이와 비견할 만한 내용의 글이 실려 있기 때문이다. 그러나 문장을 자세히 비교하여 보면 지의의 『妙法蓮華經文句』와 길장의 『涅槃遊意』보다는 혜원의 『大乘義章』으로부터 더욱 많은 영향을 받은 것으로 보인다. 아울러 내용을 비교·참고하기 위하여 혜원의 『大乘義章』과 길장의 『涅槃遊意』 가운데에서 '大'의 육의六義를 함께 인용하여 싣기로 한다. 혜원, 『大乘義章』(T44, 813c), "大義有六。一者常義。故涅槃云。所言大者名之爲常。譬如有人壽命無量名大丈夫。故涅槃云。所言大者其性廣博。猶如虛空無所不在。涅槃如是。故名爲廣。三者多義。能別非一。故涅槃云。譬如大藏多諸珍異。涅槃如是。多有種種妙法珍寶。故名爲大。四者深義。淵奧難測。故涅槃云。大者名爲不可思議。一切世間聲聞緣覺不能測量涅槃之義。故名爲大。五者高義。位分高出餘人不至。故涅槃云。譬如大山一切世人不能得上。故名爲大。涅槃如是。凡夫二乘及諸菩薩不能窮到。故名爲大。六者勝義。如世間中勝上之人。名爲大人。涅槃如是。諸法中勝。故名爲大。" 길장, 『涅槃遊意』(T38, 233a), "但大有多義。依此經凡有六義。一者常故大。所言大者。名之爲常。然無常二得名大而終不及 常大薪大火。大薪不及火。常無常亦爾也。二者廣故大。所以然者。經云。所言大者。其性廣博廣。博故大也。三者高故大。經云。譬如大山。一切世人所不能上。故名大山。涅槃亦爾。聲聞緣覺及諸菩薩所不能上。是故名大。四者深故大。經云。大名不可思議。一切世人所不能測。是故名大也。五者多故名大。經云。譬如大城。多諸珍寶故名大城。涅槃亦爾。多諸法寶故名爲大。六者勝故名大。譬如有人。於人中勝故名大。涅槃亦爾。勝於一切故名爲大也。"

다고 말하는 것은 아니다. 아래의 경에 나타난 글에 의하면 '대大'에는 여섯 가지 뜻이 있다.

> 所言大者。古人釋云。莫先爲義。謂釋勝之時。莫是爲先。非約時前後言無先也。依下經文。大有六義。

(가) 넓기로는 이것보다 앞서는 것이 없음

첫째, 넓기로는 이것보다 앞서는 것이 없기 때문에 부르기를 '대大'라고 한다. 『대반열반경』에서 말씀하시는 것과 같다.

> 대大란 그 성품이 광박廣博한 것이다.[34]

이는 허공이 다다르지 못하는 것이 없는 것과 같다. 열반도 이와 같아서 부르기를 '대大'라고 하였다.

> 一者。廣之莫先。故名爲大。如經言。大者。其性廣博。猶如虛空。無所不至。涅槃如是。故名爲大。

(나) 길기로는 이것보다 앞서는 것이 없음

둘째, 길기로는 이것보다 앞서는 것이 없기 때문에 부르기를 '대大'라고 한다. 『대반열반경』에서 말씀하시는 것과 같다.

---

[34] 『大般涅槃經』(T12, 631c).

말하자면 대大란, 이것을 부르기를 '길다'라고 한다. 예를 들면 사람이 있는데 수명이 무량한 것을 대세부大歲夫라고 부르는 것과 같다.[35]

二者。長之莫先。故名爲大。如經言。所言大者。名之爲長。譬如有人壽命無量。名大歲夫。

(다) 깊기로는 이것보다 앞서는 것이 없음

셋째, 깊기로는 이것보다 앞서는 것이 없기 때문에 '대大'라고 부른다. 『대반열반경』에서 말씀하시는 것과 같다.

대大란 불가사의라고 부른다. 모든 세간의 성문이나 연각은 열반의 뜻을 측량할 수 없기 때문에 '대大'라고 부르는 것이다.[36]

三者。深之莫先。故名爲大。如經言。大者。名爲不可思議。一切世間聲聞緣覺。不能測量涅槃之義。故名爲大。

(라) 높기로는 이것보다 앞서는 것이 없음

넷째, 높기로는 이것보다 앞서는 것이 없기 때문에 '대大'라고 부른다. 『대반열반경』에서 말씀하시는 것과 같다.

예를 들면 큰 산은 모든 세상 사람들이 오를 수 없기 때문에 '대大'라

---

35 『大般涅槃經』(T12, 631c).
36 『大般涅槃經』(T12, 746b).

고 부르는 것과 같다. 열반도 이와 같으므로 범부·이승 및 모든 보살들이 궁극적으로 도달할 수 없기 때문에 '대大'라고 부르는 것이다.[37]

四者。高之莫先。故[1]爲大。如經言。譬如大山一切世人。不能得上。故名爲大。涅槃如是。凡夫二乘及諸菩薩。不能窮到。故名爲大。

1) ㉠ '故' 다음에 문맥을 따르면 '名'을 넣어야 한다.

(마) 많기로는 이것보다 앞서는 것이 없음

다섯째, 많기로는 이것보다 앞서는 것이 없기 때문에 부르기를 '대大'라고 한다. 『대반열반경』에서 말씀하시는 것과 같다.

예를 들면, 큰 저장고에는 모든 진보珍寶가 많은 것과 같다. 열반도 이와 같아 모든 묘법妙法의 진보를 가지고 있기 때문에 '대大'라고 한다.[38]

五者。多之莫先。故名爲大。如經言。譬如大藏多諸珍寶。涅槃如是。多有種種妙法珍寶。故名[1]大。

1) ㉠ '名' 다음에 문맥을 따르면 '爲'를 넣어야 한다.

(바) 훌륭하기로는 이것보다 앞서는 것이 없음

여섯째, 훌륭하기로는 이것보다 앞서는 것이 없기 때문에 부르기를 '대大'라고 한다. 경전에서 말씀하시는 것과 같다.

---

37 『大般涅槃經』(T12, 746b).
38 『大般涅槃經』(T12, 747a).

세상에서 가장 훌륭한 주인을 대인이라고 말하는 것처럼, 열반도 이와 같아 모든 법 가운데서 가장 훌륭하기 때문에 '대大'라고 한다.

'대大'의 뜻은 이와 같다.

六者。勝之莫先。故名爲大。如經言。如世間中。勝上主人。名爲大人。涅槃如是。諸法中勝。故名爲大。大義如是。

나) 멸滅

'멸滅'이라고 말하는 것은 대략 네 가지 뜻이 있다. 첫째는 사멸事滅, 둘째는 이멸理滅, 셋째는 덕멸德滅, 넷째는 택멸擇滅이다.

所言滅者。略有四義。事滅。理滅。德滅。擇滅。

(가) 사멸事滅

사멸事滅이라고 하는 것은 무위無爲[39]로 돌아간다는 뜻이다. 이것은 응신應身[40]이나 화신에 해당하는 것이며 정지正智마저 없어져 버렸기 때문에 '멸滅'이라고 한다. 『묘법연화경』에서 말씀하시는 것과 같다.

부처님이 오늘밤에 멸도滅度[41]하는 것은, 마치 섶이 다 타서 불이 꺼

---

[39] 무위無爲 : 모든 법의 진실제를 말한다. 위爲는 조작造作이라는 뜻이다.
[40] 응신應身 : 삼신三身의 하나. 중생을 교화하려는 부처님이 중생과 같은 몸을 나타내는 몸.
[41] 멸도滅度 : ⓢ nirvāṇa. 나고 죽는 큰 환난을 없애어 번뇌의 바다를 건넜다는 뜻이다.

지는 것과 같으니라.⁴²

이와 같이 사멸은 체體에 맞춰서 이름을 붙인 것이다.

言事滅者。還無爲義。義當應化身。正智亦亡。故名爲滅。如經言。佛此夜滅度。如薪盡火滅。如是事滅。當體立名。

(나) 이멸理滅

이멸理滅이라고 하는 것은 적막寂漠을 뜻한다. 말하자면 본디부터 움직임도 없으며 일어남도 없기 때문에 부르기를 '멸滅'이라고 한다. 『해심밀경解深密經』에서 말씀하시는 것과 같다.

모든 사물은 나지도 않고 소멸하는 것도 아니며, 본디부터 적정한 자성自性⁴³이 열반이다.⁴⁴

이와 같이 이멸은 온전함에 기대어 이름을 붙인 것이다.

言理滅者。寂漠爲義。謂從本來。無動無起。故名爲滅。如經言。一切諸法。不生不滅。本來寂靜。自性涅槃。如是理滅。寄全¹⁾音。

---
1) ㉠ '寄全'은 문맥에 따르면 다음의 '音'을 삭제하고 '立名'을 넣어야 한다.

---

42 『妙法蓮華經』(T9, 5a).
43 자성自性 : ⓢ svabhāva. 그 자체의 정해진 본질. 사물로 하여금 그것이 그것이게 하는 소이所以. 진실하여 불변하는 본성.
44 『解深密經』(T16, 693c).

(다) 덕멸德滅

덕멸德滅이라고 하는 것은 번뇌를 영원히 여읜 것을 뜻하는 것이다. 말하자면 모든 공덕은 상相을 여의고 성性을 여의어, 자성을 지키지 않고 서로 한맛(一味)이 되기 때문에 '멸滅'이라고 한다. 『대반열반경』에 있는 아래의 글에서 말씀하시는 것과 같다.

안락을 받는 것이 곧 해탈解脫[45]이고, 참으로 해탈한 이가 여래이고, 여래가 곧 열반이다.[46]

이와 같이 덕멸은 뜻을 따라 이름을 붙인 것이다.

言德滅者。永離爲義。謂諸功德。離相離性。不守自性。互相一味。故名爲滅。如下文言。受安樂者。卽解脫。眞解脫者。卽是如來。如來卽涅槃乃至廣說。如是德滅。從義受名。

(라) 택멸擇滅

택멸擇滅(S pratisaṃkhyā-nirodha)이라고 하는 것은 번뇌를 끊어 버린다는 것을 뜻한다. 부처님의 지혜는 모든 번뇌를 잘 끊기 때문에 '멸滅'이라고 한다. 이런 뜻으로 보면 열반은 멸滅을 뜻하는 것은 아니지만, 그 이름을 받는 데는 대략 세 가지 뜻이 있다.

---

45 해탈解脫 : S mokṣa. 번뇌나 속박을 벗어나서 정신이 자유롭게 되는 것을 의미한다. 깨달음.
46 『大般涅槃經』(T12, 636a).

言擇滅者。斷除爲義。佛智能斷一切煩惱。故名爲滅。若依是義。涅槃非滅。而受名者。略有三義。

㉮ 곳에 따라서 이름을 얻음

첫째, 곳에 따라서 그 이름을 얻었다. 말하자면 부처님은 구경에는 머무름이 없는 근원에 도달하여, 이곳에서 모든 번뇌를 끊었으며, 또 번뇌가 생겨나는 곳을 끊었기 때문에 부르기를 '멸'이라고 한다. 『대반열반경』에서 말씀하시는 것과 같다.

> 열반도 또한 그러하다. 머무르는 곳이 있는 것이 아니며, 이런 모든 부처님은 번뇌가 생겨나는 곳을 끊었기 때문에 열반이라고 한다.[47]

一者。從處得名。謂佛窮到無住之原。是處能斷一切煩惱。斷煩惱處。故名爲滅。如經言。涅槃亦爾。無有住處。宜是諸佛。斷煩惱處。故名涅槃。

㉯ 원인에 따라서 이름을 얻음

둘째, 원인에 따라서 그 이름을 얻었다. 말하자면 지혜로써 번뇌를 소멸하면 이치(理)는 잘 드러난다. 이치가 드러난 것이 과果이며, 지혜로써 번뇌를 소멸하는 것이 원인이 된다. 원인을 따라서 이름을 세워 '멸滅'이라고 한다. 이 『대반열반경』에서 말씀하시는 것과 같다.

> 번뇌를 섶으로 삼고 지혜를 불로 삼아, 이런 인연으로 열반이라는 밥

---

47 『大般涅槃經』(T12, 757b).

을 지어 내 제자들로 하여금 모두 다 맛있게 먹게 한다.⁴⁸

二者。從因受名。謂智滅或能顯於理。理顯是果。智滅爲因。從因立名。名理爲滅。如此經言。煩惱爲薪。智惠爲火。以是因緣。成涅槃食。令我諸弟子。皆悉甘嗜。

㉰ 결과에 따라서 이름을 얻음

셋째, 결과에 따라서 그 이름을 얻었다. 말하자면 지혜는 이치에 따라서 번뇌를 잘 멸滅하는데, 이理를 멸滅의 원인으로 삼고 지智를 멸滅의 결과로 삼는다. 결과를 따라서 이름을 세워 '멸滅'이라고 한다. 『불성론佛性論』에서 논술하는 것과 같다.

　　(問 왜 부처님은 무생멸진無生滅盡을 열반이라고 하였는가?)
　　(答) 도道는 열반에 의해서 번뇌가 미래에 생겨나지 않게 하며 현재에는 소멸하게 한다. 원인 가운데에서 결과를 말하기 때문에 열반을 부르기를 무생멸진이라고 한다.⁴⁹

멸滅의 뜻은 이와 같다.

三者。從果受名。謂智依理。能滅煩惱。理爲滅因。智是滅果。從果立名。名理爲滅。如佛性論云。道依涅槃。能使煩惱未來不生。現在不滅。因中說果故。名涅槃爲無生滅。¹⁾ 滅義如是。

---

48 『大般涅槃經』(T12, 625c).
49 『佛性論』(T30, 805a).

1) ㉮ '滅' 다음에 『佛性論』에 따르면 '盡'을 넣어야 한다.

다) 도度

'도度'란 간략하게 두 가지 뜻이 있으니, 구경究竟의 뜻과 도안到岸의 뜻이다.

도안到岸의 뜻은 번뇌를 끊어 없애는 뜻을 나타낸다. 번뇌가 없어졌다는 것은 상주가 아닌 뜻을 밝힌 것이니, 번뇌를 벗어나 없어지게 하면 중생이 제도를 얻는 것이다. 이와 같이 번뇌를 끊어 없애므로 상주도 아니며 단멸도 아니기 때문에 멸도라고 한다.

구경究竟의 뜻은 번뇌를 소멸하여 없앤 덕이 구경이기 때문에 멸도라고 부른다.

도度의 뜻은 이와 같다.

所言度者。略有二義。謂究竟義。及到岸義。到岸義者。顯顯斷義。煩惱滅者。明非常義。煩惱離滅。衆生得度。非常非斷。故名滅度。究竟義者。滅德究竟。故名滅度。度義如是。

나. 문답

㈎ 번뇌를 끊는 것이 열반이 아니라면 무엇 때문에 『대반열반경』 「광명변조고귀덕왕보살품」 제22에서 다음과 같이 말씀하시는가?

부처님의 마음자리는 보지 못하면서 번뇌를 끊으면, 이것을 열반涅槃이라고는 하지만 대반열반大般涅槃이라고는 말하지 않는다. 부처님의 마음자리를 보기 때문에 상·낙·아·정이라고 말할 수 있다. 그러므로 번

뇌를 끊은 것도 또한 대반열반이 된다고 말할 수 있다.⁵⁰

그런데 거꾸로, 번뇌를 끊어 없앤 것을 열반이라고 한다면, 무엇 때문에 저것과 같은 품인 『대반열반경』「광명변조고귀덕왕보살품」 제22에서 다음과 같이 말씀하시는가?

> 번뇌를 끊어 없앤 것을 열반이라고 부르지 않고, 번뇌가 생겨나지 않아야 열반이라고 부른다. 선남자야, 모든 부처님은 번뇌가 일어나지 않으므로 이를 열반이라고 부른다.⁵¹

[해] 앞에서 인용한 글들은 '열반'과 '대열반'의 차이를 가르기 위해서 두 가지 끊음을 들어 끊는 곳을 드러낸 것이며, 끊는 주체와 관련하여 열반이라고 하는 것이 아니다. 뒤에 인용한 글은 부처님과 보살의 차이를 가르기 위해서이다. 보살이 끊는 곳에는 아직 번뇌가 남아 있기 때문에 열반이란 이름을 얻을 수 없고, 모든 부처님이 끊은 곳에는 필경 번뇌가 생겨나지 않기 때문에 열반이라는 이름을 붙일 수 있다. 이것은 부처님이 광명변조고귀덕왕보살의 난해한 질의에 대하여 대답한 것이다. 그는 앞에서 다음과 같이 난해한 질의를 하였다.

> 번뇌가 없어진 곳을 열반이라고 한다면, 모든 보살은 무량한 겁 이전에 벌써 번뇌를 끊었는데, 왜 열반이라 부르지 않습니까? 부처님과 보살이 다 같이 번뇌를 끊었는데, 무슨 까닭으로 독단적으로 모든 부처님은 열반이 있고, 보살은 없다고 하십니까?⁵²

---

50 『大般涅槃經』(T12, 758c).
51 『大般涅槃經』(T12, 758c).
52 『大般涅槃經』(T12, 757b).

이러한 난해한 질의에 대답하기 위하여, 부처님은 번뇌를 끊어 없애는 것과 번뇌가 생겨나지 않는 것을 분별한 것이다.

그러나 통틀어서 이것을 말하면, 보살도 번뇌가 생겨나는 것이 아니며, 모든 부처님도 번뇌를 끊어 없앤 것이다. 그렇지만 부문별로 나누어서 말하면, 끊어서 제거한다는 말은 벌써 생겨난 (번뇌를) 제거한다는 것이며, 생겨나지 않게 한다는 말은 아직 생겨나지 않은 번뇌를 생겨나지 않게 막는다는 것이다. 벌써 생겨난 번뇌를 제거한다는 것은 앞의 것을 바라보고 말하는 뜻이므로, 그 뜻에 부족함이 있기 때문에 보살이 하는 일이라고 말하며, 아직 생겨나지 않은 번뇌를 생겨나지 않게 막는다는 것은 뒤의 것을 바라고 하는 뜻이므로, 그 뜻에 구경함이 있기 때문에 부처님이 하는 일이라고 한다. 이러한 도리에 따라서 자세하게 분별하여 말하면, 번뇌를 끊어 없애는 일을 열반이라 말하지 않으며, 번뇌가 생겨나지 않는 것을 열반이라고 한다. 이런 뜻을 가지므로 위의 두 글은 서로 틀린 것이 아니다.

열반의 이름과 뜻에 관한 해석을 마친다.

問。若斷煩惱。非涅槃者。何故德王菩薩品云。不見佛性。而斷煩惱。是名涅槃。大[1]涅槃。以見佛性故。得名爲常樂我淨。故斷煩惱。亦得稱爲大般涅槃。若斷煩惱。稱涅槃者。何故。彼品下文說言。斷煩惱者。不名涅槃。不[2]煩惱。乃名涅槃。善男子。諸佛如來煩惱不起。是名涅槃。解云。前所引文。爲簡涅槃大涅槃異故。擧二斷。以顯斷處。非約能斷。名爲涅槃。後所引文。爲簡諸佛與菩薩異。菩薩斷處。猶有餘惑。故不得受涅槃之名。諸佛斷處。畢竟不生。所以得立涅槃之稱。是答德王菩薩難意。彼前難言。若言煩惱滅之處。是涅槃者。諸菩薩等於無量劫。已斷煩惱。何故。不得稱爲涅槃。俱是斷處。何緣獨稱諸佛有之。菩薩無耶。爲答是難。故依斷與不生簡別。通而言之。菩薩亦不生。諸佛亦是斷。別門而言。斷除之稱。遣於已生。之[3]辭。

遮於未起。遣已生者。望前之義。義在不足。故說菩薩。遮未起者。望後之
義。義在究竟。故說諸佛。依是道理。精別而言。斷煩惱者。不名涅槃。不生
煩惱。乃名涅槃。以是義故。不相違也。名義門竟。

1) ㉑ '大' 앞에 『大般涅槃經』에 따르면 '非'를 넣어야 한다. 2) ㉑ '不' 다음에 『大般涅槃經』에 따르면 '生'을 넣어야 한다. 3) ㉑ '之' 앞에 문맥에 따르면 '不生'을 넣어야 한다.

(2) 체상을 해석함

체상을 해석하는 부문에는 첫째는 체성體性의 증명, 둘째는 허실虛實의 간별이 있다.

第二出體。於中有二。先出體性。後簡虛實。

① 체성의 증명

체성을 증명하는 모든 학설이 동일하지 않다.

出體性者。諸說不同。

가. 때가 끼지 않은 진여가 열반의 체성임

어떤 학자는, 때가 끼지 않은 진여眞如,[53] 이것이 열반의 체성이라고 주장한다. 비로소 공덕을 일으키는 것, 이것은 열반이 아니며, 곧 지혜를 증

---

[53] 진여眞如 : ⓈⓋ tathatā. 여여如如 또는 진여眞如라고 번역한다. 진실 그대로임, 사실 그대로임, 있는 그대로임, 보태거나 뺄 것이 없이 있는 그대로의 상태. 현대의 언어로는 진리라고 번역하여도 괜찮을 것이라고 본다.

득하는 것, 이것이 보리菩提이기 때문이다.『대반열반경』에서 말씀하시는 것과 같다.

> 열반이라고 하는 뜻은 곧 모든 부처님의 법성이다.[54]

또『대반열반경』에 있는 아래의 글에서 말씀하시는 것과 같다.

> 열반의 체성은 본디부터 스스로 있었던 것이므로 지금에 와서 있는 것이 아니다.[55]

그리고『마하반야바라밀경摩訶般若波羅蜜經』에서 말씀하시는 것과 같다.

> 모든 법의 성품은 공空하다는 것이 곧 열반이다.[56]

『점찰선악업보경占察善惡業報經』에서 말씀하시는 것과 같다.

> 번뇌와 생사는 마침내는 그 체가 없으므로, 구하여도 얻을 수 없다. 본디 생겨나지도 않았으므로 실로 다시 소멸할 것도 없다. 자성이 적정한 것이 곧 열반이다.[57]

이와 같이 예증할 수 있는 경문들은 이루 다 들 수가 없다. 그러므로 진여에 대한 바른 앎이 곧 열반이라는 것을 알게 된다. 번뇌를 끊어 없애고

---

54 『大般涅槃經』(T.12, 622a).
55 『大般涅槃經』(T12, 735b).
56 『摩訶般若波羅蜜經』(T8, 401b).
57 『占察善惡業報經』(T17, 909c).

뜻을 나타내는 바의 부문은 곧 진여를 논설하여 수멸數滅이 된다고 말씀하신다. 수멸은 곧 때가 끼지 않은 진여이다.

> 或有說者。無垢眞如。是涅槃體。始起功德。非是涅槃。卽能證智。是菩提故。如經云。涅槃義者。卽是諸佛之法性也。又下文言。涅槃之體。本自有之。非適今也。大品經云。諸法性空。卽是涅槃。占密[1]經云。煩惱生死。畢竟無體。求不可得。本來不生。實更不滅。自性寂靜。卽是涅槃。如是等文。不可具陳。故知眞如正知。其是涅槃。斷滅煩惱。所顯義門。卽說眞如。名爲數滅。數滅卽是無垢眞如。

1) ㉮ '密'은 '察'인 듯하다. ㉯ '密'은 『占察善惡業報經』의 경명이므로 '察'이 되어야 한다.

나. 과지果地의 모든 덕이 열반의 체성임

어떤 학자는, 과지果地의 온갖 덕(萬德)은 본각·시각을 묻지 않고 전부 묶어서 하나의 대열반의 체로 삼는다고 주장한다. 이『대반열반경』가운데에서 통틀어 삼사三事가 열반이 된다고 말씀하신 것과 같다.[58] 그리고 또 이『대반열반경』아래의 글에서는 다시 '여덟 가지의 자재'[59]를 말씀하시고 나서, 전체적인 결론을 지어 다음과 같이 말씀하신다.

> 이와 같이 대아大我를 부르기를 대열반이라 한다.[60]

『묘법연화경우바제사妙法蓮華經優波提舍』에서 말씀하였다.

---

[58]『大般涅槃經』(T12, 616b).
[59]『大般涅槃經』(T12, 746c~747a).
[60]『大般涅槃經』(T12, 747a), "如是大我。名大涅槃。"

오직 부처님만이 대보리大菩提를 증득하시어, 구경에는 일체의 지혜를 만족하니, 이를 대열반이라 부른다.[61]

또 진제가 번역한 『섭대승론석』에서 말씀하셨다.

삼세 불신(三身)은 무상無上의 보리菩提를 나타낸 것이다.

여기서 벌써 세 불신(三身)은 모두 이것이 보리菩提(깨달음)라 하였으니, 마땅히 세 불신이 모두 열반의 체성이 된다는 것을 알아야 한다.

或有說者。果地萬德。不問本始。總束爲一大涅槃體。如此經中。總說三事。卽爲涅槃。又下文說。八自在已。總結而言。如是大我。名大涅槃。法花論云。唯佛如來。證大菩提。究竟滿足一切智惠。名大涅槃。攝大乘論云。三身所顯無上菩提。旣說三身。皆是菩提。當知皆爲大涅槃體。

다. 회통

이와 같이 두 학설은 모두 도리가 있다. 그러한 까닭은 열반과 보리菩提는 공통되는 점과 구별되는 점이 있기 때문이다. 구별되는 부문에서 말하면, 보리는 과지果地로서, 능증能證의 덕에 있으며, (사성제 가운데에서) 도성제에 포섭되는 것이고, 열반이란 과보, 이것은 소증所證의 법이며, (사성제 가운데에서) 멸성제에 포섭되는 것이다. 그러나 이를 공통되는 부문에서 말하면, 과지인 도성제에 포섭되는 보리도 역시 열반이며 소증의 진여인 열반도 역시 보리인 것이다. 예를 들면 생사에도 공통되는

---

61 『妙法蓮華經優波提舍』(T26, 17a).

점과 구별되는 점이 있는 것과 같다. 구별되는 점에서 말하면 내근內根이 시작될 때를 출생이라 하고 내근이 끝나는 때를 사망이라고 한다. 어느 경經에서 말씀하시는 것과 같다.

> 태어남이란 모든 근이 새로 생겨나는 것이며 죽음이란 것은 모든 근이 소멸하여 없어지는 것이다.

그러나 이것을 통틀어 논술하면, 모든 더럽게 물든 것들은 모두 생겨나고 죽는다. 『대반열반경』에서 말씀하시는 것과 같다.

> 공空[62]이란 모든 삶과 죽음이며 불공이란 열반을 가리킨다. 내지 무아인 것은 생겨나고 죽는다.[63]

이러한 삶과 죽음에 대대待對하여 열반을 논설한 것이다. 그러므로 열반에도 또한 공통되는 점과 구별되는 점이 있음을 알아야 한다.

如是二說。皆有道理。所以然者。涅槃菩提。有通別。別門而說。菩提是果。在能證德。道諦所攝。涅槃果之[1] 是所證法。滅諦所攝。通門而言。果地道諦。亦是涅槃。所證眞如。亦是菩提。例如生死。有通有別。別而言之。內根始終。名爲生死。如經言。生者新諸根起。死者諸根滅盡。通而論之。諸雜染法。皆是生死。如經言。空者一切生死廣說乃至無我一切生死。對此生死。以說涅槃。故知涅槃 亦有通別。

1) ㉥ '果之'는 문맥에 따르면 '是果'가 되어야 할 것 같다.

---

62 공空 : Ⓢ śūnyatā. 공空, 공성空性이라고 번역한다. 십진법으로 표현하면 '0'을 가리킨다.
63 『大般涅槃經』(T12, 767c).

問 시각始覺에 공덕이 있는 것이 또한 열반이라면, 이는 곧 열반에도 또한 생인生因[64]이 있다는 것이다. 그렇다면 왜 『대반열반경』「가섭보살품」 제24에서 다음과 같이 말씀하시는가?

삼해탈문三解脫門[65]과 삼십칠조도품三十七助道品[66]은, 모든 번뇌에 대해서는 번뇌를 생겨나지 않게 하는 생인生因이 되지만, 또한 열반을 위해서는 요인了因[67]도 된다. 선남자야, 번뇌를 여의면 곧 명료하게 열반을 볼 수 있다. 이러한 까닭에 열반에는 오로지 요인만 있으며 생인이 있는 것은 아니다.[68]

위아래의 모든 글 가운데에서 모두 오직 요인了因만 있으며, 생인生因이 있다고는 말하지 않았다.

---

64 생인生因 : ⓢ kāraka-hetu. 결과를 생성시키는 원인, 사물을 생성시키는 원인, 실재 근거 그 자체. 싹에 대한 종자. 서양의 ratio essendi에 해당한다. 객관적 자연계에 있어서, 갑甲이라고 하는 것이 원인이 되어 을乙이라고 하는 것을 생기·존재시키는 것이라면, 갑은 을의 생인이다. 요인了因(ⓢ jñāpaka-hetu)의 반대말.
65 삼해탈문三解脫門 : ⓢ tri-samādhi. 삼삼매三三昧라고도 하며, 세 가지의 선정, 깨달음으로 통하는 세 가지의 길, 무루인 해탈에 들어가는 문을 뜻한다. ① 공삼매空三昧-모든 존재는 공空·무아無我라고 관조하는 삼매. ② 무상삼매無相三昧-nirvāṇa는 색·성·향·미·촉·법의 상 또는 남·녀 등의 차별상을 여읜 것이라고 관조하는 삼매. ③ 무원삼매無願三昧-무작삼매無作三昧. 삼계에서는 원구願求할 만한 것이 없다고 관조하는 삼매.
66 삼십칠조도품三十七助道品 : ⓢ sapta-triṃśad-bodhipakṣa. 삼십칠도품三十七道品, 삼십칠각분三十七覺分, 삼십칠보리분법三十七菩提分法이라고도 하며, 깨달음의 지혜를 얻기 위한 실천수행의 방법. 열반에 도달하기 위한 서른일곱 가지 수행 방법. 사념처四念處, 사정근四正勤(四正斷), 사신족四神足(四如意足), 오근五根, 오력五力, 칠각지七覺支, 팔정도八正道를 합한 것.
67 요인了因 : ⓢ jñāpaka-hetu. 인식 근거 그 자체, 서양의 ratio cognoscendi에 해당한다. 갑甲을 근거로 하여 을乙의 존재를 추론할 경우에, 갑은 을의 요인이다. 생인生因(ⓢ kāraka-hetu)의 반대말.
68 『大般涅槃經』(T12, 827b).

답 시각에 공덕이 있다면, 비록 이것이 열반이라 하더라도 열반의 뜻은 적멸에 있으며, 적멸의 덕은 요득了得된 것을 포함한다. 그러므로 오직 요인만 있다고 말한 것이다. 이는 보리菩提가 생인에서 나오는 것이라고 말하면서도 또한 요인에 의거해서 요득된 것이라고 말하는 것과 같다. 곧 이러한 뜻에 준하여, 열반은 요인에 의거하여 나타나게 된 것이면서 또한 생인에서 생겨나는 것이라고 알아야 한다. 이와 같은 도리로 말미암아 서로 틀리는 것이 아니다.

열반의 체상은 이와 같다.

問。若始有功德。亦是涅槃。是[1]是卽涅槃。亦有生因。若爾何故。迦葉品云。三十七[2]解脫門三十七品。能爲涅槃[3]作[4]生因。作生因[5]亦爲涅槃。而作了因。善男子。遠離煩惱。卽得了了見於涅槃。是故涅槃唯有了因。無有生因。上下諸文之中。皆說唯有了因。未曾言亦有生因。答。始有功德。雖是涅槃。涅槃之義。存於寂滅。寂滅之德。合於所了。是故說言。唯有了因。如說菩提。生因所生。而亦有說了因所了。卽是義准。當知涅槃了因所顯。而亦得言生因所起。由是道理。故不相違也。體相如是。

1) 원 '是'는 잉자剩字인 듯하다.   2) 영 '十七'은 『大般涅槃經』에 따르면 삭제해야 한다.   3) 영 '涅槃'은 『大般涅槃經』에 따르면 '一切煩惱'가 되어야 한다.   4) 영 '作' 다음에 『大般涅槃經』에 따르면 '不生'을 넣어야 한다.   5) 영 '作生因'은 『大般涅槃經』에 따르면 삭제해야 한다.

② 허망과 진실을 가림

다음으로 허망과 진실을 가린다.

次簡虛實。

問 삶과 죽음의 법은 허망하고, 허망하기 때문에 공하니, 이는 그럴 수 있다. 그러나 열반이라는 과지果地는 진여를 체성으로 삼는데, 이를 허망하다고 해야 하는가, 진실하다고 해야 하는가? 공空이라고 해야 하는가, 불공不空이라고 해야 하는가?

> 問。生死之法是虛妄。虛妄故空。是事可爾。涅槃之果。眞如爲體。爲虛爲實。爲空[1)]不空。

1) ⑨ '空' 다음에 문맥에 따르면 '爲'를 넣어야 한다.

가. 진실하고 불공不空임

答 어떤 스승은 열반의 체성, 이것은 진실하므로 틀림없이 불공이라고 한다. 이 『대반열반경』에서 말씀하시는 것과 같다.

> 참으로 해탈한 이가 곧 여래이다. 여래는 곧 결정決定적인 것이다.[69]

또 『대반열반경』에 있는 아래의 글에서 말씀하신다.

> 공이란 모든 삶과 죽음이며, 불공이란 대열반을 가리킨다. ……[70]

또 『승만경勝鬘經』에서 말씀하신다.

> (사제四諦 가운데에서 고·집·도의) 삼제三諦는 유위이고 허망하며,

---

[69] 『大般涅槃經』(T12, 636a). 경에서는 결정決定에 대해 "決定者。卽是阿耨多羅三藐三菩提。"라고 설명하였다.
[70] 『大般涅槃經』(T12, 767c).

고멸성제苦滅聖諦의 한 가지는 진실이다. ……[71]

이와 같이 예증할 수 있는 경문들은 이루 다 들 수가 없다. 그러므로 열반, 이는 진실하여 불공不空이라는 것을 알아야 한다. 그런데 다른 곳에서는 열반이 모두 다 공이라고 말하는 것은 허망한 마음으로 취하는 바의 열반을 버리고, 참된 지혜로 증득하는 바의 열반을 말하려는 것이다. 열반이 공이라면, 이는 곧 여래·불성도 모두 공이 된다. 그렇다면 열한 가지의 공[72] 속에서 어느 공에 해당하는가? 벌써 어느 공에도 포섭되지 않는다면 열반은 불공이라고 알아야 한다.

答。或有說者。涅槃之體性。是眞決定不空。如此經云。眞解脫者。卽是如來。如來者。卽是決定。又下文言。空者一切生死。不空者謂大涅槃乃至廣說。勝鬘經說。三諦。是有爲是虛妄。一苦滅諦。是實乃至廣說。如是等文。不可具陳。故知涅槃。是實不空。而餘處說。皆悉空者。是遣妄心所取涅槃。說眞智所證涅槃。若使涅槃。亦是空者。是卽如來佛性皆空。十一空內。入於何空。旣非空攝。當知不空。

나. 허망하고 공空임

어떤 스승은, 삶과 죽음 그리고 열반은 모두 다 허망한 것이므로, 공이며 얻을 것이 없다고 주장한다. 이렇게 보면 부처님의 법의 뜻은 한 법도 공이 아닌 것이 없다. 『대반열반경』「광명변조고귀덕왕보살품」제22에서 다음과 같이 말씀하시는 것과 같다.

---

[71] 『勝鬘師子吼一乘大方便方廣經』(T12, 221c).
[72] 열한 가지의 공 : 내공內空 · 외공外空 · 내외공內外空 · 유위공有爲空 · 무위공無爲空 · 무시공無始空 · 성공性空 · 무소유공無所有空 · 제일의공第一義空 · 공공空空 · 대공大空.

반야바라밀도 공이고, 내지 단바라밀檀波羅蜜(Ⓢ dāna-pāramitā, 보시)도 또한 공이고, 여래도 또한 공이고, 대반열반(Ⓢ mahāparinirvāṇa)도 또한 공이다. 그러므로 보살菩薩은 모든 법이 다 공이라고 본다.[73]

『대방광불화엄경大方廣佛華嚴經』에서 말씀하신다.

생사와 열반은 모두 허망하다. 어리석음과 지혜도 역시 이와 같아 둘 다 진실이 아니다.[74]

이와 같이 예증할 수 있는 경문들은 이루 다 들 수가 없다. 그러므로 (모든 법이) 공이라야 평등이라고 부름을 알아야 한다.

그런데 다른 곳에서 "생사는 허망하지만 열반은 불공이다."라고 말씀하시는 것은, 얕은 지식을 가지고 막 발심한 이를 보호하기 위해서이니, 이들이 "열반은 공이다."라는 말을 듣고서 놀라고 두려워할까 하여 방편으로 말한 것이다. 『마하반야바라밀경』에 있는 「여화품如化品」 제87에서 말씀하시는 것과 같다.

법이 생겨나고 소멸하는 모습이 있으면, 이것은 모두 변화하느니라. 법이 생겨나지도 않고 소멸하지도 않으면, 이것은 변화하지 않느니라. 이른바 광상誑相이 아닌 열반, 이것은 변화하지 않느니라.
수보리가 여쭈었다. "부처님이 스스로 말씀하신 것처럼, 모든 법은 평등하여 성문이 지은 것이 아니며, 내지 모든 부처님이 지은 것이 아닙니다. 부처님이 계시든 안 계시든 모든 법의 성품은 늘 공이며 성품이

---

[73] 『大般涅槃經』(T12, 765c).
[74] 『大方廣佛華嚴經』(T9, 464c).

공인 것이 곧 열반입니다. 그런데 어찌하여 이제 열반이라는 한 법만은 환화幻化와 같지 않다고 말씀하십니까?"

부처님께서 말씀하셨다. "그렇고 그러하다. 모든 법은 평등한 것이며, 내지 성품이 공인 것이 곧 열반이니라. 그런데 새로 발심한 보살들은 '일체의 법이 모두 필경에는 공한 것이고 내지 열반까지도 또한 환화와 같다'라고 들으면, 마음이 곧 놀라고 두려워할 것이니라. 이렇게 새로 발심한 보살들을 염려하고 보호하려는 까닭에, 생겨나고 소멸하는 것은 모두 환화와 같으며, 생겨나지도 않고 소멸하지도 않는 것은 환화와 같은 것이 아니라고 분별하느니라."

수보리가 말씀드렸다. "세존이시여, 어떻게 새로 발심한 보살들을 가르쳐서, 모든 법의 성품이 공인 것을 알게 할 수 있습니까?"

부처님께서 수보리에게 말씀하셨다. "모든 법은 본디 있었다가 지금 없어지는 것인가?"[75]

이러한 글을 증거로 하여 보면, 다른 곳에서 열반이 불공이라고 말하는 것은 모두 방편의 말씀이므로 도리를 다하지 못한 것임을 알아야 한다.

이러한 열반의 공과 '부처님의 마음자리'의 공은 열한 가지 공 가운데서 어디에 포섭되는가? 그것은 공공空空(⑤ śūnyatā-śūnyatā)에 포섭된다. 그러므로 이 공은 오직 부처님만이 온전히 아신다고 한다. 그리고 열여덟 가지 공[76] 가운데에서 필경공이기 때문에, 앞에서 인용한 『마하반야바라

---

75 『摩訶般若波羅蜜經』(T8, 416a).
76 열여덟 가지 공 : 『大智度論』(T25, 285a)에서 공을 열여덟 가지로 나누어 관찰한 것이다. 대승에서 실천해야 할 공을 열여덟 가지로 분류하여 관찰해야 한다는 입장이다. 내공內空 · 외공外空 · 내외공內外空 · 공공空空 · 대공大空 · 제일의공第一義空 · 유위공有爲空 · 무위공無爲空 · 필경공畢竟空 · 무시공無始空 · 산공散空 · 성공性空 · 자상공自相空 · 제법공諸法空 · 불가득공不可得空 · 무법공無法空 · 유법공有法空 · 무법유법공無法有法空.

밀경』의 말씀과 같다.

만약 여러 경에서 설해진 "열반이 공이다."라는 말씀이 '허망한 마음으로 집착하는 모습(妄心所取相)을 없애려는 것'이라면, 여러 경에서 설해진 "생사의 법이 공이다."라는 말씀은 '편견으로 집착하는 생사(遍計所執生死)를 없애려는 것'이 된다. 이것(생사)이 그렇지 않다면 저것(열반)도 또한 그렇지 않다.

또한 열반을 실제로 있는 것(實有)이라고 생각한다면, 이는 곧 실제로 있다는 말에서 벗어나지 못할 것이다. 그것은 실제로 있다는 말을 벗어나는 것이 실제로 있는 것이라고 생각한다면, 이는 참으로 망어이다. 그러므로 그가 실제로 있다고 말하는 것은, 오직 자기의 마음으로 허망하게 집착하는 경계일 뿐이라는 것을 알아야 한다.

或有說者。生死涅槃。皆是虛妄。空無所得。佛法之義。無有一法。而不空者。如德王品云。般若波羅蜜亦空。乃至檀波羅蜜亦空。如來亦空。大般涅槃亦空。是故菩薩。見一切法。皆悉是空。花嚴經言。生死及涅槃。是二悉虛妄。愚智亦如是。二皆無眞實。如是等文。不可具陳。當知悉空。乃名平等。而餘處說。生死虛妄。涅槃不空等者。爲護淺識。新發意者。生驚怖故。作方便說。如大品經。化品言。若法有生滅相者。皆是變化。若法無生無滅。是非變化。所謂無誑相涅槃。是法非變化。須菩提言。如佛自說。諸法平等。非聲聞作。乃至非諸佛作。有佛無佛。諸法性常空。性空卽是涅槃。云何言涅槃一法不如化。佛言。如是如是。諸法平等。乃至性空。卽是涅槃。若新發意菩薩。聞一切皆畢竟空。乃至涅槃。亦皆如化。心卽驚怖。爲是新發意菩薩故。分別生滅者如化。不生滅者不如化。須菩提言。世尊。云何令新發意菩薩。知是性空。佛告須菩提。諸法先[1]有今無耶。依是文證。當知餘處說不空者。皆是方便語。不盡道理也。是涅槃空及佛性空。十一空內。何所攝者。空空所攝。故說是空。唯佛所窮。十八空中。畢竟空故。如前所引。槃[2]

若經說。若使諸經所說涅槃皆空。是遣妄心所取相者。是即諸經所說。生死法空。是遣遍計所執生死。若此不爾。彼亦不然。又若涅槃。是實有者。即不能離實有之言。其能離實有言者。即謂實有。宜是妄語。是故當知彼說實有。唯說自心妄耶[3]境界耳。

---

1) ㉰ '先'은 『摩訶般若波羅蜜經』에 따르면 '本'이 되어야 한다. 2) ㉰ '槃'은 '般'인 듯하다. 3) ㉰ '耶'는 '取'인 듯하다.

다. 회통

㉰ 이와 같이 두 스승이 말한 것 가운데에서 어느 것이 옳고, 어느 것이 그른가?

㉰ 말에만 집착하면 두 학설이 모두 다 그르다. 서로 대립하고 다투면 부처님의 뜻을 잃어버리기 때문이다. 그러나 결코 집착하지 않으면 두 학설이 모두 다 맞는 것이다. 법문이 걸림 없어 서로 방해하지 않기 때문이다.

왜 그러한가? 공덕과 환난忠難이 상대相對하는 입장에서 보면 곧 생사는 공空이요, 열반은 불공不空이다. 허망한 마음으로 취한 것(所取)은 경계가 없기 때문에 공空이라고 말씀하셨고, 취하는(能取) 허망한 마음은 자재를 얻지 못하므로 무아無我라고 말씀하셨다. 진실한 지혜로 증득하게 된 (所證) 도리는 마음과 어울리기 때문에 불공이라고 말씀하셨고, 증득하는 진실한 지혜는 걸림이 없이 자재하기 때문에 대아大我라고 말씀하셨다. 이와 같은 입장에 근거하여 본다면, 앞의 스승이 정립한 주장이 옳다. 그가 인용한 글은 모두 요의설了義說이기 때문이다.

상대相待하여 자상自相이 없는 부문에서 보면 생사와 열반은 똑같이 자성이 없다. 불공으로써 공空을 상대하고, 아我로써 무아를 상대하고, 무대無待로써 유대有待를 상대하기 때문이다. 『대승기신론大乘起信論』에서 논술하는 것과 같다.

또 다음에 더럽게 물든 현상세계와 맑고 깨끗한 부처님의 나라는 서로 기대어서 이루어지는 것이니, 그렇게 이루어진 것은 그 자신의 고유한 특질(自相)을 말할 수 없다.[77]

이와 같은 입장에 근거하여 본다면 뒤의 스승이 정립한 주장이 옳다. 그가 인용한 글은 모두 요의설이 아닌 것이 없기 때문이다.
또한 열반은 상相도 떨쳐 버리고 성性도 떨쳐 버렸으며, 공도 아니며 불공도 아니고, 아我도 아니고 무아無我도 아니다. 그런데 왜 공이 아니라고 하는가 하면 무성無性을 떨쳐 버렸기 때문이며, 왜 또 불공이 아니라고 하는가 하면 유성有性을 떨쳐 버렸기 때문이다. 또는 유상有相을 떨쳐 버렸기 때문에 아我가 아니라고 말하며, 무상無相을 떨쳐 버렸기 때문에 무아도 아니라고 말하며, 무아가 아니기 때문에 대아大我라고 말할 수 있으며, 아我가 아니기 때문에 또한 무아라고 말씀하셨다. 또는 공空이 아니기 때문에 실유實有라고 말하며, 불공이 아니기 때문에 허망하다고 말할 수 있다. 여래가 몰래 깊숙이 간직한 뜻이 이와 같다. 그러니 어찌 비밀리에 그 사이에 대립적인 쟁론을 두겠는가?
체상문體相門을 마친다.

問。如是二說。何得何失。答。故若如言取。二說皆失。互相異諍。失佛意。若非定執。二說俱得。法門無碍。不相妨故。是義云何。若就德患。相對之門。卽生死是空。涅槃不空。以妄心所取無境。當知。故說爲空。能取妄心。不得自在。故說無我。眞智所證。道理稱心。故說不空 能證眞智。無礙自

---

[77] 『大乘起信論』(T32, 580b).

在。故名大我。依如是門。前師爲得。彼所引文。是了義說。若就相待無自相門。則生死涅槃。等無自性。以不空待空。我待無我。乃至無待待於有待故。如起信論云。復次一切染法淨法。皆是相待。無有自相可說。依如是文。後說爲得。其所引文。非不了說。又大涅槃。離相離性。非空不非[1]空。非我非無我。何故非空。離無性故。何非不空。離有性故。又離有相。故說非我。離無相故。說非無我。非無我故。得說大我。而非我故。亦說無我。又非空故。得言實有。非不空故。得說虛妄。如來秘藏。其義如是。何蜜[2]異諍。於其間哉。體[3]門竟。

1) ㉻ '不非'는 문맥에 따르면 '非不'이 되어야 한다. 2) ㉻ '蜜'은 문맥에 따르면 '密'이 되어야 한다. 3) ㉻ '體' 다음에는 문맥에 따르면 '相'을 넣어야 한다.

(3) 통체성과 한정성을 해석함

셋째는 (열반의) 공통적인 것과 국한적인 것을 증명하는 부문이다.
여기에 두 가지가 있으니, 첫째는 소승에 관한 논술이고 둘째는 대승에 관한 논술이다.

第三明通局門者。於中有二。先小。後大。

① 소승에 관한 논술

소승 안에는 독자부犢子部(Ⓢ Vātsīputrīya)와 설일체유부說一切有部(Ⓢ Sarvāstivādin)의 두 부파의 학설이 있다.

小乘之內。二部異說。

가. 범부와 성인에 공통임

독자부에서는 열반이 범부나 성인에게 모두 공통이라고 주장한다. 그들은 열반에 세 가지 명칭이 있다고 주장한다. 말하자면 유학有學·무학無學[78]·비학비무학非學非無學[79]이다.[80] 범부들의 지혜로 번뇌를 끊어 없애고 얻은 열반을 비학비무학이라고 한다. 유학이 성위聖位에서 얻는 것은 무위라고 하고, 무학은 열반이라고 한다.

> 犢子部說。通於凡聖。彼說涅槃。有其三稱。謂學。無學。非學非無學。凡夫等智斷結所得涅槃。名非學非無學。有學聖位所得無爲。無學涅槃。

나. 무학에만 해당함

설일체유부에서 논설하는 바에 따르면 열반이라는 이름은 오직 무학에만 있다고 한다. 무학의 계위에 있는 사람이 번뇌를 끊어 없애고 얻은 무위, 오직 이것만을 멸滅이라고 한다. 멸이라고 부르지 않는 것은 열반이라고 부르지 않는다. 『대지도론大智度論』에서 말하는 것과 같다.

> 공무변처의 욕망 내지 비상비비상처지의 여덟 가지 욕망을 떨쳐 버린 것, 그것을 단斷이라고 하며, 멸滅이라고 하고, 무욕無欲이라고 하며,

---

78 무학無學 : ⓢ aśaikṣa, ⓟ asekha. 이미 배울 것을 다 배워서 더 이상 배워야 할 것이 남아 있지 않은 깨달음의 경지. 모든 이론적 미혹(見惑)과 정의적 미혹(思惑)을 모두 끊은 사람을 말하며, 전자를 성취한 것을 혜해탈慧解脫, 후자를 성취한 것을 심해탈心解脫이라고 한다.
79 비학비무학非學非無學 : ⓢ naiva śaikṣā nāśaikṣā. 사향사과 이전의 유루, 곧 일반적으로 말하는 학문이 없는 사람을 말한다.
80 『大智度論』(T25, 191a).

진리(諦)라고 한다. 그러나 끊는 지혜(斷智)라고 하지 않으며, 사문과라고 하지 않고, 유여열반이라고 하지 않으며, 무여열반이라고 하지 않는다. 무생지無生智를 다하여서 비상비비상처지의 아홉 가지 번뇌를 끊어 버린 것, 그것을 단斷이라고 하며, 멸滅이라고 하고, 무욕無欲이라고 하며, 진리(諦)라고 하고, 끊은 지혜라고 하며, 사문과라고 하고, 유여열반이라고 하지만, 무여열반이라고 하지는 않는다. 아라한阿羅漢의 오온·십이처·십팔계가 서로 이어지지 않는 것, 그것을 단斷이라고 하며, 무욕이라고 하고, 진리라고 하며, 끊는 지혜라고 하며, 사문과라고 하고, 무여열반이라고 하지만, 유여열반이라고 하지는 않는다.

若依薩婆多部所說。涅槃之名。唯在無學。無學人斷結。所得無爲。唯名滅等。不名滅等。不名涅槃。如智度論云。離空處欲。乃至非想地八種欲。彼名斷名滅名無欲名諦。不名斷智。不名沙門果。不名有餘涅槃。不名無餘涅槃。盡無生智。非想九種結斷。彼名斷名滅名無欲名諦名斷智。名沙門果。名有餘涅槃。不名無餘涅槃。阿羅漢陰界入[1]不相續。彼[2]斷名滅名無欲名諦名斷智。名沙門果。名無餘涅槃。不名有餘涅槃。

1) ㉠ '界入'은 문맥에 따르면 '入界'가 되어야 한다. 2) ㉠ '彼' 다음에는 문맥에 따르면 '名'을 넣어야 한다.

② 대승에 관하여 논술함

만일 대승에 의거하여 보면 곧 열반에 대하여 네 구절이 있다.

若依大乘。卽有四句。

가. 완전히 공통되는 부문

첫째, 범부와 성인에게 완전히 공통되는 부문이다. 범부·이승·보살·부처님에게 모두 열반이 있다는 것이다. 이 『대반열반경』에서 말씀하시는 것과 같다.

모든 범부들이 세속의 도리에 의지하여 번뇌를 끊어 없애는 수행을 행하는 것을 '열반에 들어가는 것'이라고 한다.[81]

또 『대반열반경』에서 말씀하시는 것과 같다.

(사람이 배가 고플 때) 조그만 음식을 얻어도 "열반을 얻었다."라고 말하는 것과 같다. ……[82]

성인聖人의 열반에 대하여는 더 말할 필요가 없다.

一極通門。凡夫二乘菩薩與佛。音[1)]有涅槃。如此經言。諸凡夫人。依世俗道。行斷結行。名入涅槃。又言。得少飮食。亦名得涅槃。乃至廣說。聖人涅槃。不待言論。

---
1) ㉙ '音'은 '皆'인 듯하다.

나. 범부와 성인을 가리는 부문

둘째 범부와 성인을 구별하여 보는 부문에서는, 성인에게는 열반이 있

---
81 『大般涅槃經』(T12, 746a).
82 『大般涅槃經』(T12, 746a).

고 범부에게는 없다고 한다. 『보살지지경菩薩地持經』에서 말씀하시는 것과 같다.

> 삼승의 성인에게는 틀림없이 열반이 있으므로 이를 정정취正定聚[83]라고 한다. 외범外凡에게는 틀림없이 없으므로 이를 사정취邪定聚[84]라고 한다. 내범內凡[85]에게는 (열반이 있고 없음을) 결정할 수 없으므로 이를 부정취不定聚[86]라고 한다.

> 二簡凡聖門。聖有凡無。如地持經說。三乘聖人。定有涅槃。名爲正定。外凡定無。名爲邪定。內凡不定。名不定聚。

다. 대승과 소승을 가리는 부문

셋째, 대승과 소승을 구별하여 보는 부문에서는, 대승에는 열반이 있고 소승에는 열반이 없다고 한다. 『묘법연화경우바제사』에서 말한다.

---

[83] 정정취正定聚 : ⓢ niyata-rāśi. 모든 존재의 장래 운명을 세 가지로 분류(三聚)하여 놓은 것 가운데의 하나로, 틀림없이 부처님이 된다고 결정되어 있는 성자. 구사교학에서는 고법지인苦法智忍을 얻은 계위에 들어간 성자를 말하며, 대승에서는 깨달음을 이룰 때까지 물러남이 없이 꾸준히 진보하여 보살(bodhisattva)의 계위에 들어간 성자를 가리킨다.
[84] 사정취邪定聚 : ⓢ mithyā-niyata-rāśi. 깨달을 수 없는 중생을 말한다. 구체적으로는 오무간업五無間業을 저지른 중생. 이것은 최악의 행위로 죽고 나면 바로 무간지옥에 떨어진다.
[85] 내범內凡 : 외범外凡의 반대말. 불교 안의 범부. 소승에서는 칠방편위 가운데의 난위煖位·정위頂位·인위忍位·세제일위第一位인 사선근위四善根位를 말하며, 대승에서는 십주十住·십행十行·십회향十回向의 삼현위三賢位를 말씀하신다. 그러나 『大乘起信論』에서는 십신十信을 내범이라고 해석하고 있다. 외범外凡은 십신에도 들어오지 못한 외도를 말씀하신다.
[86] 부정취不定聚 : ⓢ aniyato-rāśi. 정正으로도 사邪로도 결정되어 있지 않은 중생.

이승에는 없다고 하는 것은, 이승이 얻는 열반은 없다는 말이다.[87]

지금 이 『대반열반경』에서는 "보살마하살이 대열반에 안주한다."[88]라고 하였으니, 모든 부처님도 또한 그렇기 때문이다.

三簡大小門。大有小無。法花論云。無二乘者。謂無二乘所謂[1]涅槃。今此經云。菩薩摩訶薩住大涅槃。諸佛亦爾故。

1) ㉠ '謂'는 『妙法蓮華經優波提舍』에 따르면 '得'이 되어야 한다.

라. 원인과 결과를 가리는 부문

넷째, 인위와 과위를 구별하는 부문에서는, 인위에는 열반이 없고 과위에는 열반이 있다고 한다. 오직 부처님 한 분만이 열반을 증득한다는 것이다. 이러한 뜻은 『대반열반경』 「광명변조고귀덕왕보살품」에서 갖추어 말씀하시는 것과 같다.

열반의 공통되는 점과 국한되는 점에 대한 증명을 마친다.

四者簡因果門。因無果有。唯佛一人。證得涅槃。是義具如德王[1]說。通局門竟。

1) ㉠ '王'은 『大般涅槃經』의 품명에 해당하므로 그 다음에 '品'을 넣어야 한다.

(4) 두 가지 열반을 해석함

넷째, 두 가지 열반을 증명하는 부문이다. 여기에도 또한 두 가지가 있

---

[87] 『妙法蓮華經優波提舍』(T26, 7b).
[88] 『大般涅槃經』(T12, 388a).

다. 첫째는 자성청정열반 및 방편파괴열반을 밝히고, 둘째는 유여 및 무여 열반에 관해 드러낸다.

第四明二滅門者。亦有二種。先明性淨及方便壞。後顯有餘無餘涅槃。

① 자성청정열반 및 방편파괴열반

첫째 자성청정열반 및 방편파괴열반을 밝힌다.

자성청정열반이라고 하는 것은, 진여의 법성은 본디부터 더럽게 물들지 않았기 때문에 자성청정열반이라고 하며, 또는 본디부터 청정한 열반이라고도 한다. 또한 여여한 이 법은 범부와 성인이 다 같이 한맛(一味)이기 때문에 또한 동상同相열반이라고도 한다.

방편파괴열반이라고 하는 것은, 지혜와 자비가 교묘하게 두 가지의 극단적인 집착을 깨뜨리고, 이러한 전의轉依[89]로 말미암아 진여가 나타나는데, 원인을 따라서 이름을 세워 방편파괴열반이라고 한다. 두 가지의 극단적인 집착을 버려서 두 가지의 극단적인 견해에 머무르지 않으므로 또한 무주처無住處열반[90]이라고도 한다. 진제가 번역한 『섭대승론석』에서 말

---

89 전의轉依 : ⓢ āśraya-parāvṛtti. 사람들의 미혹한 존재의 근거의 전환. 번뇌를 바꾸어서 열반을 얻는 것. 소의所依의 전轉. 의지依止를 전轉하는 것. 소의라는 것은 모든 종자를 지니고 있는 알라야식이며, 알라야식이 바뀌어 열반을 얻는 것을 전의라고 한다. 좀 더 자세히 말하면 전轉에는 전사轉捨와 전득轉得의 두 가지 뜻이 있다. 의依는 소의所依를 말한다. 알라야식은 타를 의지하여 일어나는 것으로서 원성실성을 실성으로 하며, 그 속에 번뇌장과 소지장 및 무루종자를 함장하고 있다. 그러므로 전사라고 할 때는 번뇌장과 소지장을 전사한다는 말이며, 전득이라고 할 때는 무루종자가 그 실성을 드러내어 보리와 열반을 전득한다는 말이다. 이것은 알라야식 가운데에 있는 번뇌장을 전사하여 그 실성인 열반을 전득하고, 소지장을 전사하여 진여를 전득한다는 것으로 이해할 수 있다.
90 무주처無住處열반 : ⓢ apratiṣṭhita-nirvāṇa. 생사에도 열반에도 안주하는 일이 없는 열반. 미혹한 세계에도 안주하지 않을 뿐 아니라, 더 나아가 대비를 가지고 중생을 구제

하는 것과 같다.

모든 보살의 미혹이 소멸된 것을 무주처열반이라고 한다.[91]

그런데 이 방편파괴열반은 범부의 계위에는 통하지 않기 때문에 또한 부동상不同相열반이라고도 한다. 『십지경론十地經論』에서 말하는 것과 같다.

정定이란 동상同相열반을 이룬다. 그것은 자성이 적멸하기 때문이다. 멸滅이란 부동상不同相·방편파괴 열반을 이룬다. 그것은 지혜를 시현示現하고 인연이 소멸하기 때문이다.[92]

이 두 가지 열반은 동일한 진여이지만 다만 내용의 뜻을 따라서 두 가지 부문을 건립하는 것뿐이다.

初明性淨方便壞者。眞如法性。本來無染。故曰性淨。亦名本來淸淨涅槃。卽如如理。凡聖一味。是故亦名同相涅槃。方便壞者。智悲善巧。壞二邊著。由是轉依。眞如顯現。從因立名。名方便壞。由轉二着。不住二邊故。亦名無住處涅槃。如攝論云。諸煩惱惑滅。名無住處涅槃故。卽此涅槃不通凡住。[1)] 故亦名不同相涅槃。如地論云。定者成同相涅槃。自性寂滅故。滅者成不同相。方便壞涅槃。爾[2)]現智緣滅故。是二涅槃同一眞如。但依義門。建立二種門耳。

1) ㉠ '住'는 문맥에 따르면 '位'가 되어야 한다. 2) ㉠ '爾'는 『十地經論』에 따르면

하기 위하여 미혹한 세계에서 활동하기 때문에, 열반의 경지에도 안주하지 않는 자세를 말한다.
91 『攝大乘論釋』(T31, 247a).
92 『十地經論』(T26, 133b).

'示'가 되어야 한다.

❪문❫ 자성청정열반이 열반이라는 명칭을 얻는 것은, 범부의 계위에 있을 때에도 역시 열반이라 할 수 있는가, 아니면 성인이 증득했을 때 열반이라 할 수 있는가? 나중의 것과 같다면 (열반이) 방편으로 증득하는 것이기 때문에 방편파괴열반의 뜻과 같다. 만일 앞의 것과 같다면 저절로 열반을 얻게 되는 것이기 때문에 모든 범부들이 벌써 열반에 들어가 있는 것이다. 또한 범부가 벌써 열반에 들어가 있다면, 이는 곧 성인이므로 열반에 들어가지 않아도 된다. 이와 같은 착란을 어떻게 가려서 구별할 것인가?

❪답❫ 자성청정열반이라는 이름을 얻는 데는 두 가지의 이유가 있다.

차별되는 부문으로 말하면, 나중의 물음과 뜻이 같으므로 성인이 증득했을 때에 있는 것이다. 성인의 증득에는 두 가지의 뜻이 있으니, 하나는 분별하는 성품을 대치하는 것으로서 본디 청정한 열반을 증득하는 것이고, 또 하나는 다른 것에 의지하여 생기는 성품을 대치한 것으로서 전의轉依하여 청정한 열반을 증득하는 것이다. 이러한 도리를 근거로 하면, 증득되는 열반은 동일하지만, 두 가지의 구별되는 다른 뜻이 있으므로 서로 혼란스러운 것이 아니다.

공통되는 부문으로 말하면, 앞의 물음과 뜻이 같으므로 또한 범부의 계위에도 있는 것이다. 만일 이러한 뜻을 근거로 하면, 범부들은 벌써 열반에 들어갔다고 말할 수 있고, 또한 성인은 열반에 들어가는 것이 아니라고 말할 수 있다. 이러한 뜻을 근거로 하기 때문에 『유마힐소설경維摩詰所說經』에서 다음과 같이 말씀하신다.

모든 중생들이 열반의 모습과 같아 다시 더 없어지지 않는다.[93]

---

[93] 『維摩詰所說經』(T14, 542b).

『대승기신론』에서 논술한다.

모든 중생들은 시작이 없는 옛적부터 열반에 들어가 있고, 깨달음의 지혜라고 하는 것도 실천 수행에 의하여 비로소 본성을 나타내는 것이 아니며, 행위를 지어 새로이 만들어 내는 것도 아니다.[94]

『입릉가경入楞伽經』에서 말씀하신다.

보살일천제菩薩一闡提는 늘 열반에 들어가지 않는다. 일체의 모든 법이 본디부터 열반이라는 것을 잘 알기 때문이다.[95]

모든 부처님의 법문은 하나가 아니며, 그 말씀한 것을 따르면서도 장애가 없으면 착란하지 않는다는 것을 알아야 한다. 그러한 까닭은 보살이 열반에는 들어가지 않았지만, 범부들이 벌써 열반에 들어간 것보다 더 훌륭하며, 그것은 모든 법이 본디 열반이라는 것을 잘 알기 때문이다. 그리고 범부가 벌써 열반에 들어간 것은 성인이 열반에 들어가지 않은 것보다 못하다. 그것은 스스로가 열반에 들어가 있음을 아직 알지 못하기 때문이다. 이러한 도리로 말미암아 조금도 혼란스러움이 없는 것이다.

비록 혼란스러움이 없다고 하더라도 가려서 분별해야 하지 않겠는가? 그러한 까닭은 보살이 열반에 들어가지 않았다고 하더라도 오히려 범부가 벌써 열반에 들어간 것과 같은 것이며, 범부가 벌써 열반에 들어갔다고 하더라도 보살이 열반에 들어가지 않은 것과 다르지 않기 때문이다. 그것은 명明과 무명을, 어리석은 이는 둘이라고 생각지만, 지혜로운 이는

---

94 『大乘起信論』(T32, 577a).
95 『入楞伽經』(T16, 527b).

그 성품이 둘이 아니라고 요달了達하기 때문이다. 비록 또한 범부와 성인은 그 성품이 둘이 아니지만, 그러나 범부와 성인은 동일한 성품도 아니다. 어리석은 이는 (성품이) 둘이라고 생각하지만, 지혜로운 이는 성품이 둘이 아니라고 요달하므로, 범부와 성인, 생사와 열반은 동일한 것도 아니고 다른 것도 아니며, 유도 아니고 무도 아니며, 들어간 것도 아니고 들어가지 않은 것도 아니며, 나온 것도 아니고 나오지 않은 것도 아니라는 것을 알아야 한다. 모든 부처님의 뜻이 오직 이런 것에 있지만, 다만 얕은 지식을 따라서 저 학설을 논설했을 뿐이다.

問。性淨涅槃。得涅槃名。爲在凡住。[1] 亦名涅槃。爲聖所證。乃名涅槃。若如後者。方便所證。卽同方便壞涅槃義。若如前者。自然所得。諸凡夫人。已入涅槃。又若凡夫已入涅槃。卽應聖入。[2] 不入泥洹。如是錯亂。云何簡別。答。性淨涅槃。得名有二。別門而說。如後問意。在聖所證。所證之[3] 有其二義。對分別性。證本來淨。望依他性。證轉依淨。由是道理。同是所證。二種別義。不相雜亂。通相而論。如前問意。亦在凡位。若依是義。得言凡夫。已入涅槃。又得說言聖人不入。依是義故。淨名經言。一切衆生。同涅槃相。不復更滅。起信論言。一切衆生。從本已來。入於涅槃。菩提之法。非可修相。非可作相。楞伽經言。菩薩一闡提常不入涅槃。以能善知一切諸法本來涅槃故。當知諸佛法門非一。隨其所說。而無障礙。而不錯亂。所以然者。菩薩不入。勝於凡夫已。[4] 以其善知本來涅槃故。凡夫已入。不如聖人不入。未能知自入涅槃故。由是道理。無雜亂也。雖無雜亂。而非簡別。所以然者。菩薩不入。還同凡[5] 已。[6] 凡[7] 已入。不異菩薩不入。以明與無明。愚者謂二。智者了達。其性無二故。雖復凡聖。其性無二。而是凡聖。不爲一性。以愚者謂二。智者了達[8] 故。當知凡聖生死涅槃。不一不異。非有非無。非入非不入。非出非不出。諸佛之意。唯在於此。但隋淺識。顯設[9] 彼說耳。

---
1) ㉠ '住'는 문맥에 따르면 '位'가 되어야 한다.　2) ㉠ '入'은 문맥에 따르면 '人'이 되

어야 한다. 3) ㉰ '之' 다음에는 문맥에 따라 '性'을 넣어야 한다. 4) ㉱ '已' 다음에 '入'이 빠진 것 같다. 5) ㉲ '凡' 다음에는 문맥에 따라 '夫'를 넣어야 한다. 6) ㉳ '已' 다음에 '入'이 빠진 것 같다. 7) ㉴ '凡' 다음에는 문맥에 따라 '夫'를 넣어야 한다. 8) ㉵ '達' 다음에 '一'이 빠진 것 같다. 9) ㉶ '設'은 문맥에 따르면 '說'이 되어야 한다.

② 유여열반 및 무여열반

다음으로 유여열반과 무여열반을 밝히겠다.

次明有餘無餘滅者。

가. 소승의 학설

가) 설일체유부의 학설

만일 설일체유부說一切有部[96]에서 주장하는 것을 근거로 하면, 열반의 본체는 하나이지만 몸으로 볼 때는 둘이라고 하니, 이는 『아비담비바사론 阿毘曇毘婆沙論』 제17권에서 주장하는 것과 같다.

㉮ 왜 유여신열반계有餘身涅槃界라고 하는가?

㉯ 어떤 사람은, 몸(身)에는 두 가지가 있으니 하나는 번뇌가 있는 몸이요 다른 하나는 타고난 몸(生身)이라고 한다. 아라한은 번뇌가 있는 몸은 없지만 타고난 몸은 남아 있다. 이 타고난 몸에 의지하여 열반을 증득하기 때문에 유여신열반계라고 부른다.

㉮ 왜 무여신열반계無餘身涅槃界라고 하는가?

---

[96] 이와 관련된 내용은 『大乘義章』(T44, 817b)을 참조하기를 권장한다.

답 아라한이 이미 사대를 소멸하고 모든 근根을 소진消盡하여 열반에 들어갔기 때문이다.[97]

이 글은 아직 뜻이 분명하지 못하기 때문에 다음에 이와 같이 말하였다.

문 이 글에 대해서는 "몸에 있는 모든 근根의 각성覺性이 소멸하여 없어진 것을 무여신열반계라 한다."라고 말해서는 안 되고, "아라한이 모든 번뇌를 다 끊고 나서 열반에 들어간 것을 무여신열반계라 한다."라고 말해야 한다. 여기서 그렇게 말하지 않은 것은 무슨 까닭인가?
답 저 존자는 세속적인 말을 의지하여 경을 믿기 때문에 이렇게 말하였다.[98]

『잡심론雜心論』 가운데에서도 또한 이와 같이 설한다.

若依薩婆多宗義者。涅槃體一。約身說二。如智度[1]論說。云何有餘身界涅槃[2] 答。或有說者。身有二種。一者有煩惱身。二者生身。阿羅漢無煩惱身。而有餘生身。依此生身。得涅槃故。名有餘身界涅槃。云何無餘身界涅槃[3] 答。阿羅漢已滅四大。諸根盡而入涅槃。此文未分明故。下卽問曰。此文不應作是說。身諸根覺性滅名無餘身界涅槃。應作是說。阿羅漢斷一切結。盡入於涅槃。是名無餘身涅槃界。此不說者。有何意耶。答。彼尊者。依世俗言。信經故。而作是說。雜心論中。亦同是說。

1) ㉠ '智度'는 『阿毘曇毘婆沙論』에 따르면 '婆沙'가 되어야 한다. 2) ㉠ '有餘身界涅槃'은 『阿毘曇毘婆沙論』에 따르면 '有餘身涅槃界'가 되어야 한다. 그 다음도 마찬가지다. 3) ㉠ '無餘身界涅槃'은 『阿毘曇毘婆沙論』에 따르면 '無餘身涅槃界'이 되어야 한다.

[97] 『阿毘曇毘婆沙論』(T28, 126ab).
[98] 『阿毘曇毘婆沙論』(T28, 126b).

문 몸과 지혜가 소멸하여 없어진 자리를 왜 열반이라 하지 않는가?
답 설일체유부說一切有部의 주장에 따라서 해명하면, 수멸무위數滅無爲[99]의 본체는 선이기 때문에 열반이라고 하며, 몸과 지혜가 현재 없어진 것은 무상이고 유위법이 소멸하는 것이기 때문에 열반이 아니라고 한다. 현재에 원인을 끊어서 미래에 생겨난 뒤에 과보의 법이 일어나지 않는 것은 수멸이 아니라 무기이므로 열반이 아니다. 지혜로써 과보를 쫓는 것도 이 학설과 같다.

> 問。身智滅處。何故非涅槃。答。依此宗明。數滅無爲。體是善。故名涅槃。身智現亡。是無常。滅有爲。故非涅槃。現在斷因。未來生後。報法不起。是非數滅。無記故非涅槃。以智從報。亦同此說。

나) 성실론종의 학설

만일 성실론종의 학설을 근거로 하면, 가명假名(S upacāra)과 실법實法의 두 가지 마음이 일어나지 않는 경지가 유여열반이고, 마음이 공하고 또한 몸이 미래에 생겨나지 않는 것이 무여열반이며, 몸과 지혜가 현재에 없어진 것은 열반이 아니라고 한다. 그러므로 그 논論에서 논술한다.

> 두 가지 공空한 마음의 경지가 멸진정이며 또한 무여열반이다.

문 이 성실론종에서 논술하는 무여열반은 수멸인가 수멸이 아닌가?
답 저 성실론종에서는 집集이라는 고의 원인을 끊어 버렸기 때문에 고

---

99 수멸무위數滅無爲 : 택멸무위擇滅無爲. 지혜를 의지하여 번뇌를 소멸시키는 것. 무루의 지혜에 의지하여 얻는 수멸數滅을 택멸擇滅이라고 한다.

라는 과보가 일어나지 않는 것도 또한 수멸의 지혜라고 한다. 비록 그 과보가 무상변행고에는 포섭되지 않는다고 하더라도 그 과보가 일어나는 것도 또한 멸제에 들어간다고 한다.

若依成實論宗。假名實法。二心無處。是有餘涅槃。心空及身未來不起。是無餘泥洹。身智現滅。亦非涅槃。故彼論云。二空心處。滅定及無餘泥洹。問。此論宗無餘泥洹。爲是數滅。爲非數滅。答。彼論宗說。斷集因故。若果不起。亦是數滅智。雖非報其。[1] 無常邊行苦所攝故。其報起亦入滅諦。

1) ㉠ '報其'는 문맥에 따르면 '其報'가 되어야 한다.

다) 비유부의 학설

만일 비유부의 학설을 근거로 하여 보면, 집集이라는 원인을 끊어 버렸기 때문에 고苦라는 과보는 일어나지 않는다. 이것이 열반이라고는 하더라도 수멸數滅이 아니며, 수멸이 아니기 때문에 무기성이라고 한다. 『아비담비바사론阿毘曇毘婆沙論』에서 서술하는 것과 같다.

어떤 사람은, 유여신열반계는 선善이고 도과道果이고 진리(諦)에 포섭되는 것이지만, 무여신열반계는 무기이고 도과가 아니고 진리에 포섭되는 것이 아니라고 한다.[100]

若依譬喩部說。斷集因故。苦報不起。雖是涅槃。而非數。[1] 非非[2]故。是無記性。如婆娑云。或有說者。有餘身涅槃界。是善。是道果。是諦攝。無餘身涅槃界。是無記。非道果。非諦攝。

---

100 『阿毘曇毘婆沙論』(T28, 126a).

1) ㉠ '數' 다음에 문맥에 따르면 '滅'을 넣어야 한다.   2) ㉠ '非非'는 문맥에 따르면 하나는 삭제하고, '非' 다음에 '數滅'을 넣어야 한다.

나. 대승에서의 학설

만일 대승의 학설을 근거로 하여 보면 이것을 네 가지 부문으로 나누어 논술할 수 있다. 첫째는 화현化現에 관한 논리, 둘째는 실의實義에 관한 논리, 셋째는 대승과 소승에 관한 논리, 넷째는 세 불신(三身)에 관한 논리이다.

若就大乘。卽有四門。一就化現。二約實義。三對大小。四依三身。

가) 화현에 관한 논리

화현에 관한 부문이란 소승의 두 가지 열반과 같으므로 그 내용은 앞의 두 종에서 말하는 것과 같다. 다만 그들은 열반을 진실이라고 생각하는데 여기서는 화현일 뿐이다.

化現門者。同小乘二種涅槃。其義同前二宗所說。但彼謂實。此似[1]現耳。

1) ㉠ '似'는 문맥에 따르면 '化'가 되어야 한다.

나) 실의에 관한 논리

둘째 실의에 관한 부문이란, 실의를 근거로 하여 말하면, 유여와 무여, 이 두 가지 열반은 다 같이 전의된 진여로써 본체를 삼는다. 다만 원인을 끊고서 나타나는 바의 뜻으로 말할 때는 유여열반이라고 하며, 결과가 이미 나타나 버린 바의 뜻으로 말할 때에는 무여열반이라고 한다. 『섭대승론석』에서 말씀하신다.

> 번뇌의 업을 소멸하였기 때문에 종자가 없어졌다고 말하는 것이니, 이는 유여열반을 나타낸 것이다. 과보가 다 없어졌기 때문에 일체가 다 없어졌다고 말하는 것이니, 이는 무여열반을 나타낸 것이다.[101]

또 『유가사지론』「섭결택분」에서 서술한다.

> 問 만일 아라한이 이전에 있었던 육처六處가 생기生起하는 것처럼, 곧 이와 같이 안주하여 상속하면서 소멸하지 아니하고 아무런 변이가 없다면, 다시 어떠한 다른 전의성轉依性이 있어서 육처가 상속하지 않으면서 일어나는가? 만일 다른 전의가 있는 것이 아니라면 무슨 인연으로 앞(arhan의 因位)·뒤(arhan의 果位) 두 가지의 의지依止가 서로 닮아 있는데도 지금(今)과 후시後時에 번뇌가 일어나지 않고 성도聖道가 일어나는가?
> 答 모든 아라한에게는 실제로 전의가 있다. (그러나 이 전의와 육처는 다름과 다르지 않음을 함께 말할 수 없다. 왜 그런가?) 이 전의는 청정한 진여에 의해 나타난 것이므로 저 진여와 육처의 다름과 다르지 않음을 함께 말할 수 없는 것이다.[102]

또 그 아래에서 다음과 같이 말했다.

> 問 무여의열반계無餘依涅槃界 가운데에서 (반열반하고 나서) 얻은 전의轉依, 이것을 상주常住라고 해야 하는가 무상無常이라고 해야 하는가?

---

101 『攝大乘論釋』(T31, 175a).
102 『瑜伽師地論』(T30, 747c). 이 부분은 『유가사지론』「섭결택분」 중 '有餘依及無餘依'의 이지二地에 대한 내용에 해당한다.

답 마땅히 상주라고 해야 한다. 청정한 진여에 의해 나타나는 것이기 때문이고, 인연으로 생기는 것이 아니고 생멸하는 것이 아니기 때문이다.

문 무여의열반계 가운데에서 반열반하는 이는 색·수·상·행·식 등의 법에 있어서 자재를 얻었다고 말해야 하는가 자재를 얻지 못했다고 말해야 하는가?

(답 자재를 얻었다고 말해야 한다.)

문 여기서 얻은 바의 자재는 눈앞에 있다(現在前)고 말해야 하는가 눈앞에 있는 것이 아니라고 말해야 하는가?

답 일부는 눈앞에 있다(現在前)고 말하고 일부는 눈앞에 있는 것이 아니라고 말해야 한다. 말하자면 모든 여래는 무여의열반계 가운데에서 반열반에 들고 난 뒤 눈앞에 있도록 할 수 있지만 그 나머지는 눈앞에 있도록 할 수 없다. ······[103]

第二約實義者。就實言之。是二涅槃。同以轉依眞如爲體。但斷因所顯義門。名爲有餘。果已所顯義門。說名無餘。如攝論云。煩惱業滅故。言卽無種子。此顯有餘涅槃。果報悉滅。故言一切皆盡。此顯無餘涅槃。又瑜伽論決擇分說。問。若阿羅漢[1]六處生起。卽如是住。相續不滅。無有變異。更有何等異轉依性。而非六處相續而轉。若更無有異轉依者。何因緣故。前後二種依止相以。[2] 而今後時煩惱不轉。聖道轉耶。答。諸阿羅漢實有轉依。[3] 而[4]此依[5]轉依淸淨眞如所顯。[6] 而彼眞如。與其六處。異不異性。俱不可說。問又下言。[7] 無餘依[8]中。[9] 所得轉依。當言是常。當言無常。答。當言是常。淸淨眞如之所顯故。非緣生。無生滅故。又問。於無餘依[10] 般涅槃者。於色等法。當言得自在。當言不得[11]耶。[12] 當言能現在前。[13] 答。當言不現在前。[14] 當言得

---

[103] 『瑜伽師地論』(T30, 748bc).

一分能現在前。一分不¹⁵⁾現在前。謂諸如來於無餘。¹⁶⁾ 般涅槃已。能現在前。所餘不能令現在前。乃至廣說。

1) ㉝ '漢' 다음에『瑜伽師地論』에 따르면 '如先所有'가 더 들어가야 한다. 2) ㉭ '以'는『瑜伽師地論』에 따르면 '似'가 되어야 한다. 3) ㉭ '依' 다음에『瑜伽師地論』에 따르면 '而此轉依.與其六處. 異不異性. 俱不可說.'을 넣어야 한다. 4) ㉭ '而'는『瑜伽師地論』에 따르면 '由'가 되어야 한다. 5) ㉭ '依'는『瑜伽師地論』에 따르면 삭제해야 한다. 6) ㉭ '顯' 다음에는『瑜伽師地論』에 따르면 '眞如種性. 眞如種子. 眞如集成.'을 넣어야 한다. 7) ㉭ '問又下言'은 문맥에 따르면 '又下問言' 정도가 되어야 할 것 같다. 8) ㉭ '依' 다음에는『瑜伽師地論』에 따르면 '涅槃界'를 넣어야 한다. 9) ㉭ '中' 다음에는『瑜伽師地論』에 따르면 '般涅槃已'를 넣어야 한다. 10) ㉭ '依' 다음에는『瑜伽師地論』에 따르면 '涅槃界中'을 넣어야 한다. 11) ㉭ '得' 다음에는『瑜伽師地論』에 따르면 '自在'를 넣어야 한다. 12) ㉭ '耶' 다음에는『瑜伽師地論』에 따르면 '答.當言獲得自在.問.此所得自在.'를 넣어야 한다. 13) ㉭ '前' 다음에는『瑜伽師地論』에 따르면 '答'을 삭제해야 한다. 14) ㉭ '當言不現在前'은『瑜伽師地論』에 따르면 앞에 나오는 '答' 이전으로 가서 질문이 되어야 한다. 15) ㉭ '不' 다음에는『瑜伽師地論』에 따르면 '能'을 넣어야 한다. 16) ㉭ '無餘' 다음에는『瑜伽師地論』에 따르면 '依涅槃界中'을 넣어야 한다.

다) 대승과 소승에 관한 논리

셋째, 대승과 소승을 상대하는 부문이란, 이승의 열반을 유여열반이라고 하며, 여래가 증득한 바의 열반을 무여열반이라고 한다.『승만경勝鬘經』에서 말씀하시는 것과 같다.

> 열반에는 두 가지가 있으니, 유여열반과 무여열반이다.[104]

유위의 세계에서 펼쳐지는 생사가 다 소멸한 경지에서 얻어지는 열반은 유여열반이며, 무위의 세계에서 펼쳐지는 생사가 다 소멸한 경지에서 얻어지는 열반은 무여열반이다.

---

[104] 『勝鬘師子吼一乘大方便方廣經』(T12, 221b).

第三大小相對門者。二乘涅槃。名爲有餘。如來所證。名曰無餘。如勝鬘說。
涅槃亦二種。有餘及無餘。有爲生死。盡滅之處。所得涅槃。名曰有餘。無
爲生死。盡滅之處。所得涅槃。名曰無餘故。

라) 세 불신에 관한 논리

넷째, 세 불신佛身을 근거로 하는 두 가지 열반을 논술하면, 응신·화신
의 두 가지 불신은 몸과 마음이 아직 남아 있으므로 유여有餘라고 하고,
생사와 모든 과실·환난患難을 여의었으므로 열반이라고 한다. 이 경에서
말씀하시는 것과 같다.

> 이제 나의 이 몸이 곧 그대로 열반이다.

법신 가운데에서는 몸과 지혜가 평등하므로 무여無餘라고 하고, 모든
상相을 여의어서 드디어는 적멸하므로 열반이라고 한다. 『합부금광명경合
部金光明經』에서 말씀하시는 것과 같다.

> (응신·화신의) 두 가지 불신을 의지하여 모든 부처님이 유여열반을
> 말씀하시고, 이 법신에 의지하여 무여열반을 말씀하신다. 무슨 까닭인
> 가? 남은 것이 드디어는 다 없어지기 때문이다.[105]

만일 이 뜻을 근거로 하면, 바로 세 불신을 취하여 열반의 체로 삼는 것
이다.

---

[105] 『合部金光明經』(T16, 363b).

第四依三身。說二涅槃者。應化二身。身智猶在。名曰有餘。卽離生死一切
過患。故名涅槃。如此經言。今我此身卽是涅槃故。於法身中。身智平等。
名爲無餘。離一切相。畢竟寂滅。故名涅槃。如金鼓經言。依此二身。一切
諸佛。說有餘涅槃。依法身者。說無餘涅槃。何以故。一切餘究竟盡故。若
依此義。卽取三身。爲涅槃體。

또 하나의 주장이 있는데 그것은 무구진여無垢眞如가 바로 열반이라는
것이다. 다만 응신·화신의 두 가지 불신을 바라볼 때에는, 이 진여는 유
여라고 하는데, 그것은 별도로 남는 것이 있기 때문이다. 그러나 만일 법
신을 바라볼 때에는, 이 진여는 무여라고 하는데, 그것은 별도로 남는 것
이 없기 때문이다. 진제眞諦가 번역한『섭대승론석』에서 말하는 것과 같다.

> 연각은 중생들을 이익이 되게 하는 일을 관조하지 않고 무여열반에
> 안주해 버린다. 보살은 그렇지 않다. 반야바라밀다般若波羅蜜多에 안주
> 하면서도 중생을 이익 되게 하는 일을 버리지 않는다. 그리고 반열반般
> 涅槃에 드는 것은 유여이기도 하고 무여이기도 하다. 법신에 있어서는
> 그것이 무여가 되며, 응신에 있어서는 그것이 유여가 되기 때문이다. 안
> 주함을 여의면 무여열반이라고 하는데, 그 자리에만 응하는 것이 아니
> 기 때문이다.[106]

또는 이 전의轉依한 진여열반은 세 불신을 바라볼 때에는 무주처無住處
라고 말씀하신다. 그러한 까닭은, 두 가지 불신의 생멸은 진여와 같지 않
으므로 저 열반에 안주하지 못하기 때문이다. 그러나 법신은 상相을 여의
어서 진여와 다르지 않으므로 저 열반에 안주할 것이 없다. 그러므로 이

---

[106]『攝大乘論釋』(T31, 245b).

세 불신에 대하여 무주처라고 한다. 『합부금광명경』에서 말씀하시는 것과 같다.

이 삼신을 의지하여 모든 부처님은 무주처열반을 말씀하신다. 무슨 까닭인가? 두 불신 때문에 열반에 안주하지 않는다. 그러나 법신을 떠나서 따로 부처님이 있는 것이 아니다. 무슨 까닭으로 두 불신은 열반에 안주하지 않는가? 두 불신은 가명假名(Ⓢ upacāra)이며 실체가 아니고, 아주 순간순간 소멸하여 안주하지 않으며, 또한 아주 자주 출현하여 일정하지 않지만, 법신은 그렇지 않다. 그러므로 두 불신은 열반에 안주하지 않으며 법신과 둘이 아니다. 그러므로 대열반에 안주하지 않는다.[107]

두 가지 열반에 관한 부문을 마친다.

又有一義。無垢眞如。正是涅槃。但望二身。說此眞如。名爲有餘。別餘故。若望法身。說此眞如。名曰無餘。無別餘故。如攝論云。如緣覺不觀衆生利益事。住無餘涅槃。菩薩卽不如。是住波1)若波羅蜜。不捨衆生利益事。般涅槃。亦有餘亦無餘。於法身是無餘。於應身是有餘故。言離住無餘涅槃。以不應彼處故。又復卽此轉依眞如涅槃。望於三身。說無住處。所以然者。二身生滅。不同眞如。是故不住於彼涅槃。法身離相。無異眞如。故非能住於其涅槃。故對三身。說爲無住。如經說言。依此三身。一切諸佛說無住處涅槃。何以故。爲二身故。不住涅槃。離於法身。無有別佛。何故二身不住涅槃。二身假名不實。念念滅不住故。數數出現。以不定故。法身不爾。是故二身。不住涅槃。法身不二。是故不住於般涅槃。二滅門竟。

1) ㉠ '波'는 문맥에 따르면 '般'이 되어야 한다.

---

107 『合部金光明經』(T16, 363b).

(5) 삼사三事를 해석함

다섯째, 삼사三事[108]를 증명하는 부문에 또한 네 가지가 있다.
첫째는 삼사의 체상體相을 밝히고, 둘째는 삼사를 건립하는 이유를 밝히고, 셋째는 삼사의 총·별을 밝히고, 넷째는 왕복하면서 결택하는 것에 관한 논술이다.

第五明三事門者。四句分別。初出體相。次明建立。三明總別。四往復。

① 삼사의 체상을 밝힘

삼사의 체상을 밝히려고 한다.

出體相者。

가. 법신

법신法身(dharmakāya)의 본체는 부처님의 경지에서 가지고 있는 모든 공덕이다. 그 본체는 둘이 아니고 오직 한 법계일 뿐이다. 법계 전체가 만덕을 이루므로 만덕의 모습은 그대로 법계와 같고, 법계의 성품은 만덕과 다르지 않다. 그러므로 한 공덕을 들면 두루하지 않는 데가 없다. 이와 같이 모든 깨끗한 법이 원만하여 자체에 쌓여 있기 때문에 법신이라고 한다. 그 뜻은 이 경의 「금강신품金剛身品」에 잘 나타나 있다.

---

[108] 삼사三事 : 법신法身(Ⓢ dharmakāya)과 반야般若(Ⓢ prajñā)와 해탈解脫(Ⓢ mokṣa)을 가리킨다.

法身體者。佛地所有一切功德。其體無二。有一法界。法界擧體。以成萬德。萬德之相。還同法界。法界之性。不異萬德。隨擧一德。無所不遍。如是一切白法圓滿。自體積集。故名法身。其義具顯金剛身品。

나. 지혜

지혜(般若)의 본체란, 곧 이 법신의 성품이 스스로 밝고 통달하여서 비추지 않는 데가 없으므로 지혜라고 하는 것이다.

般若體者。卽此法身。性自明達。無所不照。故名般若。

다. 해탈

해탈解脫의 본체란, 곧 이 법신이 모든 얽매임에서 벗어나 아무런 장애도 없으므로 해탈이라고 하는 것이다.

解脫體者。卽此法身。離諸繫縛。無所障礙。故名解脫。

세 덕(三德)은 실제로 특수해서 동일하다고 말할 수가 없다. 그러나 세 덕의 모습은 한맛(一味)이기 때문에 서로 다르다고 말할 수 없다. 그런 까닭으로 여래의 비장이라고 한다. 이것을 삼사의 체상이라고 말한다.

三德實殊。不可說一。可[1]相一味。不[2]說異。以之故名如來秘藏。是謂三法[3]之體相也。

---

1) ㉮ '可'는 문맥에 따르면 '三'이 되어야 한다. 2) ㉮ '不' 다음에는 문맥에 따르면 '可'를 넣어야 한다. 3) ㉮ '法'은 문맥에 따르면 '事'가 되어야 한다.

② 삼사를 건립하는 이유를 밝힘

다음으로 삼사를 건립하게 된 까닭을 밝히려고 한다. 하나의 본체와 온갖 공덕은 열반이 아닌 것이 없다. 그런데 오로지 이 세 가지를 들어 논술하는 까닭은 생사의 세 가지 근심을 대치하기 위한 것이기 때문이다. 왜냐하면 생사의 온갖 장애는 세 가지를 벗어나지 않기 때문이다. 말하자면 고뇌의 과보인 다섯 가지 구성 요소로 이루어진 몸(五蘊身)을 대치하기 위하여 법신을 건립하는 것이고, 번뇌에 미혹된 법을 제거하기 위하여 지혜를 건립하는 것이고, 모든 업장에 얽매이는 원인에서 벗어나기 위하여 해탈을 건립하는 것이다.

또한 저 소승의, '열반에 들어갈 때에는 몸은 재가 되고 지혜는 소멸한다'라는 견해를 대치하려고, 법신은 늘 존재하고 대지大智는 소멸하지 않는다고 한다. 또 저 소승의, '몸과 지혜가 남아 있을 때에는 고뇌의 과보와 습기習氣의 얽매임을 면하지 못한다'라는 견해를 대치하려고, 몸과 지혜를 들어서 참된 해탈을 건립하는 것이다.

열반의 삼사를 건립하는 이유를 간단하게 말하면 이와 같다.

次明建立三事所由。一體萬德。無非涅槃。所以偏說此三法者。以對生死三種患故。何者。生死萬累。不出三種。所謂[1]苦果五陰身故。建立法身。以除煩惱迷惑法故。建立般若。離諸葉[2]障繫縛因故。建立解脫。又復對彼小乘。入涅槃時。灰身滅智。故說法身常存。大智不滅。對彼小乘。身智存時。未免苦報習氣繫縛。故就身智。立眞解脫。建立之由。略說如是。

1) ㉠ '所謂' 다음에는 문맥에 따르면 '對彼'를 넣어야 한다. 2) ㉠ '葉'은 문맥에 따르면 '業'이 되어야 한다.

③ 삼사의 총·별을 밝힘

셋째, (법신·지혜·해탈의) 삼사三事의 총체적인 것과 개별적인 것을 밝히려고 한다. (세 가지를) 한 성품으로 말하면 열반은 총체적인 것으로서 ∴(도, 伊, 이) 자字로 비유되고, 법신·지혜·해탈의 세 가지 법은 개별적인 것으로서 ∴ 자의 세 점으로 비유할 수 있다. 이렇게 총체적인 것과 개별적인 것을 말하려는 까닭은 네 가지 뜻이 있기 때문이다.

> 第三明總別者。一性而言。涅槃是總。況於伊字。三法是別。喩對以三點。總¹⁾別成總。其義有四。
>
> 1) ㉮ '總'은 문맥에 따르면 '成'이 되어야 한다.

첫째, 꼭 세 가지를 갖추어야 바른 열반을 이루게 되며, 홀로 하나씩 따로 들면 열반을 이루지 못한다. 이는 마치 세 점을 하나씩 따로 떼어 놓으면 ∴ 자를 이루지 못하는 것과 같다. 『대반열반경』에서 말씀하시는 것과 같다.

> 해탈의 법은 열반이 아니고, 마하반야도 또한 열반이 아니다.[109]

> 一者。要具三法。方成涅槃。獨擧一一。卽不得成。如一一點。不成伊字。如經言。解脫之法。亦非涅槃。摩訶般若。亦非涅槃故。

둘째, 세 가지가 평등하고 원융해야 열반을 이룬다. 비록 세 가지를 갖추었을지라도 만일 어느 것은 수승하고 어느 것은 열등하면 열반을 이루

---

[109] 『大般涅槃經』(T12, 616b).

지 못하기 때문이다. 이는 마치 ∴ 자의 세 점을 나란히 늘어놓으면, 반드시 좌우가 있는 것과 같다. 『대반열반경』에서 말씀하시는 것과 같다.

세 점을 나란히 늘어놓으면 ∴ 자를 이루지 못한다.[110]

二者. 三法等圓. 乃成涅槃. 雖具三數. 若有勝劣. 不得成故. 如三點並. 必有右左. 如經說言. 三點若並. 卽不成伊故.

셋째, 세 가지가 일시에 있어야 열반을 이룬다. 세 가지가 비록 수승한 것과 열등한 것이 없어도 만일 먼저 되고 뒤에 되는 것이 있으면 열반을 이루지 못하기 때문이다. 이는 마치 ∴ 자의 세 점을 세로로 늘어놓으면 반드시 남과 북이 있는 것과 같다. 『대반열반경』에서 말씀하시는 것과 같다.

세 점을 세로로 늘어놓으면 ∴ 자를 이루지 못한다.[111]

三者. 三法一時. 乃成涅槃. 雖無勝劣. 若有前後. 不得成故. 如三點縱. 必有南北. 如經言. 縱亦不成故.

넷째, 세 가지가 동체가 되어야 열반을 이룬다. 허공은 움직이지 않고 걸림이 없다고 말하는 것과 같다. 비록 세 가지는 먼저 되고 뒤에 되는 것이 없지만, 각각 별체로 있으면 총체적인 것을 이루지 못한다. 이는 마치 ∴ 자의 세 점을 비록 가로로 늘어놓지도 않고 세로로 늘어놓지도 않는다

---

110 『大般涅槃經』(T12, 616b).
111 『大般涅槃經』(T12, 616b).

고 하더라도 각각 따로 다른 곳에 흩어져 있으면 ∴ 자의 한 글자를 이루지 못하는 것과 같다. 『대반열반경』에서 말씀하시는 것과 같다.

세 점이 만일 각각 따로 있으면 ∴ 자를 이루지 못한다.[112]

이와 같이 세 가지는 이러한 네 가지의 뜻을 갖추어야 열반을 이룬다. 마치 세간의 ∴ 자와 같으므로 세 가지는 개별적인 것이며, 열반은 총체적인 것이다.

> 四者。三法同體。乃成涅槃。如說虛空。不動無礙。雖非前後。而各別體。不成總故。如彼三點。雖非並縱。各宜別處。不成一字。如經言。三點若別。亦不成伊故。如是三法。具此四義。乃成涅槃。如世伊字故。三[1)]是別。涅槃是總。

1) ㉖ '三' 다음에는 문맥에 따르면 '法'을 넣어야 한다.

하나의 성품으로 보면 그렇지만 다시 따져 보면 반드시 그런 것만은 아니다. 어째서 그러한가? 이치를 다하여 말하면 (열반·법신·지혜·해탈의) 네 가지의 공덕은 모두 다 총체적인 것도 되고 개별적인 것도 되기 때문이다.

네 가지 공덕이 모두 다 개별적이라는 뜻은, 열반은 적정寂靜하다는 뜻이며, 법신은 적집積集이라는 뜻이고, 지혜는 조달照達이라는 뜻이며, 해탈은 계박에서 벗어난다는 뜻이다. 그러므로 네 가지 공덕은 개별적이 아닌 것이 없다.

네 가지 공덕이 모두 다 총체적이라는 것은 경에서 말씀하시는 것과

---

112 『大般涅槃經』(T12, 616b).

같다. 만일 법신이 없다면 고의 과보를 다하지 못하는데 어떻게 열반을 이룰 것인가? 만일 지혜가 없다면 어두운 미혹을 제거하지 못하는데 어떻게 열반을 이룰 것인가? 만일 해탈이 없다면 업의 얽매임을 면하지 못하므로 열반이 아니다. 이와 같이 나머지의 세 가지도 그 뜻이 이와 똑같다. 왜냐하면 만일 열반이 없다면 생사를 소멸시키지 못하는데 어떻게 법신을 이룰 것인가? 만일 지혜가 없다면 번뇌에 얽혀 버리게 될 것인데, 어떻게 법신이라고 말할 것인가? 만일 해탈이 없다면 모든 업에 얽혀 버리게 될 것이므로 법신이 되지 못한다. 법신·지혜·해탈의 세 가지를 갖추어야 열반을 이룬다는 것은 앞의 논술을 근거로 하여 알 수 있다.[113]

그러므로 네 가지 공덕의 총체적인 것과 개별적인 것의 뜻과 마찬가지로 일체의 공덕도 모두 이와 같아서 하나가 곧 전체이고 전체가 곧 하나임을 알아야 한다.

그러므로 총체적인 것과 개별적인 것은 아무런 걸림이 없기 때문에, ∴자가 총체적인 것이고 개별적인 것이 아니며, 그 속에 있는 세 점은 개별적인 것이며 총체적인 것과는 같지 않다. 다만 조금 비슷한 점을 취하여 비유로 삼았을 뿐이다.

一性雖然。再論未必然。所以足[1])者。盡理而言。四種功德。皆總皆別。皆別義者。涅槃是寂寂[2])義。法身是積集義。般若是照達義。解脫是離縛義。故知四種無非別也。皆總義者。如經言。若無法身。苦報不盡。何成涅槃。若無般若。闇惑[3]) 不除。豈得涅槃。若無解脫。不免業繫。故非涅槃。如是餘三。其義同爾。何者。若無涅槃。生死未滅。何爲法身。若無般若。煩惱所纏。何名法身。若無解脫。諸業所縛。故非法身。法身般若解脫其三。乃涅槃成。

---

113 만일 법신이~수 있다 : 이는 『大乘義章』 권18 「涅槃義五門分別」 가운데 '攝三事約對涅槃分定總別'(T44, 822b)의 논의와 유사함을 알 수 있다.

准前可解。故知總。⁴⁾ 如說四種總別之義。一切功德。皆亦如是。一卽一切。
一切卽一。是故總別無所障礙。不同伊字是總非別。其中三點。是別非總。
唯取小分。以爲譬耳。

1) ㉳ '足'은 문맥에 따르면 '然'이 되어야 한다.   2) ㉮ '寂'은 문맥에 따르면 '靜'이 되어야 한다.   3) ㉯ '感'은 문맥에 따르면 '惑'이 되어야 한다.   4) ㉯ '總'은 문맥에 따르면 연자 衍字인 듯하다.

④ 왕복하면서 결택함

넷째, (삼사三事에 관하여) 왕복하면서 결정하여 선택하는 부문이다.

第四往復決擇門。

㉕ 이와 같은 부처님의 진실한 공덕인 법신은 색상色相이 있다고 해야
하는가 색상이 없다고 해야 하는가?

問。如是如來實德法身。當言有色。當言無色。

가. 색상이 있음

㉓ 어떤 스승은, 법신은 색상色相은 없지만 다만 기연機緣에 따라서 화
현하는 색상은 있다고 한다. 그러한 까닭은, 색상이란 질애質碍·추형麤形
의 법이므로 전도된 분별에 의해 변작變作된 것이지만, 모든 부처님은 영
원히 분별을 벗어나서 진리의 근원으로 돌아와 법계로써 몸을 삼기 때문
이다. 이러한 도리를 근거로 하므로 색상을 반드시 필요로 하지 않는다.
내지 범부가 무색계에 이르면 색신의 분별을 벗어나기 때문에 (그들도) 색
상이 없다. 그런데 어찌 여래에게 도리어 색상이 있다고 하겠는가?『합부

『금광명경』에서 말씀하시는 것과 같다.

> 법의 여여如如함을 벗어나고 분별이 없는 지혜마저 벗어난다. 모든 부처님은 따로 법을 가지고 있지 않다. 무슨 까닭인가? 모든 부처님은 지혜를 구족하였기 때문이다. 그러므로 온갖 번뇌가 필경에는 다 없어져서 부처님의 청정한 경지를 얻는다. 그러므로 법이 여여하고 지혜도 여여하여 모든 부처님의 법을 포섭한다.[114]

또 『합부금광명경』에서 말씀하신다.

> 이와 같이 법이 여여하고 여여한 지혜도 또한 분별이 없다. 원력이 자재하고 중생이 감응하기 때문에 응신과 화신의 두 불신은 해와 달의 그림자처럼 화합하여 생겨난다.[115]

또 『대승기신론』에서 논술한다.

> 모든 부처님은 법신法身이면서 동시에 지신智身이며, 제일의제第一義諦[116]이니 세속제世俗諦[117]의 경계는 아무것도 존재하지 않는다. 베풀고 짓는 것(施作)을 떠나 있지만, 중생들이 보고 듣는 것에 따라 이익을 주기 때문에, 이것을 '대승, 그 작용의 위대함(用)'이라고 한다. 이 작용에는

---

114 『合部金光明經』(T16, 363a).
115 『合部金光明經』(T16, 363ab).
116 제일의제第一義諦 : ⓢ paramārtha-satya. 승의제勝義諦, 진제眞諦. 훌륭한 의의를 지니고 있는 진리. 최고의 진리. 완전한 진리. 훌륭한 깨달음의 지혜를 완성한 경지.
117 세속제世俗諦 : ⓢ lokasaṃvṛti-satya. 속제俗諦, 세제世諦. 세간 일반에서 승인하고 있는 진리. 세속의 입장에서의 진리. 세간에 따라서 가설한 여러 가지 가르침. 낮은 차원의 진리.

두 가지가 있다. 첫째, 범부와 이승二乘의 마음에 보이는 것을 응신應身이라고 한다. 둘째, 보살에게 보이는 것을 보신報身이라고 한다.[118]

이러한 글들을 근거로 하면 진실한 공덕은 영원히 색상이 없다는 것을 알아야 한다. 오직 근기를 따라서 나타내는 바의 색상만이 있을 뿐이다. 그런데 이 『대반열반경』에서 "여래의 해탈은 색상이다."라고 말씀하신 것은, 지혜의 눈에 대하여 색상이라고 말한 것이지 실색實色은 아니다. 이는 마치 지혜는 눈이 아니지만 지혜의 눈이라 말하는 것과 같다. 비록 눈이라고 하더라도 실제로는 색상의 감각적인 눈이 아니다. 이와 같이 법신은 색상이 아니지만 미묘한 색상이라고 한다. 비록 색상이라고 하더라도 실제로는 색진色塵이 아니다. 이러한 도리에서 보면 색상이 없다는 것을 알아야 한다. 다른 곳에서 법신에 관한 색상을 말한 것은 모두 이와 같이 회통해야 한다.

答。或有說者。法身無色。但有隨機化現色相。所以然者。色是質礙。麁形之法。顛倒分[1)]之所變作。諸佛如來。永離分別。歸於理原。法界爲身。由是道理。不須色。[2)] 乃至凡夫。至無色界。離色分別。故無色身。豈說如來。還有色身。如金鼓經言。離法如如。離無分別智。一切諸佛。無有別法。何以故。一切諸佛。智惠[3)]具足故。一切煩惱。畢竟滅盡。得佛淨地。以是法如如。如如智。攝一切佛法。又言。如是法如如。如如智。亦無分別。以願自在故。衆生有感故。應化二身。如日月影。和合出生。起信論云。諸佛如來。唯是法身。智相之身。第一義諦。無有世諦境界。離於施作。但隨施衆生。見聞得益。故說爲用。此用有二種。一凡夫二乘心所見者。爲應身。二菩薩所見者。名爲報身。乃至廣說。依此等文。當知實德。永無色身。唯有隨根所現色耳。

---

118 『大乘起信論』(T32, 579b).

而此經說。如來解脫。是色等者。對惠[4]眼根說色。非實色。如智慧非眼。而說惠[5]眼。雖名爲眼。實非眼根。如是法身非色。而說妙色。雖名爲色。實非色塵。由是道理。當知無色。餘處說色。皆作是通。

1) ㉘ '分' 다음에는 문맥에 따르면 '別'을 넣어야 한다. 2) ㉘ '色' 다음에는 문맥에 따르면 '身'을 넣어야 한다. 3) ㉘ '惠'는 문맥에 따르면 '慧'가 되어야 한다. 4) ㉘ '惠'는 문맥에 따르면 '慧'가 되어야 한다. 5) ㉘ '惠'는 문맥에 따르면 '慧'가 되어야 한다.

나. 색상이 없음

어떤 스승은, 법신의 진실한 공덕에는 장애가 없는 색상이 있다고 한다. 이는 비록 질애의 뜻으로 말하는 색상은 없다고 하더라도, 방소方所로써 시현하는 색상은 있다고 한다. 비록 분별하여 만든 추잡한 색상에서는 벗어났다고 하더라도, 만행을 닦아 감응한 것은 있으므로 미묘한 색상은 있다고 한다. 비록 분별식은 없다고 하더라도, 분별이 없는 의식(無分別識)은 있다고 말하는 것과 같다. 비록 장애가 되는 색상은 없다고 하더라도, 장애가 없는 색상은 있다고 말하는 것과 같다. 이 『대반열반경』에서 말씀하시는 것과 같다.

> 무상한 색을 버림으로써 상주하는 색을 얻는다. 수·상·행·식도 또한 이와 같다.[119]

그러나 색음色陰의 색에는 통틀어 십입十入이 있는데, 안근을 대하는 색에는 오직 일입一入이 있다. 그러므로 저것은 이 경의 글을 회통할 수 없다. 또 『불설대반니원경』에서 순타純陀가 부처님을 찬탄하여 말한다.

---

[119] 『大般涅槃經』(T12, 838bc).

미묘한 색신은 담연하여 체가 늘 안온하므로 시절과 겁에 얽매이지 않나이다. 대성께서는 오랜 겁에 걸쳐서 자비를 베푸시어 금강과 같은 무너지지 않는 몸을 얻었나이다.[120]

또 『대살차니건자소설경大薩遮尼乾子所說經』에서 말씀하신다.

고따마(⑤ Gotama, 瞿曇)의 법성신은 미묘한 색신이므로 늘 담연하다. 그리고 청정하며 늘 적멸하여 그 모습이 허공과 같다. 이와 같은 법성신은 중생과 평등하여 차별이 없다.[121]

『섭대승론석』에서 논설한다.

다른 사람의 공덕을 나타내기 위하여 자성신自性身을 내세운다. 이 자성신을 의지하여 복덕과 지혜의 두 가지 행을 일으키니, 이 두 가지 행에서 얻어지는 과보를 정토淨土와 법락法樂이라 한다. 이 두 가지 과보를 잘 수용하기 때문에 수용신受用身[122]이라고 한다.[123]

이러한 경전들의 글을 근거로 하면, 두 가지 행으로 감응하여 얻게 되

---

120 『佛說大般泥洹經』(T12, 859b). 그러나 원효는 실제로 이 글을 혜원의 『대승의장』(T44, 815a)에서 직접 인용한 것으로 보인다. "妙色湛默常安穩。不隨時節劫數遷。大聖曠劫行慈悲。獲得金剛不壞身。"
121 『大薩遮尼乾子所說經』(T9, 359b).
122 수용신受用身 : ⑤ sāṃbhogikaḥ-kāyaḥ. 깨달음의 결과, 법을 향수하며 또 다른 사람들로 하여금 향수하게 하는 이. 부처님의 신체의 하나로 보신이라고도 한다. 수용신에는 자수용신自受用身과 타수용신他受用身의 두 가지가 있다. ① 자수용신은 다른 보살이 보고 들을 수 없는 불신으로서 자기가 얻은 법락을 자기 자신만이 즐길 수 있는 불신. 스스로 혼자서 법락을 즐기는 불신. ② 타수용신은 십지 이상의 보살들은 볼 수 있으며 또는 자기가 받은 법락을 다른 보살들에게도 돌려주는 불신.
123 『攝大乘論釋』(T31, 249c).

는 진실한 과보에는 자수용신自受用身과 자수용정토自受用淨土가 있다는 것을 알아야 한다. 그런데 다른 곳에서 법신은 색상이 없다고 말하는 것은 자성신을 들어서 색상이 없다고 말하는 것이다. 이 세 불신문(三身門)에서 말하는 법신의 뜻은 이제 삼사문三事門에서 말하는 법신을 모두 취하여야만 비로소 온갖 공덕을 가지고 체로 삼게 된다. 그러므로 법신은 색상이 있다고 말씀하신다.

或有說者。法身實德。有無障礙色。雖無質礙之義說色。而以方所。示現說色。雖離分別所作麁色。而有萬行所惑。[1] 而得妙色。如說雖無分別識。而得有於無分別識。如是雖無障礙之色。而亦得有無障礙色。如此經言。捨無常色。獲得常色。受想行識。亦復如是。然色陰之色。通有十入。對眼之色。唯是一入故。彼不能會通此文。又小泥洹中。俱陀歎佛言。妙色湛然。體常安隱。[2] 不爲時節劫所還。大聖廣劫行慈悲。獲得金剛不壞身。薩遮尼犍子經言。瞿曇法身妙色。常湛然體。如是法性身。衆生等無差別。攝大乘[3]云。爲顯異人功德。故立自性身。依止自性身。起福德智惠[4]二行。二行所得之果。謂淨土及法樂。能受用二果。故名受用身。依此等文。當知二行所感實報。有自受用身。及自受用淨土。而餘處說法身無色者。約自性身。說爲無色。是三身門之法身義。令[5]三事門。所說法身。總取始有萬德爲體。是故說爲法身有色。

1) ㉠ '惑'은 문맥에 따르면 '感'이 되어야 한다. 2) ㉠ '隱'은 문맥에 따르면 '穩'이 되어야 한다. 3) ㉠ '乘' 다음에 '論'을 넣어야 한다. 4) ㉠ '惠'는 문맥에 따르면 '慧'가 되어야 한다. 5) ㉠ '令'은 문맥에 따르면 '今'이 되어야 한다.

다. 회통

㉘ 두 스승이 말한 것 가운데에서 어느 것이 옳고 어느 것이 그른가?

답 어떤 스승은, 결코 한쪽만을 취하면 두 학설이 다 틀리지만, 만일 진실로 집착하지 않으면 두 학설이 모두 맞는다고 한다. 무슨 뜻인가? 부처님의 경지에서 볼 수 있는 온갖 공덕에는 대략 두 가지 부문이 있다. 만일 상相을 버리고 일심으로 돌아오는 부문에서 보면, 모든 덕상德相은 법계와 동일하므로 오직 제일의신第一義身에는 색상의 차별된 경계가 있는 것이 아니라고 말씀하신다. 그러나 만일 성性을 따라 온갖 공덕을 이루는 부문에서 보면, 몸과 마음(色心)이 공덕을 갖추지 않은 것이 없으므로 한량없는 상相·호好가 장엄하다고 말씀하신다. 비록 두 가지 부문이 있다고 하더라도 서로 다른 모습은 없다. 그러므로 위의 모든 학설이 다 걸림이 없으며, 이와 같이 걸림이 없는 법문을 나타내기 위한 것이다. 『대반열반경』「금강신품」제5에서 자세하게 말씀하신다.

여래의 몸은 몸이 아니면서 몸이며, 식이 아니면서 식이다. 마음을 여의었으면서 또한 마음을 여읜 것이 아니다. 처소가 아니면서 또한 처소이다. 집이 아니면서 또한 집이다. 상像도 아니며 상相도 아니면서 모든 상相을 장엄한다. ……[124]

여래가 비장秘藏한 법문法門은 유를 말씀하시고 무를 말씀하시는 것에 모두 도리가 있다는 것을 알아야 한다.
삼사三事를 증명하는 부문에 대한 논술을 모두 마친다.

問。二師所報。[1] 何失何得。答。或有說者。定取一邊。二說皆失。若非實報。[2] 二義俱得。是義云何。佛他萬德。略有二門。若就捨相歸一心門。一切德相。同法界故。說唯是第一義身。無有色相差別境界。若依從性成萬德門。色心

---

[124] 『大般涅槃經』(T12, 622c).

功德。無所不備。故說無量相好莊嚴。雖有二門。而無異相。是故諸說皆無障礙。爲顯如是無礙法門。金剛身品。廣說之言。如來之身。非身是身。無識是識。離心亦不離心。無處亦處。無宅亦宅。非像非相。諸相莊嚴。乃至說廣。[3] 當知如來祕藏法門。說有說無。皆有道理。三身[4]門竟。

1) ㉠ '報'는 문맥에 따르면 '說'이 되어야 한다. 2) ㉠ '報'는 문맥에 따르면 '執'이 되어야 한다. 3) ㉠ '說廣'은 문맥에 따르면 '廣說'이 되어야 한다. 4) ㉑ '身'은 '事'인 듯하다. ㉠ 분류 목록의 이름에 따르면 '事'가 되어야 한다.

(6) 네 가지 공덕을 해석함

여섯째, 네 가지 덕(常·樂·我·淨)을 분석적으로 논구하는 부문에 네 가지가 있다.
첫째는 (네 가지 덕의) 모습을 나타내는 부문이고, 둘째는 의의를 건립하는 부문이고, 셋째는 차별을 해석하는 부문이고, 넷째는 화쟁和諍을 해석하는 부문이다.

第六四德分別。略有四門。一顯相門。二立意門。三差別門。四和諍門。

① 모습을 나타냄

(네 가지 덕의) 모습을 나타내는 부문이란, 법신이 곧 네 가지 덕을 갖추고 있는 것을 말씀하신다. 이 네 가지 덕의 뜻에는 공통되는 점과 구별되는 점이 있다.

顯相門者。問說法身卽備四德。四德之義。有通有別。

가. 총체적으로 통·별을 설명함

구별되는 점에서 말하면 상常(Ⓢ nitya)은 법신의 뜻이니, 저 색신은 무상하다는 것에 대대하기 때문이다. 낙樂(Ⓢ sukha)은 열반의 뜻이니, 저 생사가 고해라는 것에 대대하기 때문이다. 아我(Ⓢ ātman)는 붓다라는 뜻이니, 중생들이 자유자재하지 못한 것에 대대하기 때문이다. 정淨(Ⓢ śubha)은 법이라는 뜻이니, 비법非法은 더럽고 혼탁하다는 것에 대대하기 때문이다. 『대반열반경』「애탄품」 제3에서 말씀하시는 것과 같다.

> 아我는 곧 부처님이라는 뜻이며, 상常은 곧 법신이라는 뜻이고, 낙樂은 곧 열반이라는 뜻이며, 정淨은 곧 법이라는 뜻이다.[125]

이는 한 측면에 의거하여 이와 같이 배당하였지만 실제로 공통적인 점을 논하면 네 가지 덕이 서로 해당하지 않는 데가 없다. 마치 앞에서 삼사를 총·별로 나누어서 논술한 것과 같이, 네 가지 덕이 바로 법신의 뜻이라고 말할 수 있고, 또한 이 네 가지 덕이 열반의 뜻이라고 할 수도 있다. 나머지의 다른 것(지혜·해탈)도 모두 이와 같다. 이 『대반열반경』「광명변조고귀덕왕보살품」 제22에서 다음과 같이 말씀하시는 것과 같다.

> 부처님의 마음자리를 봄으로써 열반을 얻었으니 상·낙·아·정을 대열반이라 한다.[126]

別而言之。常是法身之義。對彼完[1)]身是無常故。樂是涅槃之義。對彼生死

---

125 『大般涅槃經』(T12, 617a).
126 『大般涅槃經』(T12, 758c).

是苦海故。我是佛義。以對衆生不自故。淨是法義。以對非法是染濁故。如
哀歎品云。我者卽是佛義。常者是法身義。樂者是涅槃義。淨者是法身義。
樂者是涅槃義。[2)] 淨者是法義。且約一邊。如是配當。就實通論。無所不當。
如前三事總別門。說是卽四德是法身義。又此四德是涅槃義。望餘諸皆亦
如是。如德王品云。以見佛性。而得涅槃。常樂我淨。名大涅槃。

1) ㉤ '完'은 교감이 필요하다. ㉠ 문맥에 따르면 '色'이 되어야 한다.   2) ㉠ '淨者是
法身義。樂者是涅槃義。'는 『大般涅槃經』에 따르면 삭제해야 한다.

나. 나누어서 설명함

총체적인 설명은 비록 그렇지만 이 가운데에서 나누어서 설명해 보면
네 가지 덕의 모습에는 각각 두 가지 뜻이 있다.

總說雖然。於中分別者。四德之相。各有二義。

가) 상덕常德의 두 가지 뜻

상덕常德의 두 가지 뜻이란, 여래는 둘도 없는 성품을 통달하였다는 것
이다. 그래서 유위의 생사를 버리지 않으니 생사와 열반이 다르다고 보지
않기 때문이며, 무위의 열반도 취하지 않으니 열반과 생사가 다르다고 보
지 않기 때문이다. 이러한 두 가지 뜻에 의지하여 단견斷見과 상견常見을
여읜 것이 곧 법신의 상덕이다. 『구경일승보성론究竟一乘寶性論』[127]에서 논

---

127 『구경일승보성론究竟一乘寶性論』: 인도의 대승불교를 논설하는 가운데에서 여래장
如來藏 사상을 조직적으로 설명하고 있는 대표적인 논서이다. 이 책은 일곱 가지의
금강구金剛句로서, 불·법·승의 삼보, 여래성如來性·보리菩提·불공덕佛功德·불업
佛業을 설명하고 있다. 이 중 보리·불공덕·불업 등은 여래성을 나타내는 것으로, 여
래성은 부처님의 마음자리 곧 붓다로서의 성질이며, 그것이 원인이 되어 삼보가 있게

술한다.

　이 두 가지 법에 의지하여 여래의 법신에는 상바라밀常波羅蜜이 있다는 것을 알아야 한다. 두 가지란 무엇인가? 첫째는 모든 유위의 행을 없애지 않는 것이니, 단견의 치우침에서 벗어났기 때문이다. 둘째는 무위의 열반을 취하지 않는 것이니, 상견의 치우침에서 벗어났기 때문이다. 이러한 뜻을 가지므로, 『성자승만경聖者勝鬘經』 가운데에서 말씀하신다. "세존이시여, 모든 행이 무상하다고 보는 것은 단견이며 정견이 아니고, 열반이 상주라고 보는 것은 상견이며 정견이 아니오이다.[128~129]

常德二義者。如來通達無二之性。不捨有爲生死。以不見生死異涅槃故。不取無爲涅槃。以不見涅槃異生死故。依是二義離斷常。乃法身常德義也。寶性論云。依二種法。如來法身有常波羅蜜。應知何等爲二。一者不滅一切諸有爲行。以離斷見邊故。二者不取無爲涅槃。離常見邊故。以是義故。聖者勝鬘經說言。世尊。見諸行無常。是斷見非正見。見涅槃常住。是常見非正見故。

나) 낙덕樂德의 두 가지 뜻

되므로 보성寶性이라고 한다. 이 여래성如來性이 번뇌에 싸여 있을 때를 가리켜 여래장이라고 한다. 또한 이 여래성이 더러움을 떠난 청정해진 상태를 보리라고 하며, 이것을 법신의 완전한 나타남이라는 의미에서 전의라 한다. 그리고 이 전의에 의하여 부처님의 덕성德性과 자비慈悲가 나타나는 것이라고 한다. 이 논서의 저술 목적은 반야경의 공설空說을 비판하고 불성의 실재를 밝히려는 것으로서 유식설唯識說과 관련하여 인도의 여래장 사상의 발전을 연구하는 데 좋은 자료이다.

128　『勝鬘師子吼一乘大方便方廣經』(T12, 222a).
129　『究竟一乘寶性論』(T31, 830c).

낙덕樂德의 두 가지 뜻이란, 모든 의생신意生身[130]이 지닌 고뇌를 벗어나며 그리고 모든 번뇌·습기를 소멸하는 것을 말씀하신다. 의생신이 지닌 고뇌를 벗어난다는 것은 적정寂靜의 낙을 나타내는 것이며, 번뇌·습기를 소멸한다는 것은 각지覺智의 낙덕을 나타내는 것이다.『구경일승보성론』에서 논술하고 있는 것과 같다.

두 가지의 법에 의지하여 여래의 법신에는 낙바라밀樂波羅蜜(Ⓢ sukha-pāramitā)이 있다는 것을 알아야 한다. 두 가지란 무엇인가? 하나는 모든 고에서 벗어나 모든 의생신을 소멸하기 때문이며, 또 하나는 모든 번뇌·습기에서 벗어나 모든 법을 증득하기 때문이다.[131]

樂德二義者。謂離一切意生身苦。及滅一切煩惱習氣。離意生身苦。顯寂靜樂。滅煩惱習氣。顯覺知樂。如論說云。依二種法。如來法身有樂波羅蜜。何等爲二。一者遠離一切苦。以滅一切意生身故。二者遠離一切煩惱習氣。[1] 證一切法故。

---

1) ㉯ '習氣' 다음에는『究竟一乘寶性論』에 따르면 '以'를 넣어야 한다.

다) 아덕我德의 두 가지 뜻

아덕我德의 두 가지 뜻이란, 아견의 치우침에서 벗어나며 그리고 무아

---

130 의생신意生身 : Ⓢ mano-maya-kāya. 의성신意成身. 마음만 있는 신체. 의지에 의하여 생겨난 신체. 마음에 의하여 만들어진 신체. 성인들의 몸은 오온에 의하여 이루어진 것이 아니라 다만 의온만으로 구성되었다고 한다. 정精·혈血 등의 연을 빌리지 않고 다만 마음에 의하여 생겨난 신체. 초지 이상의 보살은 중생을 제도하기 위하여 마음대로 수생受生하는 신체가 있다고 한다. 죽은 뒤에 생명을 받기 전까지의 중유신을 말하기도 한다.
131 『究竟一乘寶性論』(T31, 830c).

견의 치우침에서도 벗어나는 것을 말씀하신다. 아我도 아니고 무아도 아닐 때 드디어 대아大我를 얻기 때문이다.『구경일승보성론』에서 논술하고 있는 것과 같다.

두 가지 법에 의지하여 여래의 법신에는 아바라밀我波羅蜜(Ⓢ ātman-pāramitā)이 있다는 것을 알아야 한다. 두 가지 법이란 무엇인가? 하나는 모든 외도들의 변견에서 멀리 벗어나 허망한 나에 집착하는 희론에서 벗어나기 때문이며, 또 하나는 모든 성문들의 변견에서 벗어나 무아에 집착하는 희론에서 벗어나기 때문이다.[132]

이러한 뜻을 가지므로『입릉가경』가운데에서 말씀하신다.

모든 외도가 지닌 변견을 벗어나 아가 없다는 사견邪見을 불태워 버린다. 아견으로 하여금 활활 타게 하여 겁이 다할 때에 타 없어지게 하는 것과 같다.[133]

我德二義是[1] 謂離我見邊及無我見邊。非我非無我。乃得大我故。如論說云。依二種法。[2] 身有我波羅蜜。何等爲二。一者遠離諸外道邊。[3] 離虛妄我戲論故。二者遠離諸聲聞邊。以離無我戲論故。以是義故。楞伽經云。離諸外道邊。禁[4]燒無我見。令我見熾燃。如劫盡火燃。

1) ㉠ '是'는 문맥에 따르면 '者'가 되어야 한다. 2) ㉠ '法' 다음에는『究竟一乘寶性論』에 따르면 '如來法'을 넣어야 한다. 3) ㉠ '邊' 다음에는『究竟一乘寶性論』에 따르면 '以'를 넣어야 한다. 4) ㉠ '禁'은『入楞伽經』에 따르면 '焚'이 되어야 한다.

---

132 『究竟一乘寶性論』(T31, 830c).
133 『入楞伽經』(T16, 583b).

라) 정덕淨德의 두 가지 뜻

정덕淨德의 두 가지 뜻이란, 분별하는 성품을 통달하여 의타하는 성품을 없애는 것을 말씀하신다. 분별하는 성품을 통달하여 자성의 청정함을 나타내며, 의타하는 성품을 소멸하여 방편의 청정함을 나타내는 것이다. 『구경일승보성론』에서 논술하고 있는 것과 같다.

두 가지 법에 의지하여 여래의 법신에는 정바라밀淨波羅蜜(S subha-pāramitā)이 있다. 두 가지 법이란 무엇인가? 하나는 본래 자성이 청정하여 모습이 같기 때문이며, 또 하나는 더러운 때를 벗어 청정하여 모습이 수승하기 때문이다.[134]

淨德二義者。[1] 通達分別性。除滅依他性故。通達分別。[2] 顯自性淨。滅依他性。顯方便淨。如論言。依二種法。如來法身有淨波羅蜜。何等爲二。一者本來自性淸淨。以同相故。二者離垢淸淨。以勝相故。

1) ㉠ '者' 다음에는 문맥에 따르면 '謂'를 넣어야 한다. 2) ㉠ '分別' 다음에는 문맥에 따르면 '性'을 넣어야 한다.

마) 문답

⟦문⟧ 왜 상덕常德과 아덕我德에서는 두 가지 변견을 대치하여 하나를 나타내고, 낙덕樂德과 정덕淨德에서는 하나의 변견을 버리고 둘을 말하는가?

⟦답⟧ 하나는 현략문顯略門이며 또 다른 하나는 영론문影論門인데 그것은 논문을 지은이의 선교방편에 따른 진술이기 때문이다.

---

134 『究竟一乘寶性論』(T31, 830c).

問。何故常與我。對二邊顯一。而於樂淨德。遣一邊說二。答。是顯略門。及影論門。其作論者。以巧便術也。

② 의의를 건립함

둘째, (네 가지 덕을) 세우는 뜻을 증명하려고 한다.

(問) 열반은 온갖 공덕이 벌써 원만하게 갖추어져 있는데 왜 홀로 네 가지 덕을 세우는가?

(答) 네 가지 덕을 세우는 까닭에는 대략 네 가지 뜻이 있다. 그 첫째는 네 가지 장애를 제거하기 때문이고, 둘째는 네 가지 환난을 뒤엎기 때문이고, 셋째는 네 가지 전도를 대치하기 때문이고, 넷째는 네 가지 상에서 벗어나기 때문이다.

第二明其立四意者。萬德既圓。何獨立四。立四之由。略有四義。除四障故。翻四患故。對四倒故。離四於[1]故。

---
1) ㉺ '於'는 문맥에 따르면 '相'이 되어야 한다.

가. 네 가지 장애를 제거함

"네 가지 장애를 제거한다."라고 하는 것은, 범부와 성인 등 네 부류의 사람들에게 각각 한 가지씩의 장애가 있기 때문이다. 첫째, 일천제一闡提는 부처님의 가르침을 비방하여 정덕淨德을 가로막고 생사를 탐착하여 그것을 정법淨法으로 삼기 때문이다. 둘째, 외도는 아를 집착하여 아덕我德을 가로막고 진아를 알지 못하여 허망한 나를 집착하기 때문이다. 셋째, 성문은 고뇌를 두려워하여 낙덕樂德을 가로막고 그것이 고뇌라는 것을 알지 못하여 도리어 큰 즐거움(大樂)으로 삼기 때문이다. 넷째, 연각은 마음을 버려 상덕常德을 가로막고 상덕의 이익을 버려서 단멸을 취하기 때문이다.

이러한 네 가지 장애를 없애기 위하여 보살은 네 가지 수승한 인행을 닦는다. 그것은 말하자면 신심信心·반야般若·삼매三昧·대비大悲를 가리키는데, 이들을 차례로 닦아 정·아·낙·상을 증득하게 된다. 『구경일승보성론』의 게송에서 읊는 것과 같다.

네 가지 장애가 있느니라.
부처님의 가르침을 비방하는 것,
아我에 집착하는 것,
세간의 고를 두려워하는 것,
모든 중생을 버리는 것이다.

일천제·외도,
성문·연각들아,
신심 등 네 가지 법이야말로
청정한 원인임을 알아야 한다.[135]

除四障者。凡聖四人。各有一障。一者闡提謗法。障於淨德。貪生死。爲淨法故。二者外道著我。障於我德。不了眞我。執虛妄[1])故。三者聲聞畏苦。障於樂德。不知彼苦。卽是大樂故。四者緣覺捨心。障於常德。捨於常利。而取斷滅故。爲除如是四種障故。菩薩修習四種勝因。所謂信心般若三昧大悲。次第得證淨我樂常。如寶性論偈云。有四種障礙。謗法及著我。怖畏世間苦。捨離諸衆生。闡提及外道。聲聞及緣覺。信等四種法。淸淨因應知。

---

[135] 『究竟一乘寶性論』(T31, 828c).

1) ㊀ '妄' 다음에 문맥에 따르면 '我'를 넣어야 한다.

나. 네 가지 환난을 뒤엎음

"네 가지 환난患難을 뒤엎는다."라고 하는 것은, 분단생사分段生死[136]에는 네 가지 환난이 있기 때문이다. 그것은 말하자면 '무상·고·무아·부정'을 가리킨다. 이러한 네 가지 환난을 뒤엎기 위하여 열반에 네 가지 덕을 건립하는 것이다. 이 뜻은 알 수 있기 때문에 헛되이 경에 있는 글을 인용하지 않는다. 그런데 왜 사성제문에서는 공과 무아를 내세우는데, 이 가운데에서는 공을 폐지하고 대신 부정不淨을 내세우는가? 사성제의 도리는 정관의 경계이기 때문에 이理를 더욱 수승하게 여기므로 공을 내세운다. 그러나 이 네 가지 환난의 문은 염처念處[137]의 경계이기 때문에 네 가지 전도를 대치하므로 부정을 내세운다.

翻四患者。分段生死。有四種患。謂無常苦無我不淨。爲翻如是四種患法故。於涅槃建立四德。此義可見。不勞引文。然何故四[1)]門。開空無我。此中廢空。立不淨者。四諦道理。是正觀境。以理爲勝。所以開空。今四患門。是念處境。爲對四倒故。立不淨也。

1) ㊀ '四' 다음에 문맥에 따르면 '諦'를 넣어야 한다.

---

136 분단생사分段生死 : 유위생사有爲生死. 미혹한 세계에서 방황하는 범부가 받는 생사. 한정된 수명·신체가 주어져서 윤회하는 것. 수명의 장단이나 육체의 대소 등의 일정한 한계를 가지고 있는 분단신을 받아서 윤회하는 것. 견혹·사혹을 지니고 있는 범부의 생사.
137 염처念處 : [S] smṛty-upasthāna. 염주念住. 마음을 고요하게 하여 관상하는 것. 염은 관조하는 지혜와 함께 일어나는 염의 심소이며, 처는 관조하는 대상의 경계이므로, 이는 곧 신身·수受·심心·법법의 네 가지 대상을 향하여 부정不淨·고苦·무상無常·무아無我로 관하는 지혜를 일으킬 때에 염으로 하여금 그 경계에 머물게 하기 때문에 염처라고 한다.

다. 네 가지 전도를 대치함

"네 가지 전도를 대치한다."라고 하는 것은, 성문의 네 가지 전도가 없는 행이 비록 범부의 세계에서 일어나는 유위의 네 가지 전도를 대치한다고 하더라도, 법신이 지닌 무위의 네 가지 덕을 뒤엎으려고 하기 때문이다. 그것은 다섯 가지 구성 요소(五蘊)가 바로 법신인 것을 알지 못하기 때문이다. 이러한 무위에 대한 네 가지 전도를 대치하려고 법신의 네 가지 덕을 건립하는 것이다. 『구경일승보성론』에서 논술하고 있는 것과 같다.

이와 같이 네 가지 전도를 대치하지만, 여래의 법신에 의지하면 다시 이것도 전도되었다는 것을 알아야 한다. 게송에서 "법신에 대해 전도 되었기 때문에"라고 하였으니, 이러한 전도를 대치하려고 네 가지 여래 법신의 공덕이 있다고 설하였다.[138]

對四倒者。謂聲聞四無倒行。雖對治凡夫。有爲四倒。而翻法身。無爲四德。以不了五陰。卽是法身故。爲對治此無爲四倒。是故建立法身四德。如寶性論云。如是四種顚倒對治。若依如來法身。復是顚倒應知。偈言。於法身中倒故。對治此例[1)]說有。四種如來法身功德。乃至廣說。

1) ㉠ '例'는 『究竟一乘寶性論』에 따르면 '倒'가 되어야 한다.

라. 네 가지 상에서 벗어남

"네 가지 상相에서 벗어난다."라고 하는 것은, 변역생사變易生死[139]에는

---

138 『究竟一乘寶性論』(T31, 829b).
139 변역생사變易生死 : ① 미혹한 세계를 벗어나서 윤회를 초월하여 성자가 받는 생사. 욕·색·무색계의 삼계를 초월한 모든 성인의 생사. ② 변역신을 받는 생사, 변역신을

네 가지 상이 있는데, 연상緣相에서부터 괴상壞相에 이르기까지 네 가지를 말씀하신다. 이러한 네 가지 상을 벗어나기 위하여 네 가지 덕을 건립한다. 왜냐하면 연상의 상태인 무명의 염법染法에서 벗어나려고 정덕淨德을 세우고, 인상因相의 상태인 업의 얽매임에서 벗어나려고 아덕我德을 세우며, 생상生相의 상태인 미세한 고에서 벗어나려고 낙덕樂德을 세우고, 괴상의 상태인 무상의 소멸을 벗어나려고 상덕常德을 세우는 것이다. 『구경일승보성론』에서 논술하고 있는 것과 같다.

이 네 가지 바라밀 등은 무루계 가운데에 안주하는 성문·벽지불, 그리고 큰 힘을 얻은 자재한 보살조차 여래의 공덕·법신인 제일바라밀第一波羅蜜(Ⓢ parama-pāramitā)을 증득하려는 데에 네 가지 장애가 있다. 첫째는 연상緣相(Ⓢ pratyaya-lakṣaṇa)이며, 둘째는 인상因相(Ⓢ hetu-lakṣaṇa)이고, 셋째는 생상生相(Ⓢ saṃbhava-lakṣaṇa)이며, 넷째는 괴상壞相(Ⓢ vibhava-lakṣaṇa)이다. 연상이라는 것은 무명주지를 말하며, 바로 이 무명주지는 행行 때문에 연이 된다. 무명이 행을 연하는 것처럼 무명주지도 또한 이와 같이 연하기 때문이다. 인상이라는 것은, 무명주지가 연하는 행을 말하며, 바로 이 무명주지가 연하는 행을 인으로 삼는다. 행이 식을 연하는 것처럼 무루업도 또한 이와 같이 연하기 때문이다. 생상이라는 것은, 무명주지가 연이 되고 무루업이 인이 되어서 세 가지 의생신(성문·벽지불·대력 보살)을 낳는 것을 말씀하신다. 네 가지의 취(欲·見·戒禁·我語)가 연이 되고 유루업이 인이 되어서 삼계를 낳는 것처럼 세 가지 의생신도 또한 이와 같이 생겨나기 때문이다. 괴상이라는 것은, 세 가지 의생신이 연이 되어 불가사의한 변역생사가 있는 것을 말씀하신다. 생이 연이 되므로 노사가 있는 것과 같다. ……[140]

받는 신체의 상태라는 의미. 두 가지 생사 가운데의 하나로 보살이 받는 생사.
140 『究竟一乘寶性論』(T31, 830a).

離四相者。變易生死。有四種相。所謂緣相。乃至壞相。離此四相故。建立四德。何者以離[1]相無明染故。立於淨德。以離因相業所繫故。立於我德。離於生相微細苦故。立其樂德。離於壞相無常滅故。立其常德。如論說言。住無漏界中。聲聞辟支佛。得大力自在菩薩。爲證如來功德法身。有四種障。何等爲四。一者緣相。二者因相。三者生相。四者壞相。緣相者。謂無明住地。與行作緣。如無明緣行。無明倒[2]地。緣亦如是故。因相者。謂無明住地緣行。此以爲因。如行緣識。無漏業。緣亦如是故。生相者。謂無明住地緣。無漏業因。生三種意生身。亦如是故。壞相者。謂三種意生身緣。不可思議變易生死。如依生緣故。有老死。此亦如是故。乃至廣說。

1) 㘞 '離' 다음에 문맥에 따르면 '緣'을 넣어야 한다.　2) 㘞 '倒'는 문맥에 따르면 '住'가 되어야 한다.

마. 문답

문 모든 성문이 네 가지 전도를 일으키는 것은 정관正觀에 들어 있을 때인가 그렇지 않으면 정관에서 나왔을 때인가?

답 정관에 들어 있을 때에는 바로 인공人空을 증득하여 모든 이름과 말의 분별을 벗어나기 때문에, 그때에는 네 가지 전도가 일어나지 않지만, 정관에서 나온 뒤에는 네 가지 전도가 일어난다. 네 가지 전도의 상에는 총체적으로 일으키는 상이 있고 개별적으로 일으키는 상이 있다. 개별적으로 일으키는 상이란, 그들은 보리수菩提樹 아래에서 성도한 몸을 실제로는 혹업惑業에서 얻은 과보라고 생각하기 때문에, 무상·고·무아 등이라 여기므로, 이 화신이 곧 진신임을 알지 못한다. 그래서 이것이 바로 법신의 네 가지 덕을 전도시키는 것이다. 총체적으로 일으키는 상이란, 통틀어 오온을 고·무상 등으로 보지만, 오온이 곧 법신임을 알지 못한다. 그래서 이것이 바로 법신의 네 가지 덕을 전도시키는 것이다.

네 가지 덕을 건립하는 뜻을 증명하려는 부문을 마친다.

問. 諸聲聞起四顚倒. 爲在正觀時. 爲在出觀時. 答. 正入觀時. 正證人空. 遠離一切名言分別故. 於彼時. 不其四倒.[1] 觀後. 起此四倒. 四倒之相. 有總有別. 別起相者. 彼計樹下成道之身. 實是惑業所感之報故. 謂無常苦無我等. 不了是化卽眞. 是卽倒於法身四德. 總起相者. 總觀五陰苦無常等. 不達五陰卽是法身. 是卽倒於法身四德. 建立門竟.

---
1) ㉥ '倒' 다음에 문맥에 따르면 '出'을 넣어야 한다.

③ 차별을 해석함

셋째, (네 가지 덕의) 차별을 논술하는 부문이라는 것은, 네 가지 덕의 차별되는 점에는 여러 가지가 있지만, 여기서는 한 문(一門)에 의지하여 간추려서 두 가지 덕(二德)과 네 가지 덕(四德)으로 나타내려고 한다. 말하자면 상常·아我에서 각각 두 가지를 말하며, 낙樂·정淨 가운데에서 각각 네 가지의 차별을 전개하려고 한다.

次第三明差別門者. 四德差別. 乃有衆多. 且依一.[1] 略顯二四. 謂於常我. 各說二種. 樂淨之中. 各開四別.

---
1) ㉥ '一' 다음에 문맥에 따르면 '門'을 넣어야 한다.

가. 상常

두 가지 상常이란, 법의 상주와 부처님의 상주이다. 법의 상주라는 뜻은, 생겨나는 것도 아니고 소멸하는 것도 아니므로, 이것은 상주하는 법신이라는 뜻이다. 부처님의 상주라는 뜻은, 늙는 것도 아니고 죽는 것도 아니므로, 이것은 상주하는 수명이라는 뜻이다. 이 『대반열반경』 아래의 글에서 말씀하시는 것과 같다.

여래의 장수는 모든 장수 가운데서 최상最上·최승最勝이다. 그리고 여래가 얻은 상주하는 법法은 모든 법 가운데에서 첫째이다.[141]

여기서 말하는 상주하는 법은 바로 법신의 법이며, 장수는 보신의 수명을 말하는 것이다. 또한 법이 상주하기 때문에 모든 부처님도 상주한다. 법은 바로 법신불이며, 부처님은 보신불이고, 또 모든 부처님은 화신불이다. 이러한 뜻에 의지하므로, 진제가 번역한 『섭대승론석』에서 논술한다.

법신은 응신·화신의 두 불신의 근본根本으로, 근본은 본디 상주한다. 지말枝末은 근본에 의지하면서 상속하여 늘 존재한다. 그러므로 지말도 또한 상주한다. …… 늘 안락을 받는 것과 같고 늘 먹을 것을 베풀어 주는 것과 같다.[142]

보신·화신의 두 불신이 상주하는 것도 이와 같음을 알아야 한다.

二種常者。法常佛常。法常義者。無生無滅。是常身義。佛常義者。不老不死。是常壽義。如下文言。如來長壽。於諸壽中。最上最勝。所得常法。於諸法中。最爲第一。此言常法。卽是法法。[1)] 言長壽者。是報身壽。又言。以法常故。諸佛亦常。法卽法身。佛是報佛。又諸佛者。亦是化佛。依是義故。攝大乘[2)]說。法身爲二身本。本覺常住。末[3)]來依於本。相續恒在。如恒受樂。

---

141 『大般涅槃經』(T12, 621b).
142 『攝大乘論釋』(T31, 269b).

如恒施食。二身常住。應如是知。

1) ㉠ '法'은 문맥에 따르면 '身'이 되어야 한다. 2) ㉠ '乘' 다음에 '論'을 넣어야 한다.
3) ㉠ '末'는 『攝大乘論釋』에 따르면 '未'이 되어야 한다.

『구경일승보성론』[143] 가운데에서 일곱 가지 인연에 의지하여 상주하는 수명의 뜻을 이루고, 또한 세 가지 비유로써 상주하는 불신佛身을 나타낸다. 먼저 일곱 가지 인연이란 다음과 같다.

첫째, 인연은 끝이 없으므로 상주하는 수명을 얻는다. 말하자면 한량

---

[143] 원효는 『究竟一乘寶性論』(T31, 843b)으로부터는 게송만을 인용하고, 산문은 『佛性論』(T31, 811a)으로부터 인용하고 있다. 읽는 사람으로 하여금 혼란을 일으키지 않도록 『佛性論』으로부터 인용한 산문과 『究竟一乘寶性論』으로부터 인용한 게송의 하나하나에 각주를 달아 근거를 밝힌다. 그리고 『佛性論』(T31, 811a)과 『究竟一乘寶性論』(T31, 843b)의 원문을 함께 실어 연구자에게 도움을 주려고 한다. 『佛性論』(T31, 811a), "依十種因緣。十者。一因緣無邊。二衆生界無邊。三大悲無邊。四如意足無邊。五無分別智無邊。六恒在禪定無散。七安樂淸涼。八行於世間八法不染。九甘露寂靜遠離死魔。十本性法然無生無滅。一因緣無邊故者。無量劫來。捨身命財。爲攝正法。正法旣無邊際無窮無盡。還以無窮之人感無窮果。果卽三身。故得是常。二衆生無邊故者。初發心時。結四弘誓。起十無盡大願。若衆生不可盡。我願無盡。衆生若盡。我願乃盡。衆生旣其無盡。是故化身常在世間。敎導衆生無有窮盡。三大悲無邊故者。若諸菩薩分有大悲。尙能恒救衆生。心無齊限。久住生死。不入涅槃。何況如來。衆德圓滿。常在大悲。救拔恒恩。豈有邊際。是故言常。四四如意無邊故者。世間有得四神足者。尙能住壽四十小劫。何況如來爲大神足師而當不能住壽自在億百千劫廣化衆生。是故名常。五無分別慧無邊故者。遠離生死涅槃二執。一向與第一義諦相應。不動不出故知是常。六恒在禪定故者。世間有人得禪定者。尙能不爲水火爐溺刀箭所傷。何況如來。常在禪定。而應可壞。是故名常。七安樂淸涼故常者。安樂卽是金剛心。能除無明住地最後念無常苦。以無苦故。故名安樂。佛果顯成。故名淸涼。是解脫道。故名爲常。八行於世間八法不染故常者。佛身雖復在於道前。生死相應而不爲彼煩惱所染無妄想緣。故是常住。九甘露寂靜遠離死魔故常者。甘露令人長仙不死。金剛之心。能除無明最後念惑故。得佛果常樂。常樂故寂靜。寂靜故遠離死魔。離死魔故是常住法。十性無生滅故是常者。法身非本無今有。本有今無。雖行三世。非三世法。何以故。此是本有。非始今有。過三世法。是故名常。"; 『究竟一乘寶性論』(T31, 843b), "棄捨身命財。攝取諸佛法。爲利益衆生。究竟滿本願。得淸淨佛身。起大慈悲心。修行四如意。依彼力住世。以成就妙智。離有涅槃心。常得心三昧。成就樂相應。常在於世間。不爲世法染。得淨甘露處。故離一切魔。諸佛本不生。本來寂靜故。以常可歸依。故言歸依我。初七種譬喩。如來色身常。後三種譬喩。善逝法身常。"

없는 겁으로부터 신身·명命·재財를 희사하여 정법을 섭취한다. 정법은 본디 다함이 없고 끝이 없으며, 벌써 다함이 없는 인을 닦았으므로 끝이 없는 과보를 얻는다.¹⁴⁴

그리고 게송으로 읊는다.

> 신身·명命·재財 버려,
> 모든 부처님의 법을 섭취하노라.¹⁴⁵

둘째, 중생은 끝이 없으므로 상주를 얻는다. 말하자면 처음으로 발심을 하였을 때에 네 가지 서원을 맺어 중생이 모두 제도되면 나의 서원이 끝날 것이다. 그런데 중생이 끝이 없기 때문에 나의 서원도 또한 끝이 없다. 이러한 본원本願을 완전하게 원만성취해야 하기 때문에 미래제가 다하도록 상주하여 다함이 없다.¹⁴⁶

그리고 게송으로 읊는다.

> 중생을 이롭게 하기 위하여,
> 본원을 완전하게 원만성취해야 하느니라.¹⁴⁷

셋째, 대비가 원만하므로 상주를 얻는다. 모든 보살은 소분으로 대비를 가지고도 오히려 생사에 오래 머물면서 열반에 들어가지 않는다. 하

---

144 『佛性論』(T31, 811a).
145 『究竟一乘寶性論』(T31, 843b).
146 『佛性論』(T31, 811a).
147 『究竟一乘寶性論』(T31, 843b).

물며 여래는 순수하게 청정한 대비의 원만함을 얻었는데, 어찌 얽매임을 버리고 멸진에 들어가겠는가.[148]

그리고 게송으로 읊는다.

청정한 불신을 얻어
대비심을 일으키느니라.[149]

넷째, 신족이 원만하므로 상주를 얻는다. 세간에서 신족의 힘을 얻은 이도 오히려 수명이 40겁을 살게 된다. 하물며 여래는 네 가지 신족을 갖추었는데, 어찌 수명이 무량한 겁을 살지 못하겠는가.[150]

그리고 게송으로 읊는다.

네 가지 여의신족을 닦아
그 힘에 의지하여 세상에 머무느니라.[151]

다섯째, 미묘한 지혜를 성취하므로 상주를 얻는다. 그것은 생사라거나 열반이라거나 하는 분별을 벗어나서 둘도 없는 평등을 몸소 증득하여 부동·불출하므로 드디어는 멸진이 없다.[152]

---

148 『佛性論』(T31, 811a).
149 『究竟一乘寶性論』(T31, 843b).
150 『佛性論』(T31, 811a).
151 『究竟一乘寶性論』(T31, 843b).
152 『佛性論』(T31, 811a).

그리고 게송으로 읊는다.

　미묘한 지혜를 성취해서
　열반을 이루려는 마음마저 벗어나 있느니라.[153]

여섯째, 삼매三昧를 성취하므로 상주를 얻는다. 세간의 사람들도 청정한 선정을 얻으면 오히려 물·불·칼·화살에 상해를 입지 않는다. 하물며 여래는 늘 깊은 선정에 들어 있는데 외연外緣으로써 그를 파괴할 수 있겠는가.[154]

그리고 게송으로 읊는다.

　늘 마음에 삼매를 얻느니라.[155]

일곱째, 안락을 성취하므로 상주를 얻는다. 벌써 이치의 근원으로 돌아와서 큰 안락을 얻는다. 안락과 서로 어울리기 때문에 상주를 얻는다.[156]

그리고 게송으로 읊는다.

　안락을 성취하여 서로 어울리노라.[157]

---

153 『究竟一乘寶性論』(T31, 843c).
154 『佛性論』(T31, 811a).
155 『究竟一乘寶性論』(T31, 843c).
156 『佛性論』(T31, 811a).
157 『究竟一乘寶性論』(T31, 843c).

이 일곱 가지 인연에 의지하므로 상주하는 수명을 얻는다.

寶性論中。依七種因。成常命義。復以三譬。顯常身義。七種因者。一因緣無邊。故得常命。謂無量劫來。捨身命財。攝取正法。無窮無盡。既修無窮之因。還得無盡之果。偈云。棄捨身命財。攝取諸佛法故。二衆生無邊。故得常住。謂初發心時。結四弘誓。衆生若盡。我願乃盡。衆生無盡。我願亦無盡。爲究竟滿是本願故。窮未來際。常住不盡。偈曰。爲利益衆生。究竟滿本願故。三大悲圓滿故常者。若諸菩薩分有大悲。尚能久住生死。不入涅槃。何況如來。純得清淨大悲圓滿。豈能繫捨。入滅盡耶。偈言。得清淨佛身。起大悲心故。四神足圓滿故常者。世間有得神足力者。尚能住壽四十小劫。豈況如來。具四神足。而不能住壽無量劫耶。偈言。修四如意足。依彼力住世故。五妙智成就故常者。遠離生死涅槃分別。體證無二。不動不出。是故畢竟無有滅盡。偈言。以成就妙智。離有涅槃心故。六三昧成就故常者。世間有人淨得禪定者。尚能不爲水火刀箭所傷。何況如來常在深定。而以外緣可得壞耶。偈言。常得心三昧故。七成就安樂故常者。既歸理原。得大安樂。安樂相應。故得常住。偈言。成就安樂相應故。依此七因。故得常壽。

또한 세 가지 비유로써 상주하는 불신佛身을 나타내면 다음과 같다.

첫째, 세간의 법에 물들지 않으므로 상주한다는 것이다. 부처님의 법신은 늘 세간에 있지만 네 가지 더러움이 이를 더럽히지 못하고 네 가지 모습(相)이 이를 모습으로 드러내지 못한다.[158]

---

[158] 『佛性論』(T31, 811a).

그리고 게송으로 읊는다.

늘 세간에 있지만
세간의 법에 더럽혀지지 않느니라.[159]

둘째, 사마死魔에서 벗어나므로 상주한다는 것이다. 세간에서 감로가 사람으로 하여금 오래 살게 하듯, 금강삼매金剛三昧(Ⓢ vajrasamādhi)는 번뇌의 악마를 소멸시켜 버린다. 그러므로 상주하는 과보를 증득하여 사마死魔에서 벗어난다.[160]

그리고 게송으로 읊는다.

청정한 감로의 경지를 얻으므로
모든 악마에서 벗어났느니라.[161]

셋째, 본디 생겨난 것이 아니기 때문에 상주한다는 것이다. 법신의 체는 본디부터 담연하여 본디 없었던 것이 이제 와서 있는 것이 아니며, 먼저 있었던 것이 뒤에 없어지는 것도 아니다.[162]

그리고 게송으로 읊는다.

모든 부처님은 본디 생겨나는 것이 아니며,

---

159 『究竟一乘寶性論』(T31, 843c).
160 『佛性論』(T31, 811a).
161 『究竟一乘寶性論』(T31, 843c).
162 『佛性論』(T31, 811a).

본디 적정하기 때문이니라.[163]

그러므로 저 『구경일승보성론』의 게송을 총체적으로 결론지으면, 처음 일곱 가지 비유는 여래의 색신이 상주하는 것을 말하며, 뒤의 세 가지 비유는 선서善逝의 법신이 상주하는 것을 말한다. 그런데 이것을 개별적으로 보면, 상주하는 수명은 바로 보리菩提(깨달음)의 공덕이며, 상주하는 불신은 바로 열반의 공덕이다. 그러나 이것을 다시 총체적으로 보면, 상주하는 불신이든 상주하는 수명이든 모두 열반이다. 그 이유는 앞의 체상을 나타내는 부문에서 말한 것과 같다.

> 復以三喩顯常身者。一世法不染故常住者。如來法身。常在世間。四染不能染。四相不能相。偈言。常在於世間。不爲世法染故。二遠離死魔故常住者。如世門[1)]甘露。令人久長生。金剛三昧滅煩惱魔。故證常果。遠離死魔。偈言。得淨甘露處故。離一切魔故。三本來不生故常住者。法身之體。本來湛然。以非本無今有。故非先有後無。偈言。諸佛本不生。本來寂靜故。故彼論偈。總結而言。初七種譬喩。如來色身常。後三種譬喩。善逝法身常。若依別門。常命是菩提德。常身是涅槃德。就通相門。常身常命皆是涅槃。其義如前出體門說。

1) ㉠ '門'은 『佛性論』에 따르면 '間'이 되어야 한다.

나. 낙樂

네 종류의 낙樂[164]이라고 하는 것은 첫째, 수受를 끊는 낙(斷受樂)이니,

---

163 『究竟一乘寶性論』(T31, 843c).
164 이 내용은 『大般涅槃經』 「光明遍照高貴德王菩薩品」 제22(T12, 747ab)에 실려 있는 사락四樂을 전거로 하여 서술한 글이다. "何等爲四。一者斷諸樂故。不斷樂者則名爲苦。

세 가지 분별하는 수를 벗어나서 고도 없고 낙도 없으므로 대락大樂이라 한다. 둘째, 적정의 낙(寂靜樂)이니, 모든 행이 유전하여 일어나는 행고行苦(⑤ saṃskāra-duḥkha)를 벗어나서 큰 적정을 얻으므로 대락이라 한다. 셋째, 각지의 낙(覺知樂)이니, 무지하여 받게 되는 고고苦苦(⑤ duḥkha-duḥkhatā)를 벗어나 알지 못하는 것이 없으므로 대락이라 한다. 넷째, 불괴의 낙(不壞樂)이니, 무상하여 일어나는 노쇠의 괴고壞苦를 벗어나서 금강신을 얻으므로 대락이라 한다.

개별적으로 이것을 논술하면 앞의 두 가지 낙은 열반의 낙을 말하는 것이며, 뒤의 두 가지 낙은 보리의 낙을 말한 것이다. 그러나 이를 다시 총체적으로 논술하면 아무런 차별이 없으므로 보리와 열반은 평등하여 둘이 아니고 차별도 없다. 이 『대반열반경』 아래의 글에서 말씀하시는 것과 같다.

대락大樂이 있기 때문에 열반이라고 한다. 열반은 따로 낙이 없다. 이 네 가지 낙을 가지므로 열반이라고 한다. ……[165]

四種樂者。一斷樂受。[1] 以離三種分別受。[2] 二寂靜樂。遠離[3]故無苦無樂乃爲大樂。諸行流轉行苦。得大寂靜。故爲大樂。三覺知樂。以離無知所受苦苦。無所不知。故爲大樂。四壞不[4]樂。遠離無常衰老壞苦。得金剛身。故爲大樂。別而論之。前之二種是涅槃樂。後二種者是菩提樂。通相而言。即無別異。以菩提涅槃。無二無別故。如下文云。有大樂故。名大涅槃。大涅槃無樂。以四樂故。名大涅槃。乃至廣說。

…… 二者大寂靜故名爲大樂。…… 三者一切知故名爲大樂。…… 四者身不壞故名爲大樂。……"

[165] 『大般涅槃經』(T12, 747a), "復次善男子。有大樂故。名爲大涅槃。涅槃無樂。以四樂故。名大涅槃。"

1) ㉭ '樂受'는 문맥에 따르면 '受樂'이 되어야 한다.   2) ㉭ '受' 다음에는 『大般涅槃經』에 따르면 '無苦無樂。乃爲大樂。'을 넣어야 한다.   3) ㉭ '離' 다음에는 『大般涅槃經』에 따르면 '故無苦無樂。乃爲大樂。'을 삭제해야 한다.   4) ㉭ '壞不'은 문맥에 따르면 '不壞'가 되어야 한다.

다. 아我

두 가지 아我라는 것은 법아法我와 인아人我이다. 법아라고 하는 것은 본체가 진실하다는 뜻이다. 이 『대반열반경』「애탄품」 제3에서 말씀하시는 것과 같다.

> 만일 법이 실제·진실·상주·주재·의성依性이므로 변역하지 않으면, 이것을 아我라고 한다.[166]

인아라고 하는 것은 자재自在라는 뜻이니 『대반열반경』「광명변조고귀덕왕보살품」 제22에 있는 게송 가운데에서 말씀하시는 것과 같다.[167] 자재에 여덟 가지가 있다.

첫째, 많음과 적음의 자재(多少自在)이다. 『대반열반경』에서 말씀하시는 것과 같다.

> 능히 한 몸을 가지고 많은 몸으로 보이게 한다. 몸의 수가 많고 적음이 마치 미진과 같으므로 시방의 한량없는 세계를 가득 채운다. 여래의 몸은 실제로는 미진이 아니지만 자재하기 때문에 미진같이 많은 몸을

---

166 『大般涅槃經』(T12, 618c), "若法是實是眞是常是主是依。性不變易。是名爲我."
167 『大般涅槃經』의 「光明遍照高貴德王菩薩品」 제22(T12, 746c)에서 여덟 가지 자재를 산문으로는 말씀하시지만, 게송으로는 말씀하시지 않는다. "云何名爲大自在也。有八自在則名爲我."

드러낸다.[168]

둘째, 크고 작음의 자재(大小自在)이다. 『대반열반경』에서 말씀하시는 것과 같다.

하나의 미진과 같은 몸으로 삼천대천세계에 가득 차게 함을 보인다. 부처님의 몸이 가없다고 하더라도 실제로는 삼천대천세계에 가득 차지는 못한다. 그러나 자재하기 때문에 삼천대천세계를 가득 채운다.[169]

셋째, 가벼움과 무거움의 자재(輕重自在)이다. 『대반열반경』에서 말씀하시는 것과 같다.

삼천대천세계를 가득 채운 몸으로 가볍게 들어 공중을 날아서 스무 개의 갠지스 강(Ⓢ Ganges)의 모래알처럼 많은 부처님의 세계를 지나가도 아무런 장애가 없다. 여래의 몸은 실제로는 경중이 없지만 자재하기 때문에 가볍게도 되고 무겁게도 된다.[170]

넷째, 같음과 다름의 자재(一異自在)이다. 『대반열반경』에서 말씀하시는 것과 같다.

여래는 한마음으로 안주하여 동요하지 않는다. 그러나 한량없는 형류形類들을 각각 마음이 있도록 변화시켜 보이게 한다. 여래는 어느 때에 한 가지 일을 지으면서 중생도 각각 일을 이루게 한다. 여래의 몸은 한

---

168 『大般涅槃經』(T12, 746c).
169 『大般涅槃經』(T12, 746c).
170 『大般涅槃經』(T12, 746c).

국토에 상주하지만, 다른 국토의 중생도 다 보게 한다.[171]

다섯째, 경계를 대하는 자재이다. 『대반열반경』에서 말씀하시는 것과 같다.

> 여래는 하나의 감관을 가지고도 색도 보고 소리도 들으며 내지 법도 안다. 그리고 여래는 여섯 감관을 가지고도 또한 색도 보지 않고 소리도 듣지 않으며 내지 법도 인지하지 않는다. (자재하므로) 감관으로 하여금 자유자재하게 한다. (이와 같은 자재를 대아大我라고 부른다.)[172]

여섯째, 법을 얻는 자재이다. 『대반열반경』에서 말씀하시는 것과 같다.

> 자재하기 때문에 모든 법을 얻으면서도 여래의 마음에는 또한 얻는다는 생각이 없다. 왜냐하면 얻는 것이 없기 때문이다. 만일 이것이 실제로 있다면 얻는다고 말하지만, 실제로 있는 것이 아닌데 어떻게 얻는다고 말하겠는가? 만일 여래로 하여금 얻는다고 하는 생각을 하면, 그렇다면 곧 모든 부처님은 열반을 얻지 못할 것이다. 얻을 것이 없기 때문에 열반을 얻는다고 말하고, 자재하기 때문에 모든 법을 얻는다. 모든 법을 얻기 때문에 대아라고 한다.[173]

이 뜻은 바로 모든 법이 그러한 것이 아니면서 그러한 것이 아닌 것도 아님을 나타낸 것이다. 그러한 것이 아니기 때문에 영원히 얻을 것이 없으며, 그러한 것이 아닌 것도 아니기 때문에 얻지 못하는 것이 없다. 이와

---

171 『大般涅槃經』(T12, 746c).
172 『大般涅槃經』(T12, 746c).
173 『大般涅槃經』(T12, 746c).

같이 아무런 장애가 없으므로 대자재라고 한다.

 일곱째, 연설을 하는 것의 자재이다.『대반열반경』에서 말씀하시는 것과 같다.

 여래가 한 게송의 뜻을 연설하여 한량없는 겁(ⓈⓈ kalpa, 劫波)을 경과하더라도 그 뜻은 다할 수 없다. 그렇지만 나는 법을 말하고 그들은 법을 듣는다는 생각을 내지 아니하며, 또한 한 게송에 대한 생각도 내지 않는다. 세간에서 사는 사람은 네 구절을 한 게송으로 삼는다. 세속에 따르기 때문에 게송이라고 한다. 모든 법성은 하나도 말하는 것이 없다. 자재하기 때문에 여래는 연설하며 연설하기 때문에 이를 대아라고 한다.[174]

 여덟째, 두루 드러내는 자재이다.『대반열반경』에서 말씀하시는 것과 같다.

 여래는 모든 곳에 두루 가득한 것이 마치 허공과 같다. 허공의 성품을 볼 수 없는 것처럼 여래도 또한 그러하므로 실제로 볼 수 없다. 그렇지만 자재하기 때문에 모든 중생으로 하여금 보게 한다.[175]

 이것은 나타내는 것이 있으면 곧 나타내지 못하는 것이 있지만, 여래는 모든 것을 나타내지 못하는 것이 없음을 밝힌 것이다. 이것을 개별적으로 논술하면, 진실한 아我는 열반의 아我를 말하며, 자재한 아我는 깨달음의 아我를 말하는 것이다. 그러나 실제로 총체적으로 논술하면, 열반의 아我

---

[174]『大般涅槃經』(T12, 746c).
[175]『大般涅槃經』(T12, 747a).

와 깨달음의 아我는 평등하므로 아무런 차별이 없다. 그러므로 『대반열반경』속에서 통틀어 이것을 결론지어, "이와 같은 대아를 대열반이라고 한다."[176]라고 말씀하신 것이다.

二種我者。法我人我。言法我者。是體實義。如哀歎品云。是眞是實。是依是常不變易。者[1)] 是自在義。如德王品初偈中說。自在有八。一多少自在。如經言。能示一身以爲多身。身數多少猶如微塵。充滿十方無量世界。如來之身實非微塵。以自在故現微塵身。二大小自在。如經言。示一塵身滿三千界。佛身無邊實不滿於大千世界。以自在故滿大千界故。三輕重自在。如經言。以滿大千世界之身輕擧飛空過恒沙等諸佛世界而無障礙。如來之身實無輕重。以自在故能爲輕重故。四一異自在。如經言。如來一心安住不動。所可示化無量形類各令有心。如來有時成[2)]造一事而亦[3)]衆生各各成辨。如來之身常住一立[4)]而令他立一切悉見故。五者對境自在故。如經言。如來一根亦能見色聞聲乃至知以自在。[5)] 如來六根亦不見色不聞聲乃至不知法。令[6)]根自在。六者得法自在。如經言。以自在故得一切。如來之心亦無得想。何以故。若是有者可知爲得。實無所有云何名得。若使如來計有得想。是卽諸佛不得涅槃。以無得故名得涅槃。以自在故得一切法。得諸法故名爲大我。是意正顯諸法非然而非不然。而不然故永無所得。非不然故無所不得。如是無障礙故名大自在。七者演說自在。如經言。如來宣說一偈之義過無量劫義亦不盡。而不生念我說彼聽。一切法亦無有說。以自在故如來演說以名大我故。八者普現自在。經[7)]言。如來遍滿一切諸處猶如虛空, 虛空之性不可得見。如來亦爾。實不可見。以自在故令一切見。是明有所現者卽當有所不現。如來都無所不現也。別門而言。眞實我者是涅槃我。自在我者是菩提我。就實通論卽無別異。是故經中總結之言。如是大

---

176 『大般涅槃經』(T12, 747a).

我名大涅槃。

1) ㉠ '者' 앞에는 문맥에 따르면 '言人我'를 넣어야 한다. 2) ㉡ '成'은 『大般涅槃經』에는 '或'으로 되어 있다. 3) ㉢ '亦'은 『大般涅槃經』에는 '合'으로 되어 있다. 4) ㉣ '立'은 『大般涅槃經』에는 '土'로 되어 있다. 바로 다음의 '立'도 마찬가지다. 5) ㉤ '以自在'는 『大般涅槃經』에 따르면 '法'이 되어야 한다. 6) ㉥ '슴' 앞에는 『大般涅槃經』에 따르면 '以自在故'를 넣어야 한다. 7) ㉦ '經' 앞에는 문맥에 따르면 '如'를 넣어야 한다.

라. 정淨

네 가지 정淨이라고 하는 것은 다음과 같다. 첫째, 과정果淨이라고 한다. 또한 이것을 유정有淨이라고도 하는데 이십오유二十五有의 과보를 벗어나기 때문이다. 둘째, 업정業淨이라고 한다. 또한 이것을 인정因淨이라고도 하는데 범부의 모든 업인을 벗어나기 때문이다. 셋째, 신정身淨이라고 한다. 불신은 상주하기 때문이다. 넷째, 심정心淨이라고 한다. 부처님의 마음에는 번뇌가 없기 때문이다. 앞의 두 가지 과정과 업정은 이덕離德이며, 뒤의 두 가지 정인 신정과 심정은 수덕修德이다. 이덕離德과 수덕修德은 서로 다른 것 같지만 다 같은 열반이다. 『대반열반경』에서 말씀하시는 것과 같다.

> 순정純淨이기 때문에 대열반이라고 한다. 왜 순정이라고 하는가? 정淨에는 네 가지가 있다. ……[177]

이것을 총체적으로 논술하면, 이와 같은 네 가지 덕은 삼사三事를 벗어나지 않으며, 삼사三事는 바로 두 가지 아我에 들어오고, 두 가지 아我는 하나의 열반이다. 일一은 바로 일체一切이며 일체一切는 바로 일一이므로,

---

[177] 『大般涅槃經』(T12, 747b).

이것을 여래의 비장秘藏이라고 한다.

> 四種淨者。一名果淨。亦是有淨。以離二十五有果故。二名業淨。亦是因淨。
> 以離凡夫諸業因故。三名身淨。佛身常住故。四名心淨。佛心無漏故。前二
> 離德。後二修德。離修雖異。齊是涅槃。如經言。以純淨故。名大涅槃。云何
> 純淨。淨有四種。乃至廣說。故總而言之。如是四德。不出三事。三事卽入
> 於二種我。二種我者一大涅槃。一卽一切。一切卽一。是名如來秘密藏也。

④ 화쟁을 해석함

다음으로 넷째, 이론적 다툼을 화회和會함을 밝히는 부문이다.

이론적 다툼이 일어나는 데에는 여러 실마리가 있지만, 지금 치우쳐서 이론적 다툼을 일으키는 문제는 '법신法身은 상주常住하고 화신化身은 기멸起滅한다'라는 내용이다. 이 두 가지 불신에 대해서는 여러 스승들의 주장이 같지 않다.

오직 보신報身에 대해서만 두 가지 집착하는 견해가 따로 일어난다. 그 따로 일어나는 이론적 다툼은 두 가지 견해에 지나지 않으니, '보신은 상주이다'라고 집착하는 것과 '보신은 무상이다'라고 집착하는 것이다.[178]

> 次第四明和相諍論。諍論之興。乃有多端。而於當偏起異諍。法身常住。化
> 身起滅。於此二身。諸說不同。唯於報身。二執別起。別起之諍。不過二途。

---

[178] 불신佛身의 상常·무상無常의 문제를 다루는 것은 원효가 활동하던 시기 당의 불교계에서 널리 보이던 모습이다. 가령 법장의 『華嚴一乘敎義分齊章』 권3(T45, 496c 이하)을 보면 '佛果義相'을 설명함에 있어 먼저 상·무상의 문제를 오교五敎에 대비시켜 다루고 있음을 알 수 있다. 다만 이 『涅槃宗要』의 문맥에 따르면, 원효는 법신法身과 화신化身의 상·무상의 문제는 다루지 않고, 오직 보신報身의 상주常住와 무상無常에 대해서만 상세히 언급한 뒤 이를 화쟁和諍하고 있음을 알 수 있다.

謂執常住。及執無常。

가. 보신은 상주라고 집착함

보신은 상주라고 집착하는 것에도 또한 두 학설이 있다.

執常之內。亦有二家。

가) 보신의 공덕은 생겨나지만 소멸하지는 않음

첫째 학설은, 보신의 공덕은 생겨나기는 하지만 소멸하지는 않는다고 논술한다. 그것은 생인生因이 소멸하기 때문에 생겨나지 않을 수 없다. 이 리理를 증득하는 것이 구경이기 때문에 상相을 벗어나며, 상을 벗어나기 때문에 상주하여 변하지 않는다는 것이다.

一家說云。報佛功德。有生無滅。生因所滅故。不得無生。證理究竟故離相。離相故常住不變。

나) 보신의 공덕은 생인生因에서 얻지만 생상生相을 벗어남

둘째 학설은, 보신의 공덕은 비록 생인生因에서 얻지만 생상生相을 벗어난다고 논술한다. 비록 본디 없었던 것이 비로소 있게 되었다고 하더라도, 본디 없었던 것이 이제 있게 된 것은 아니다. 본디 이제 있게 된 것이 아니라면 또한 뒤에 없어지는 것도 아니다. 이러한 도리로 말미암아 삼제三際를 벗어나며, 삼제를 벗어나므로 틀림없이 상주한다. 그러나 도를 깨달은 뒤에야 비로소 (보신의 공덕이) 성취되므로, 본디 시초가 있는 것이 아니다. 삼제를 벗어나기 때문에 또한 생겨나는 것도 아니며, 생겨나는 것도 아니기 때문에 또한 소멸하는 것도 아니다. 생겨나는 것도 아니고 소멸하는 것도 아니기 때문에, 틀림없이 이것은 무위이며 상주하여 변하지 않는다는 것이다. 만일 이와 같은 정견을 얻을 수 없다면 틀림없이 유위이다, 무위이다라고 말할 수 없다.『대반열반경』「순타품」제2에서 말씀하시는 것과 같다.

> 오직 내가 이제 우치하여서 지혜의 눈이 없음을 스스로 꾸짖어야 한다. 여래의 정법은 불가사의한 것이다. 그러므로 여래는 틀림없이 유위라든지 또는 무위라고 주장해서는 안 된다. 만일 정견을 가진 이라면 여래는 틀림없이 무위라고 주장할 것이다.[179]

『대반열반경』「장수품」제3에서 말씀하신다.

> 늘 마음을 집중하여 상주常住라는 이 두 글자를 닦으면 부처님은 상주하느니라. 만약 이 두 글자를 닦는 사람이 있으면 이 사람은 나의 소행을 따라서 내가 다다른 경지에 이를 것임을 알아야 하느니라.[180]

그런데 다른 곳에서 상주가 아니라고 말한 것은, 이는 다 부처님의 상相에 의거하여 말한 것이지 보신에 대하여 말한 것은 아니다.『대반열반경』「광명변조고귀덕왕보살품」제22에서 말씀하시는 것과 같다.

> 여래는 상주하는 것이 아니다. 왜냐하면 몸에 분수(分)가 있기 때문이

---

[179] 『大般涅槃經』(T12, 613c).
[180] 『大般涅槃經』(T12, 622a).

다. 그러므로 상주하는 것이 아니다. 왜 상주하는 것이 아니라고 하는가? 알음알이(知)가 있기 때문이다. 상주하는 법은 알음알이가 없음이 마치 허공과 같다. 그런데 여래는 알음알이가 있으므로 상주하는 것이 아니다. 왜 상주하는 것이 아니라고 하는가? 언설이 있기 때문이고, 내지는 성씨가 있기 때문이고, 부모가 있기 때문이고, 네 가지 위의가 있기 때문이고, 방소方所가 있기 때문이다.[181]

이런 일곱 가지 뜻[182]에 의거하여 상주하지 않는다고 말하는데, 이것은 다 부처님의 변화하는 모습에 의거하여 주장한 것임을 알아야 한다. 그런데 만일 사람들이 이와 같은 의미를 알지 못하고 또한 보신도 똑같이 무상이라고 주장하면, 바로 이것은 사견邪見이므로 반드시 지옥에 떨어질 것이다.『대반열반경』「순타품」제2에서 말씀하시는 것과 같다.

외도의 사견으로는 여래도 유위有爲에 있어서는 똑같다고 말할 것이다. 계율을 잘 지키는 비구는, 이와 같이 여래가 있는 곳에 유위라는 생각이 생겨난다는 주장을 따라서는 안 된다. 만일 여래가 유위라고 말하면 이는 곧 망어妄語이다. 이런 사람은 죽어서 지옥에 들어가는 것이, 마치 사람이 스스로 자기 집에 들어가는 것과 같음을 알아야 한다. ……[183]

그러므로 보신은 무상이라고 말해서는 안 된다는 것이다. 상주를 주장하는 스승들은 이와 같은 학설을 말씀하신다.

---

[181] 『大般涅槃經』(T12, 738bc).
[182] 일곱 가지 뜻 : 『涅槃經』에 나오는 분수, 알음알이, 언설, 성씨, 부모, 네 가지 위의, 방소의 일곱 가지를 말한다. 이런 것이 있으므로 여래가 상주하는 것이 아니라는 것이다.
[183] 『大般涅槃經』(T12, 614a).

第二家云。報佛功德。雖生因得。而離生相。雖是本無始有。而非本無今有。旣非今有。亦非後無。由是道理。遠離三際。離三際故。凝然常住。然道後始成故。非本有始。離三際故。非[1])有生。非有生故。亦得無滅。無生滅故。定是無爲。常住不變。若未能得如是正見。不應定說。有爲無爲。如純陀章云。唯當嘖自。[2]) 我今愚癡。未有惠[3])眼。如來正法。不可思議。是故不應宣說如來。定是有爲。定是無爲。若正見者。應說如來定是無爲。長壽品云。常當繫心。修心[4])是二字佛常住。若有修習此二定[5])者。當知是人。隨我所行。至我至處。而餘處說。非常住者。皆就佛[6])相。非說報身。如德王品云。如來非常。何以故。身有分故。是故非常。云何非常。以有智[7])故。常法無知。猶如虛空。如來有心。[8]) 是故非常。云何非常。有言說乃至有姓此。[9]) 故有父母。故有四儀。故有方所。依是七義。說非常住。當知皆此[10])就化相說。若人不知如是之意。亦說報佛同是無常。卽是邪見。必墮地獄。如純陀言。外道邪見。可說如來同於有爲。持惑[11])比丘。不應如是。於如來所。生有爲想。若言如來。是有爲者。卽是妄語。當知是人死入地獄。如人自處於己舍宅。乃至廣說。故不應說執佛無常。執常之家。作如是說也。

---

1) ㉠ '非' 앞에는 문맥에 따르면 '亦'이 들어가야 한다. 2) ㉠ '嘖自'는 『大般涅槃經』에 따르면 '自責'이 되어야 한다. 3) ㉠ '惠'는 『大般涅槃經』에 따르면 '慧'가 되어야 한다. 4) ㉠ '心'은 『大般涅槃經』에 따르면 삭제해야 한다. 5) ㉠ '定'은 『大般涅槃經』에 따르면 '字'가 되어야 한다. 6) ㉠ '佛' 다음에는 문맥에 따르면 '化'를 넣어야 한다. 7) ㉠ '智'는 『大般涅槃經』에 따르면 '知'가 되어야 한다. 8) ㉠ '心'은 『大般涅槃經』에 따르면 '知'가 되어야 한다. 9) ㉠ '此'는 『大般涅槃經』에 따르면 '氏'가 되어야 한다. 10) ㉠ '皆此'는 문맥에 따르면 '此皆'가 되어야 한다. 11) ㉠ '惑'은 『大般涅槃經』에 따르면 '戒'가 되어야 한다.

나. 보신은 무상이라고 집착함

보신은 무상無常이라고 집착하는 학설에서, 보신은 생인生因에서 생겨나는 것이므로 소멸하지 않을 수 없다고 주장한다. 생겨난 것은 반드시 소멸한다고 하는 것은 부처님의 네 가지 문답법 속의 하나인 일향기一向記[184]이기 때문이다. 그러나 (보신은) 법신을 의지하여 상속하면서 늘 존재하므로 미래제가 다하도록 길이 다하는 일이 없다. 생사가 순간순간 마멸하는 것과는 같지 않다. 이러한 도리이므로 상주라고 한다. 그래서 늙고 죽음이 없으므로 변역하지 않는다고 한다.『대반열반경』「사상품」제7에서 말씀하시는 것과 같다.

여래는 이와 같은 공덕을 성취하였는데 어떻게 여래를 무상이라고 하겠는가. 만일 여래를 무상이라고 한다면 그런 도리는 있을 수 없다. 여래는 금강신인데 어떻게 무상이라고 하겠는가. 그러므로 여래는 수명이 끝났다고 말할 수 없다.[185]

---

184 일향기一向記 : ⓢ ekaṃśa-vyākaraṇa. 일향기란 사기답四記答 가운데의 하나이다. 그렇다면 사기답이란 무엇인가. 부처님의 화법을 넷으로 분류하여 설명한 것으로 그 내용을 소개하면 다음과 같다. ① 응일향기문應一向記問-ⓢ ekaṃśa-vyākaraṇa. 일향기一向記, 결정답決定答. "살아 있는 것은 모두 죽는가?"라는 물음에 "반드시 죽는다."라고 단정적인 회답을 하는 경우이다. ② 응분별기문應分別記問-ⓢ vibhajya-vyākaraṇa. 분별기分別記, 해의답解義答. "죽은 이는 모두 윤회하는가?"라는 물음에 "번뇌가 있는 이는 윤회하며, 없는 이는 재생하지 않는다."라고 조건에 따라서 대답하는 경우이다. ③ 응반힐기문應反詰記問-ⓢ paripṛcchā-vyākaraṇa. 반문기反問記, 반문답反問答. "인간은 뛰어난 존재인가?"라는 물음에 "무엇과 비교해서 그런가?"라고 반문한 뒤에, 천신과 비교할 경우에는 "아니다."라고 대답하며, 축생과 비교할 경우에는 "그렇다."라고 물음에 따라서 대답하는 경우이다. ④ 응사치기문應捨置記問-ⓢ sthāpanīya-vyākaraṇa. 사치기捨置記, 치답置答 또는 무기無記(avyākṛta). "독화살의 비유"에서 부처님과 만동자鬘童子(ⓢ Maluṅkyaputta)의 대화와 같은 내용으로, 사류십난四類十難 또는 사류십사난四類十四難과 같은 물음에는 대답하지 않는 방식이다. 사류십사난은 다음과 같다. ㉮ 세계는 시간적으로 ㉠ 상주인가, ㉡ 무상인가, ㉢ 상주이면서 무상인가, ㉣ 상주도 아니고 무상도 아닌가? ㉯ 세계는 공간적으로 ㉠ 유변인가, ㉡ 무변인가, ㉢ 유변이면서 무변인가, ㉣ 유변도 아니고 무변도 아닌가? ㉰ 몸과 마음은 ㉠ 같은가, ㉡ 다른가? ㉱ 여래는 사후에 ㉠ 존재하는가, ㉡ 존재하지 않는가, ㉢ 존재하면서 존재하지 않는가, ㉣ 존재하지 않으면서 존재하지 않는 것도 아닌가?
185 『大般涅槃經』(T12, 632b).

또 『대반열반경』「여래성품」 제12에서 말씀하신다.

만일 "해탈이 환화幻化와 같다."라고 말한다면, 범부는 '해탈을 얻은 자도 곧 마멸磨滅될 것이다'라고 생각할 것이다. 지혜가 있는 이는, 사람 가운데 사자師子인 (여래는) 비록 오고 가는 일이 있다고 하더라도 상주하여 변하지 않는다는 것을 틀림없이 분별해야 할 것이다.[186]

또 『대반열반경』「성행품」 제9에서 말씀하신다.

선남자야, 심성心性이 다르므로 무상無常이라고 한다. 성문의 심성이 다르며 연각의 심성이 다르고 모든 부처님의 심성이 다르다.[187]

이러한 경의 글들을 근거로 하면, 보신불(報佛)의 마음은 유위이며, 이것은 생겨나고 소멸하는 것임을 알 것이다.

執無常者說言. 報佛生因所生. 不得無滅. 生者必滅. 一向記故. 然依法身. 相續恒存. 窮未來際. 永無終盡. 不同生死念念磨滅. 由是道理. 說爲常住. 無老死故. 名不變易. 如四相品云. 如來成就如是功德. 云何當言如來無常. 若言無常. 無有是處. 是金剛身. 云何無常. 是故如來不名命終. 如來性品云. 若言解脫猶如幻化. 凡夫當謂. 得解脫者卽是磨滅. 有智之人. 應當分別. 人中師子. 雖有去來. 常住不變. 又聖行品云. 復次善男子. 心性異故. 名爲無常. 所謂聲聞心性異. 緣覺心性異. 諸佛心性異. 依此等文. 當知報佛心是有爲. 是生滅法.

---

186 『大般涅槃經』(T12, 651b).
187 『大般涅槃經』(T12, 687c).

그런데 첫 부문에서는 틀림없이 무위無爲라고 하였고, 또한 (『열반경』에서) "상주常住라는 두 글자를 닦으면 나의 소행을 따라서 내가 다다른 경지에 이를 것이다."[188]라는 등의 경문을 말씀하신 것은 성문聲聞이 지닌 무위無爲에 대한 네 가지 전도를 대치하기 위해 진여·법신에 의거하여 상주라고 설한 것이다. 저 성문은 법공法空을 통달하지 못하였기 때문에, 여래의 법신이 모든 처소에 두루하여 무위·상주이지만 중생의 기연을 따라서 이러한 색신을 나타내는 것을 알지 못한다. 그러므로 그들은, 여래의 색신은 혹업惑業으로 감득한 것이기 때문에 반드시 마멸하게 된다고 생각하고, 부처님의 오분법신五分法身도 비록 유루는 아니라고 하더라도 색신을 의지하므로 역시 단멸된다고 여긴다. 이와 같은 병을 대치하기 위하여 법신의 무위·상주를 말한 것이다. 이는 『청승복전경請僧福田經』 가운데에서 다음과 같이 말씀하신 것과 같다.

월덕 거사는 여래의 열반을 탄식하면서, 또한 오래지 않아 법도 멸망할 것 같다고 말하였다. 그러자 여래는 다음과 같이 말씀하셨다. 너희 거사들은 여래께서 상주하신다고 하는 두 글자를 닦아야 하느니라. 이 상주한다는 법은 모든 중생·이승·육도·일천제·오역죄를 지은 사람들의 법성이니라. 그러므로 법성을 보는 이는 나의 몸이 현재와 같이 둘이 아님을 깨닫게 될 것이니라.

그리고 이것은 이 『대반열반경』 「장수품」 제3에서 다음과 같이 말씀하신 것과 같다.

(상주常住라는) 두 글자를 닦으면 나의 소행을 따라서 내가 다다른 경

---

[188] 『大般涅槃經』(T12, 622a).

지에 이를 것이다.[189]

그러므로 이 글은 바로 법신을 나타낸 것임을 알아야 한다. 그런데 "자비심·불살생 등과 같은 원인에 의해 얻어졌다."라고 설한 것, 이것은 요인了因에 의해 나타나고 증득된 것임을 밝힌 것이다. 그런데 어떤 사람들은 이러한 의취意趣를 알지 못하고 보신도 또한 생멸이 없다고 헛되게 고집하여 마침내 허공과 똑같이 무위인 줄로 안다.

또한 이『대반열반경』「광명변조고귀덕왕보살품」제22에서 말씀하시기를, "여래는 상주하는 것이 아니다. 일곱 가지 인연으로 이루어진 것이기 때문이다."[190]라고 한 것, 이것은 모두 화신에 의거하여 상주가 아니라고 말한 것이지 보신불 역시 상주라고 말한 것은 아니다.

而初分說定是無爲。又言修習常住二字。隨我所行。至我至處等文者。爲對聲聞無爲四倒故。約眞如法身。而說爲常住。以彼聲聞不達法空。不知如來法身。遍一切處。無爲常住。隨於物機。現此色身。是故彼計如來色身。惑業所感。必歸磨滅。五分法身。雖非有漏。而依色身。亦是斷滅。爲欲對治如是病故。故說法身。無爲常住。如請僧福田經中。月德居士歎佛如來涅槃。以復法滅不久。如來告言。汝等居士。應修如來。常住二字。是常住法者。是一切衆生二乘六道闡提五逆人之法性。見法性者。當得吾身。如今無二。如此經言。修此二字。隨我所行。至我至處。故知是文正顯法身。而說慈心不殺等因之所得者。是明了因之所顯證。有人不知是意趣。妄執報佛。亦無生滅。遂同虛空知無爲。又若德王品說。如來非常住。七種因緣。皆就化身。說非常住。非說報佛亦常者。

---

189 『大般涅槃經』(T12, 622a).
190 『大般涅槃經』(T12, 738bc).

그런즉 저 경문에서 또한 "일곱 가지 원인(因)으로 이루어졌으므로 무상이 아니다."라고 한 것, 이것은 모두 법신에 의거하여 무상이 아니라고 말한 것이지 보신불 또한 무상이 아니라고 펼친 것은 아니다. 『대반열반경』「광명변조고귀덕왕보살품」제22에서 말씀하시는 것과 같다.

> 생겨나는 법을 무상無常이라고 한다. 여래는 생겨남이 없으므로 상주常住가 된다. 성품이 있는 법은 무상이라고 한다. 여래는 생겨남도 없고 성품도 없으므로 상주이다. 상주하는 법은 모든 곳에 두루한다. 무상한 법은 혹은 이곳에는 있으나 저곳에는 없다. 여래는 그렇지 않으므로 상주가 된다. 무상한 법은 어느 때는 있으나 어느 때는 없다. 여래는 그렇지 않으므로 상주가 된다. 상주하는 법은 이름(名)도 없고 색色도 없다. 허공은 상주하므로 이름도 없고 색도 없다. 여래도 그와 같으므로 상주가 된다. 상주하는 법은 원인도 없고 결과도 없다. 허공은 상주하므로 이름도 없고 색도 없다. 여래도 그와 같으므로 상주가 된다. 상주하는 법은 삼세三世에 포섭되지 않는다. 여래도 그와 같으므로 상주가 된다.[191]

이와 같은 일곱 가지 원인[192]은 모두 법신에 해당한다. 어째서 그러한가? 저들은 "보신불은 생인生因에서 얻어진다."라고 말하였으니, 이는 곧 인과가 있는 것이므로 (상주하는) 허공과 같지 않다.

> 是卽彼文亦以七因成。非無常。皆就法身。說非無常。不開報佛。亦非無常。如彼文言。有生之法。名曰無常。如來無生。是故爲常。有限[1]之法。名曰無

---

191 『大般涅槃經』(T12, 738c).
192 일곱 가지 원인 : 경문에 나온 무생無生·무성無性·변일체처遍一切處·변일체시遍一切時·무명무색無名無色·무인무과無因無果·삼세불섭三世不攝의 일곱 가지를 말한다.

常. 如來無生無姓²⁾故常. 有常之法. 遍一切處. 無常之法. 或言是處有彼處無. 如來不爾. 是故爲常. 無常之法. 有時是有. 無³⁾時爲無. 如來不爾. 是故爲常. 常住之法. 無名無色. 虛空常故. 無名無色. 如來亦爾. 是故爲常. 常住之法. 無因無果. 虛空常故. 無因無果. 如來亦爾. 是故爲常. 常住之法. 三世不攝. 如來亦爾. 是故爲常. 如是七因. 皆當法身. 所以然者. 彼說報佛. 生因所得. 卽有因果. 非如虛空.

---

1) ㉠ '限'은 『大般涅槃經』에 따르면 '性'이 되어야 한다. 2) ㉠ '姓'은 『大般涅槃經』에 따르면 '性'이 되어야 한다. 3) ㉠ '無'는 『大般涅槃經』에 따르면 '有'가 되어야 한다.

만일 저들이 구제하여 말하기를(救言), "법신에 수순隨順하면 생겨나는 것이 없으므로 상주라고 한다. 보신불도 또한 그와 같아서 생겨나는 것이 없으므로 상주이다. 그러므로 이 원인의 뜻은 (법신·보신의) 두 불신에 통한다."라고 한다면, (반대하는) 다른 스승도 또한 이렇게 말할 수 있다. "화신은 알음알이가 있으므로 상주하는 것이 아니다. 보신불도 알음알이가 있으므로 또한 상주하는 것이 아니다. 그러므로 이 원인의 뜻은 (보신·화신의) 두 불신에 통한다." 이 주장(반대하는 스승)이 만일 통하지 않는다면, 저 주장(救言)이 어찌 통하겠는가?

또 저들이 억지로 주장하기를(强言), "비록 이것은 '본디 없던 것이 비로소 있게 된 것(本始有)'이지만 '본디 없던 것이 현재 있는 것(本無今有)'은 아니다."라고 한다면, 그런 것은 다만 말만 있는 것이지 실제로는 있을 수 없다. 어째서 그러한가?

만일 그가 주장한 대로 이것이 비록 '먼저는 있던 것이 뒤에 없어지는 것(先有後無)'이 아니라고 하더라도, 이것은 바로 '먼저는 있던 것이 나중에는 없어지게 된다(先有終無)'라는 말과 같다. 그러므로 '나중에는 없어지게 된다(終無)'라는 것을 인정하면 '나중에는 없어지게 된다(終無)'라는 말은 곧 소멸을 의미한다.

만일 그 주장을 받아들이지 않는다면, 이미 '뒤에 없어지는 것(後無)'이 아닌데 어떻게 '나중에는 없어지게 된다(終無)'라고 하겠으며, 이미 '현재 있는 것(今有)'이 아닌데 어떻게 '비로소 있게 된다(始有)'라고 하겠는가? 또한 만일 '뒤에 없어지는 것(後無)'이 아니기 때문에 소멸하여 없어진다고 하면, '본디 없던 것(本無)'이기 때문에 생겨나는 일이 있다고 말해야 된다. 이와 같이 (쟁론이) 오간다면 영원히 구제할 수가 없다. 그러므로 지혜로운 사람은 그러한 주장을 하지 않는다.

무상을 집착하는 사람은 이와 같이 주장한다.

若彼救言。隨順法身。無生故常。報佛亦同。無生故常。是故此因義通二身者。他亦爾可言。化身有知故非常。報佛有知。亦非常住。是故此因義通二身。此若不通。彼何得通。又彼強言。雖是本無始有。而非本無今有者。但有其言。都無其實。所以然者。若如所言。是卽雖非先有後無。而是先有終無。若許終無。終無卽滅。若不許言。旣非後無。何爲終無。旣非今有。何爲始有。又若非後無。故滅盡者。卽應是本無故有生起也。如是進退。永不可救。是故彼義。智者不用。執無常者。作如是說。

다. 회통

㉘ 두 스승이 말한 것 가운데서 어느 것이 옳고 어느 것이 그른가?
㉙ 어떤 스승은, 모두 옳기도 하고 모두 그르기도 하다고 한다. 그러한 까닭은 무엇인가? 만일 꼭 한쪽만을 고집하면 모두 과실이 있지만 만일 장애 없이 말해 보면 모두 도리가 있기 때문이다.『입릉가경』에서 말씀하시는 것과 같다.

(대혜보살이 여쭈었다.) "여래·응공·정변지는 상주입니까, 무상입니까?"

부처님께서 말씀하셨다. "상주도 아니고 무상도 아니니라. 왜냐하면 두 가지 극단(二邊)을 집착하면 과실이 있기 때문이니라." ······[193]

이제 보신은 비록 상주하는 것은 아니라 하더라도 순간순간 소멸하는 것도 아니라고 한다. 이와 같은 내용의 글들은 그 치우친 집착을 깨뜨리려는 것이니, 오로지 한쪽에만 치우치면 도리에 맞지 않는다.

"장애 없이 말해 보면 두 주장이 모두 맞다."라는 것은, 보신의 공덕은 상相을 벗어나고 성性을 벗어난 것이라는 뜻이다. 상을 벗어나기 때문에 생멸하는 상을 벗어나서, 드디어는 적정하여 작위함이 없으므로 상주라고 한다. 성을 벗어나기 때문에 상주성을 벗어나서, 가장 활발하게 활동하여 작위하지 않는 것이 없으므로 무상이라고 한다.

그러나 성을 벗어나거나 상을 벗어난 것은 둘이 아니고 차별이 없다. 상을 벗어난 것(離相)은 성을 벗어난 것(離性)과 다르지 않으므로 상주하는 것이 생멸하는 것을 방해하지 않는다. 성을 벗어난 것은 상을 벗어난 것과 다르지 않으므로 생멸하는 것이 상주하는 것을 방해하지 않는다. 이러한 도리에서 보면 두 스승의 주장이 모두 맞는 것이다.

그런 가운데에서 이것을 더 자세히 말하려면 많은 부문이 있으니, 자세한 것은 『능가경종요楞伽經宗要』[194] 가운데에서 말한 것과 같다.

問。二師所說。何得何失。答。或有說者。皆得皆失。所以然者。若決定執一邊。皆有過失。如其無障礙說。俱有道理。如楞伽經云。如來應[1])正遍知。爲是常耶。爲無常耶。佛言非常非無常。二邊有過故。乃至廣說。今此言雖不常性。非念念滅。如是等文。破其偏執。定取一邊。不當道理。無障礙說二

---

[193] 『入楞伽經』(T16, 555c).
[194] 『楞伽經宗要』를 참고하라는 데서, 이것을 저술하기 전에 벌써 『楞伽經宗要』가 세상에 유포되고 있었다는 것을 알 수 있다. 그러나 현재는 존재하지 않는다.

義皆得者. 報佛功德離相離性. 以離相故離生滅相. 究竟寂靜無作無爲故
說常住. 以離性故離常住性. 最極喧動無所不爲故說無常. 然離相²⁾無二無
別. 離相不異於離性. 故常住不妨於生滅也. 離性不異於離相. 故生滅不礙
於常住也. 由是道理二說皆得. 於中委悉. 亦有多門. 其如楞伽經宗要中
說.

1) ㉠ '應' 다음에는 『入楞伽經』에 따르면 '供'이 들어가야 한다.　2) ㉠ '離相'은 문맥에 따르면 '離性'이 되어야 한다.

그러나 무상을 집착하는 학자들의 주장에는 미진한 뜻이 있다. 말하자면 법신을 틀림없이 상주하는 것으로만 주장하기 때문이다. 만일 법신을 틀림없이 상주하는 것으로만 본다면 이것은 바로 작위하는 법이 아니다. 작위하는 법이 아니므로 (보신·화신의) 두 불신을 지을 수가 없다. 그러므로 법신도 또한 무위만은 아니다. 『입릉가경』에서 다음과 같이 말씀하신다.

> 만일 여래의 법신은 작위라는 법이 아니라고 하면 (바로 이것은 몸이 없는 것이 된다.) 그런데 한량없는 공덕과 모든 행을 닦음이 있다고 하면 바로 이것은 허망한 것이 된다.[195]

『섭대승론석』에서 법신에 관한 다섯 가지 가운데에서 세 번째로 다음과 같이 논술한다.

> ㉮ 유위와 무위는 둘이 아닌 것(無二)으로 상을 삼는다. 혹업惑業이 모여서 생겨난 것이 아니기 때문이다. 자재함을 얻음으로 말미암아 유위의 상을 잘 나타내기 때문이다.
> ㉯ 모든 유위법은 모두 혹업에서 생겨난다. 법신은 혹업에서 생겨난

---
195 『入楞伽經』(T16, 550a).

것이 아니므로 유위가 아니다. 법신은 자재함을 얻음으로 말미암아 마음대로 언제나 유위의 상을 나타낸다. 말하자면 응신·화신의 두 불신을 말하므로 무위가 아니다.[196]

이것은 법신이 비록 혹업에서 생겨난 유위는 아니라고 하더라도, 변화가 없고(凝然) 동작이 없는 것은 아님을 밝힌 것이다.

> 然執無常家。義有未盡意。謂說法身定是常故。若定常住卽非作法。非作法故不作二身。是故法身亦非無爲。楞伽經言。若如來法身非作法者。言有修行無量功德一切行者。卽爲虛妄。攝大乘[1]說。法身五。於中言第三。有爲無爲無二爲相。非惑業雜[2]所生故。由得自在能顯有爲相故。釋曰。一切有爲法。皆從惑業生。法身不從惑業生。故非有爲。法身由得自在。能數數顯有爲相。謂應化二身故非無爲。是明法身雖非惑業所生有爲。而非凝然無動作物也。

1) ㉠ '乘' 다음에는 '論'을 넣어야 한다.   2) ㉠ '雜'은 『攝大乘論釋』에 따르면 '集'이 되어야 한다.

또 상주를 집착하는 학자들은 비록 상주를 원한다고 하더라도 그 상주한다고 하는 주장에도 또한 부족한 뜻이 있다. 말하자면 비로소 있게 되는 공덕(始有功德)은 그 앞의 계위에까지 두루 미치지는 못하기 때문이다. 만일 이 공덕이 두루 미치지 못한 데가 있다면 이것은 바로 법계를 증득하지 못한 곳이 있게 되는 것이다. 법계를 증득하지 못한 데가 없어야 바로 법성이 평등하게 되어 두루 미치지 못하는 데가 없을 것이다. 『대방광불화엄경』에서 말씀하시는 것과 같다.

---

196 『攝大乘論釋』(T31, 251b).

여래가 정각正覺하여 보리菩提를 성취할 때에, 부처님의 방편에 안주하여 모든 중생등신衆生等身을 얻으며, 모든 법등신法等身을 얻고, 모든 찰등신刹等身을 얻으며, 모든 삼세등신三世等身을 얻고, 모든 법계등신法界等身을 얻으며, 허공계등신虛空界等身을 얻고 내지 적정열반계등신寂靜涅槃界等身을 얻느니라. 불자여, 여래를 따라서 얻은 바의 몸은, 음성과 무애심도 이와 같다는 것을 알아야 한다. 여래는 이와 같은 세 가지의 청정무량을 구족하느니라.[197]

이것은 여래가 성도한 뒤에 얻은 색신과 음성과 무애심은 평등하지 않은 것이 없고 두루 미치지 못한 데가 없음을 밝힌 것이다. 이미 모든 삼세에 평등하다고 하였으니, 어찌 금강 이전에만은 두루 미치지 못하겠는가? 그러나 이 도리는 모든 부처님의 비장이므로 사량思量하는 이들이 헤아려 알 수 있는 것이 아니다. 그러므로 다만 부처님의 말씀을 의지하여 우러러 믿음을 일으킬 뿐이다.

열반의 뜻을 이와 같이 간략하게 판별한다.

又報[1]常家。雖樂常住。而其常義。亦有不足意。謂始有功德不遍於前位故。若此功德有所不遍。卽於法界有所不證。若於法界無所不證。卽等法性無所不遍。如花嚴經言。如來正覺成菩提時。住佛方便。得一切衆生等身。得一切法等身。得一切殺[2]等身。得一切三世等身。得一切法界等身。得虛空界等身。乃至得寂靜涅槃界等身。佛子。隨如來所得身。當知音聲及無礙心。復[3]如是。如來具足如是三種淸淨無量。是明如來成道後所得色身音聲及無礙心。無所不等。無所不遍。旣言等於一切三世。豈不遍金剛以前。然此道理諸佛祕藏。非思量者之所不[4]能測。但依佛言起作[5]信耳。涅槃之義。

---

[197] 『大方廣佛華嚴經』(T9, 626c~627a).

略判如是。

---

1) ㉠ '報'는 문맥에 따르면 '執'이 되어야 한다. 2) ㉡ '殺'은 문맥에 따르면 '刹'이 되어야 한다. 3) ㉢ '復' 앞에는 『大方廣佛華嚴經』에 따르면 '亦'이 들어가야 한다. 4) ㉣ '不'은 잉자剩字인 듯하다. 5) ㉤ '作'은 문맥에 따르면 '仰'이 되어야 한다.

2) 부처님의 마음자리를 해석하는 부문

둘째, 부처님의 마음자리(佛性)의 뜻을 설명한다.

부처님의 마음자리의 뜻은 여섯 부문으로 나누어 논설한다. 첫째, 본체를 나타내고, 둘째, 인과因果를 밝히고, 셋째, 견성見性에 관하여 해석하고, 넷째, 부처님의 마음자리가 있고 없음을 해석하고, 다섯째, 삼세三世를 해석하고, 여섯째, 회통會通에 관하여 논설한다.

第二明佛性義。佛性之義。六門分別。一出體門。二因果門。三見性門。四有無門。五三世門。六會通門。

(1) 본체를 나타냄

출체문出體門 안에는 또한 두 가지가 있으니, 첫째, 여러 학설을 서술하고, 둘째, 여러 학설의 옳고 그름을 가리는 것이다.

出體門內。亦有二重。先序諸說。後判是非。

① 여러 학설을 서술함

예로부터 이 학설을 논한 학자들이 많이 있다고 하더라도 그 뜻의 부류에 따라 서로 묶으면 여섯 가지를 벗어나지 않는다.

> 昔來說雖有百家。義類相攝。不出六種。

가. 내세의 불과를 부처님의 마음자리의 본체로 삼음

첫째 학자의 주장은, 내세의 불과를 가지고 부처님의 마음자리의 본체로 삼는다는 것이다. 이 『대반열반경』「사자후보살품」 제23에 있는 아래의 글에서 말씀하시는 것과 같다.

> 일천제一闡提 등은 착한 법이 있는 것은 아니지만, 부처님은 또한 그들도 내세에는 반드시 있을 것이므로, 모두 다 부처님의 마음자리가 있다고 말씀하신 것이다.[198]

또 「가섭보살품」 제12에서 말씀하신다.

> 현재 세상에서는 번뇌의 인연으로 선근이 끊기지만, 미래에는 부처님의 마음자리란 힘의 인연 때문에 드디어 선근이 생겨나게 한다.[199]

그러므로 내세의 불과가 곧 부처님의 마음자리의 정인正因임을 알아야 한다. 그러한 까닭은, 무명의 첫 생각에는 불성佛性이 없지만, 마음이 있는 이는 곧 내세의 불과를 받을 성품이 있기 때문이다. 그러므로 온갖 선행을 닦아 현재의 불과를 온전히 이루게 된다. 현재의 불과를 이루는 데에는 내세의 불과를 근본으로 삼는다. 그래서 내세의 불과를 논설하여 부처님의 마음자리의 정인으로 삼는다. 이는 백마사白馬寺의 담애曇愛 법사

---

[198] 『大般涅槃經』(T12, 524c).
[199] 『大般涅槃經』(T12, 571c19).

가 도생道生[200] 공공의 뜻을 서술한 것이다.[201]

第一師云。當有佛果。爲佛性體。如下師子吼中說言。一闡提等無有善法。佛亦言。以未來有故悉有佛性。又言。以現在世煩惱因緣能斷善根。未來佛性力因緣故遂[1)]生善根。故知當果卽是正因。所以然者。無明初念不有而已有心卽有當果之性。故修萬行以剋現果。現果卽成當果爲本。故說當果而爲正因。此是白馬寺愛[2)]法師述生[3)]公義也。

1) ㉠ '遂'는 『大般涅槃經』에 따르면 '還'이 되어야 한다. 2) ㉠ '愛' 앞에는 '曇'이 들어가야 한다. 3) ㉠ '生' 앞에는 '道'가 들어가야 한다.

---

200 도생道生(355~434) : 동진東晉에서 유송劉宋 시대에 걸쳐 활약한 스님으로, 속성은 위魏 씨이며, 하북성河北省 거록현鉅鹿縣 출신이다. 구마라집[S] Kumārajīva) 문하의 사걸四傑 가운데 한 사람이고, 여산廬山 백련사白蓮社의 18현인 가운데 한 사람으로 손꼽힌다. 축법태竺法汰를 따라서 출가하였으며, 열다섯 살 때 강좌에 올랐기 때문에 당시의 명사들을 깜짝 놀라게 하였다. 스무 살에 구족계를 받은 뒤에 명성이 더욱 높아져 귀족과 명사들이 줄을 이어 그의 강의를 듣기 위하여 몰려들었다. 융안隆安 연간(397~401)에 여산廬山에 들어가 혜원慧遠에게 사사師事하고, 7년에 걸쳐서 경론을 연구하다가 뒤에 혜원의 제자인 혜예慧叡·혜엄慧嚴·혜관慧觀과 함께 장안長安으로 가서 구마라집의 문하생이 되었다. 의희義熙 5년(409)에 건강建康으로 돌아와 음원사音園寺에서 수행하였으며, 경평景平 1년(423)에는 불대집佛大什과 지승智勝에게 간청하여 『五分律』 34권을 역출하도록 하였다. 경을 강의할 때를 보면 경문을 해석하는 데에 머무르지 않고, 경의 진의를 캐는 데에 주력하여, 선불수보의善不受報義 및 돈오성불의頓悟成佛義 등의 새로운 학설을 제창하면서, 『二諦論』·『佛性當有論』·『法身無色論』·『佛無淨土論』·『應有緣論』 등을 저술하여 찬부양론贊否兩論을 일으켰다. 또 6권 『泥洹經』이 건강에 전래되었을 때에는, 아직 경에서는 말씀하고 있지 않은 일천제 성불설을 주장하였기 때문에, 이단사설異端邪說이라고 하여 맹렬한 비난을 받고, 호구산虎丘山에 한때 은거하다가 원가元嘉 7년(430)에 다시 여산으로 되돌아왔다. 鎌田茂雄, 『中國佛敎史辭典』, 東京堂出版, 1981, p.278.

201 본문에는 "此是白馬寺愛法師述生公義也"라고 되어 있다. 布施浩岳, 『涅槃宗之硏究』 後篇, 國書刊行會, 1973, pp.245~246. 布施浩岳 선생은, 백마사白馬寺 애 법사愛法師의 '애愛'를 담애曇愛라고, 생 공생公의 '생생'을 도생道生이라고 논증하고 있으므로, 이를 따르기로 한다.

나. 현세의 중생을 부처님의 마음자리의 본체로 삼음

둘째 학자의 주장은, 현세에 있는 중생을 가지고 부처님의 마음자리의 본체로 삼는다는 것이다. 왜냐하면 중생의 작용은 통틀어 심법을 다스리며, 중생의 의의는 어디에서나 생명을 받기 때문이다. 이와 같이 마음을 조어하는 주인은 내세에 반드시 대각을 이룰 것이다. 그러므로 중생을 정인의 본체로 삼는다고 설한 것이다. 이『대반열반경』「사자후보살품」제23 가운데에서 말씀하시는 것과 같다.

중생이 지닌 부처님의 마음자리는 또한 두 가지 인因이 있다. 첫째는 정인正因이며 둘째는 연인緣因이다. 정인이란 모든 중생을 말하며 연인이란 여섯 가지 바라밀을 말하느니라.[202]

장엄사의 승민僧旻[203] 법사의 뜻이다.

第二師云。現有衆生。爲佛性體。何者。衆生之用。總御心法。衆生之義。處

---

202 『大般涅槃經』(T12, 775b).
203 승민僧旻(467~527) : 속성은 손孫 씨이며, 양梁 삼대법사三大法師의 한 사람으로, 오군吳郡(江蘇省 蘇州) 부춘富春 출신이다. 7세에 출가하여 호구虎丘의 서산사西山寺에서 수행하면서 승회僧回의 제자가 되었다. 13세에 승회를 따라서 양도楊都로 가서 백마사白馬寺에서 수행을 하는 도중, 16세 때에 스승을 잃고, 장엄사莊嚴寺로 이주하여 담경曇景에게 의탁해서 수행하였다. 승유僧柔 · 혜차慧次 등에게 의탁하여 경론을 모두 통달하였다. 영명永明 7년(489) 보홍사普弘寺에서 승유 · 혜차가『成實論』을 강론할 때에 서로 논의하였는데, 이때 혜차를 경탄하게 하였다. 영명 10년 26세 때 처음으로 흥복사興福寺에서『成實論』을 강의하여 크게 이름을 날렸다. 양무제梁武帝의 신임을 얻어, 칙명으로 혜륜전慧輪殿에서『勝鬘師子吼一乘大方便方廣經』을 강의하였으며, 상정림사上定林寺에서는 석학 30인의 수장이 되어 일체경一切經을 초출하여 80권으로 묶어 냈다. 鎌田茂雄,『中國佛敎史辭典』, 東京堂出版, 1981, p.217.

處受生。如是御心之主。必當能成大覺。故說衆生爲正因體。如師子吼中言。衆生佛性。亦二種因。者。¹⁾ 謂諸衆生也。莊嚴寺²⁾是法師義也。

---

1) ㉠ '者' 앞에는 『大般涅槃經』에 따르면, 앞에 '一'을 넣고 다음에는 '正因。二者緣因。正因者。'를 넣어야 한다. 2) ㉠ '寺' 다음에는 '僧旻'을 넣고 '是'를 삭제해야 한다.

다. 중생의 심성을 정인의 본체로 삼음

셋째 학자의 주장은, 중생의 마음은 목석과 달라서 반드시 고뇌를 싫어하고 열락悅樂을 구하는 성품이 있다는 것이다. 이러한 성품이 있기 때문에 온갖 선행을 닦아서 마침내는 가장 높은 보리菩提의 낙과樂果에 돌아오게 된다. 그러므로 심성心性을 논설하여 정인의 본체로 삼는다. 이 『대반열반경』 「사자후보살품」 제23에 있는 아래의 글에서 말씀하시는 것과 같다.

모든 중생은 모두 다 마음이 있다. 무릇 마음이 있다는 것은 반드시 내세에 안웃따라쌈약쌈보디(阿耨多羅三藐三菩提)[204]를 이룰 것이니라.[205]

또 『승만경』에서 말씀하신다.

세존이시여, 만일 여래장이 없으면 고뇌를 싫어하여 열반을 간절히 구하지 않을 것입니다.[206]

---

204 안웃따라쌈약쌈보디(阿耨多羅三藐三菩提): ⓢ anuttara-samyak-saṃbodhi. 아뇩다라삼먁삼보리阿耨多羅三藐三菩提라고 음사하며, 무상정등각無上正等覺이라고 번역한다.
205 『大般涅槃經』(T12, 769a).
206 『勝鬘師子吼一乘大方便方廣經』(T12, 222b).

이러한 주장은 광택사의 법운法雲[207] 법사의 뜻이다.

第三師云。衆生之心。異乎木石。必有厭苦求樂之性。由有此性故修萬行。終歸無上菩提樂果。故說心性爲正因體。如下文言。一切衆生悉皆有心。凡有心者必當得成阿耨菩提。夫人經言。若無如來藏下[1]得厭苦樂求涅般故。此是光宅寺雲[2]法師義也。

1) ㉮ '下'는 '不'인 듯하다. ㉱ 『勝鬘師子吼一乘大方便方廣經』에 따르면 '不'이 되어야 한다. 2) ㉱ '雲' 앞에는 '法'을 넣어야 한다.

라. 마음에 있는 신령을 정인의 본체로 삼음

넷째 학자의 주장은, 마음은 신령을 가지고 있어 그 본성을 잃지 않는다는 것이다. 이와 같은 마음의 신령스러움이 벌써 내 몸 안에 있으므로, 곧 목석 등의 감정이 없는 사물과는 다르다. 이 때문에 능히 대각의 과보를 이루게 된다. 그러므로 마음의 신령스러움을 정인의 본체로 삼는다고 설한다. 이 『대반열반경』 「여래성품」 제12에서 말씀하신다.

아我라는 것은 곧 여래장의 뜻이다. 모든 중생들이 모두 다 부처님의 마음자리가 있으므로 이것이 곧 아라는 뜻이다.[208]

---

207 법운法雲(467~529) : 속성은 주周 씨이며, 양梁 삼대법사三大法師의 한 사람으로, 의흥의興 양선陽羨(河北省 鎭江 宜興) 출신이다. 7세에 출가하여 건강建康 장엄사莊嚴寺에서 수행하면서, 승성僧成·현취玄趣·보량寶亮의 제자가 되고, 13세 때에 비로소 수업하기 시작하였다. 중흥사中興寺 승인僧印에게서 『妙法蓮華經』을 배웠다. 남제南齊 영명永明 연간(483~493)에 승유僧柔가 도림사道林寺에서 강의를 할 때에 수학하면서 동학인 승민僧旻과 함께 이름을 날렸다. 건무建武 4년(497) 여름 묘음사妙音寺에서 처음으로 『法華經』·『淨名經』을 개강하여 당시 아주 우수한 스님으로 이름을 날렸다. 양무제梁武帝로부터 융숭한 대우를 받아 칙명에 따라서 광택사光宅寺로 들어갔다. 鎌田茂雄, 『中國佛敎史辭典』, 東京堂出版, 1981, p.341.
208 『大般涅槃經』(T12, 648b).

이 『대반열반경』「사자후보살품」 제23 가운데에서 말씀하신다.

부처님의 마음자리가 아닌 것은 곧 담장·담벽·기와·돌 등의 무정물을 말하는 것이다. 이와 같은 무정물이 아닌 것을 부처님의 마음자리라고 부른다.[209]

이러한 주장은 양梁 나라의 무왕武王 소연蕭衍[210] 천자天子의 뜻이다.

第四師云。心有神靈不失之性。如是心神已在身內。卽異木石等非情物。由此能成大覺之果。故說心神爲正因體。如來性品云。我者卽是如來藏義。一切衆生悉有佛性。卽是我義。師子吼中言。非佛性者謂瓦石等無情之物。離如是等無情之物是名佛性故。此是梁武蕭焉[1)]天子義也。

1) ㉓ '焉'은 중국 양무제의 이름이므로 '衍'이 되어야 한다.

마. 아뢰야식의 본디 종자를 부처님의 마음자리의 본체로 삼음

다섯째 학자의 주장은, 아뢰야식阿賴耶識[211]의 본디 종자(法爾種子)를 부

---

209 『大般涅槃經』(T12, 828b).
210 무왕武王 소연蕭衍 : 재위 502~549. 소연은 양무제梁武帝의 이름이다. 그의 자는 숙달叔達이다. 남조 문화의 최고의 번성기를 출현시켰으며, 남조의 불교도 정점에 이르도록 한 임금이다. 유학·문학을 깊이 연구하고, 불교를 돈독하게 신봉하였다. 달마대사와의 일화는 불교사에서 대단히 유명하다. 천감 3년(504)에는 도교를 버리고 불교에 귀의하여야 한다고 선언하였으며, 동 10년에는 스스로 단주육문斷酒肉文을 공표하고 불교도로서의 계율생활에 들어갔으며, 더욱이 동 16년 3월에는 제례에 있어서 동물 등을 바치는 희생犧牲 폐지廢止의 명령을 내렸다. 鎌田茂雄, 『中國佛敎史辭典』, 東京堂出版, 1981, p.332.
211 아뢰야식阿賴耶識 : Ⓢ ālaya-vijñāna. 여래장 계통에서는 아리야식阿梨耶識, 유식 계통에서는 아뢰야식이라고 음역하는 것이 보편적이다. 장식藏識이라고 한역한다. 유식설에서의 아뢰야식의 이해를 돕기 위하여 구조적으로 설명하면 아래와 같다.

처님의 마음자리의 본체로 삼는다는 것이다. 이 『대반열반경』에서 말씀하시는 것과 같다.

> 부처님의 마음자리라는 것은 모든 부처님의 안웃따라쌈약쌍보디(阿耨多羅三藐三菩提)의 중도 종자이다.[212]

또 『유가사지론』에서 말씀하신다.

> 본성주종성(性種性)이라는 것은, 모든 보살의 육처가 수승한 것을 말하며, 이와 같은 상이 있으므로, 시작이 없는 세계로부터 전전하여 전하여 오면서 법답게 얻어진다.[213]

이러한 주장은 신사新師[214]들의 뜻이다.

	識 vijñāna	境(對象) viṣayāḥ	根(所依處) indriya	能變	
제1식	眼識	色境	眼根 意識, manas, ālaya識	第三能變	감각
제2식	耳識	聲境	耳根 意識, manas, ālaya識	第三能變	감각
제3식	鼻識	香境	鼻根 意識, manas, ālaya識	第三能變	감각
제4식	舌識	味境	舌根 意識, manas, ālaya識	第三能變	감각
제5식	身識	觸境	身根 意識, manas, ālaya識	第三能變	감각
제6식	意識 mano-vijñāna	法境 dharmāḥ	mana-indriya (前滅의 의식·manas) ālaya識	第三能變	대상의식
제7식	manas識	ālaya識의 見分	ālaya識	第二能變	자아의식
제8식	ālaya識	有根身 種子 器界	그 자체이므로 근이 없다고 말함	第一能變	근본식/종자식 이숙식/장식

212 『大般涅槃經』(T12, 523c).
213 『瑜伽師地論』(T30, 478c).
214 신사新師 : 현장으로부터 시작하는 유식학을 신유식이라고 하며, 그 이전의 유식을 구유식이라고 한다. 따라서 여기서 말하는 신사新師는 현장을 개조로 하는 중국의 법상종을 가리킨다. 深浦正文, 『唯識學研究』上卷, p.290, 永田文昌堂, 1954.

第五師言。阿賴耶識法爾種子。爲佛性體。如此經言。佛性者一切諸阿耨菩提中道種子。瑜伽論云。性種性者六處殊勝。有如是相。從無始世。展轉傳來法爾所得。此意新師等義。

바. 아마라식인 진여의 깨달은 성품을 부처님의 마음자리의 본체로 삼음

여섯째 학자의 주장은, 아마라식阿摩羅識²¹⁵인 진여의 깨달은 성품을 부처님의 마음자리의 본체로 삼는다는 것이다. 이 『대반열반경』에서 말씀하시는 것과 같다.

> 부처님의 마음자리라는 것은 제일의공第一義空을 말하며, 제일의공을 지혜라 한다.²¹⁶

또 『구경일승보성론』에서 논술한다.

> 저 진여의 깨달은 성품이라는 것은 이 뜻에 의존하기 때문이다. 『육근취경六根聚經』에서 말씀하시는 것과 같다. "육근은 이와 같이 무시로부터 그 이래로 드디어는 구경의 모든 법의 체이다."²¹⁷

여러 학자의 주장은 이와 같다.

第六師云。阿摩羅識眞如解性。爲佛性體。如經言。佛性者名第一義空。第

---

215 아마라식阿摩羅識 : ⓢ amala-vijñāna. 무구식無垢識 또는 청정식淸淨識이라고 한역한다.
216 『大般涅槃經』(T12, 767c).
217 『究竟一乘寶性論』(T31, 835b).

一義空名爲智愚.[1] 寶性論云。及彼眞如性者。如六根聚經說。六根如是。
從無始來畢竟究竟諸法體故。諸說如是。

1) ⓔ '愚'는 문맥에 따르면 '慧'가 되어야 한다.

② 여러 학설의 옳고 그름을 가림

다음으로 여러 학설의 옳고 그름을 가리겠다. 위의 여러 학자의 주장은 모두 옳기도 하고 그르기도 하다. 그러한 까닭은, 부처님의 마음자리는 그런 것도 아니며, 그렇지 않은 것도 아니기 때문이다. 그런 것도 아니기 때문에 여러 학설이 모두 그르다고 생각하며, 그렇지 않은 것도 아니기 때문에 여러 학설이 다 옳다고 생각한다. 그 이유는 무엇인가?

그것은 여섯 학자의 학설이 두 가지 길에서 벗어나지 않기 때문이다. 처음의 한 학자는 내세에 있을 불과를 가리키는 것이고, 뒤의 다섯 학자는 모두 지금 가지고 있는 인因을 근거로 한 것이다. 뒤의 다섯 학자 가운데에는 또한 두 가지 대립되는 견해가 있으니, 뒤의 한 학자는 진제眞諦를 중심으로 한 것이고, 앞의 네 학자는 속제俗諦를 따른 것이다. 속제를 따르는 네 학자의 학설은 인人과 법法에서 벗어나지 않으니, 앞의 한 학자는 인人을 근거로 하여 논술하고 있으며, 뒤의 세 학자는 법法을 근거로 하여 논술하고 있는 것이다. 법을 근거로 한 세 학자의 주장은 기起[218]와 복伏[219]에 지나지 않으니, 뒤의 한 학자의 주장은 종자를 들어 말한 것이요, 앞의 두 학자의 주장은 상심上心을 들어 말한 것이다. 상심上心을 들어 말한 주장에는 뜻을 따라 학설을 달리한 것뿐이다.

그러나 부처님의 마음자리의 체는 바로 한마음(一心)이며, 한마음의 성

---

218 기起 : Ⓢ utpāda. 나타나는 것.
219 복伏 : Ⓢ nigraha. 아직 그 종자를 잃어버리기까지에는 미치지 않은 상태로서, 종자는 아직 있어도 지혜의 힘으로 말미암아 현행이 일어나지 못한 것을 말한다.

품은 모든 극단적 견해를 초월한 것이다. 모든 극단적 견해를 초월하였기 때문에 도무지 해당되는 것이 없다. 해당되는 것이 없기 때문에 해당되지 않는 것도 없다. 그러므로 마음을 근거로 하여 논술하면, 마음은 인因도 아니고 과果도 아니며, 진제도 아니고 속제도 아니며, 인人도 아니고 법法도 아니며, 기起도 아니고 복伏도 아니다. 그러나 그것은 연緣을 근거로 하여 논술하면, 마음은 기起도 되고 복伏도 되며, 법法도 되고 인人도 되며, 속제도 되고 진제도 되며, 인因도 되고 과果도 된다. 그러므로 이것은 그런 것도 아니며, 그렇지 않은 것도 아니라고 생각한다. 그렇기 때문에 여러 학자의 주장이 모두 그르기도 하고 모두 옳기도 하다는 것이다.

次判是非者。此諸師說皆是非。所以然者。佛性非然非不然故。以非然故諸說悉非。非不然故諸義悉是。是義志[1]云何。六師所說不出二途。初一指於當有之果。後五同據今有之因。此後五中。亦爲二倒。[2] 後一在於眞諦。前四隨於俗諦。俗諦四說。不出人法。前一擧人。後三據法。據法三義。不過起伏。後一種子。前二上心。上心之內。隨義異說耳。然佛性之體。正是一心。一心之性。遠離諸邊。遠離諸邊故都無所當。無所當故。無所不當。所以就心論。心非因非果非眞非俗非人非法非起非伏。如其約緣論。心爲起爲伏作法作人爲俗爲眞作因作果。是謂非然非不然義。所以諸說皆非皆是。

1) ㉻ '志'는 문맥에 따르면 연자衍字인 듯하다.　2) ㉻ '倒'는 문맥에 따르면 '對'가 되어야 한다.

총체적으로 논술하면 그렇지만 그 가운데에서 분별하여 논술하면, 한 마음(一心)의 법에 두 가지 뜻이 있으니, 하나는 더럽게 물이 들지 않으면서 더럽게 물이 드는 것이며, 또 하나는 더럽게 물이 들면서 더럽게 물이 들지 않는 것이다.

더럽게 물이 들면서 더럽게 물이 들지 않는 것이라는 말은, 한맛(一味)이며 적정하다는 뜻이고, 더럽게 물이 들지 않으면서 더럽게 물이 드는 것이라는 말은, 육도에 유전한다는 뜻이다. 이 『대반열반경』에 있는 아래의 글에서 말씀하시는 것과 같다.

> 한맛인 약이 그 흘러가는 곳을 따라 여러 가지로 다르다. 그러나 이 약의 참맛은 그것이 흘러나온 산에 머물러 있다.[220]

또 『승만경』에서 말씀하신다.

> 자성이 청정한 마음은 분명히 알기 어려우니라. 그러나 그 마음이 번뇌 때문에 더럽게 물들게 되는 것도 또한 분명히 알기 어려우니라.[221]

『대승기신론』 가운데에서 이 뜻을 자세히 풀이하고 있다.
이 학설은 진제眞諦 삼장의 주장으로, 위에 든 여섯째 학자가 논술한 진여·부처님의 마음자리이며, 더럽게 물이 들면서 더럽게 물이 들지 않는다는 부분에 해당한다. 그리고 앞의 다섯 학자의 주장은, 모두 더럽게 물이 들지 않으면서 더럽게 물이 든다는 부분에 해당한다.
왜냐하면 염오染汚를 따르는 마음은 한 가지 성품을 지키지 못하고 인연을 대하여 과보를 바라보면 반드시 생겨나게 된다. 이렇게 생겨나는 것의 성품은 훈습으로 인하여 이루어지는 것이 아니다. 그러므로 '본디 종자'라고 말하게 되는 것이니, 이는 다섯째 분의 주장이 이 부분에 해당한다.
또는 이와 같이 염오를 따르는 마음이 전전하여 생멸하는 식의 계위를

---

220 『大般涅槃經』(T12, 649b).
221 『勝鬘師子吼一乘大方便方廣經』(T12, 222c).

짓지만, 그러나 늘 '신령스럽게 깨닫는 성품'을 잃지 아니한다. 이 '신령스럽게 깨닫는 성품'을 잃지 않기 때문에 마침내는 마음의 근원에 돌아온다는 것이니, 이는 넷째 분의 주장이 이 부분에 해당된다.

또는 염오를 따라 생겨나고 소멸하는 마음이 안에서 훈습하는 힘을 의지하여 두 가지 업을 일으킨다. 말하자면 고를 싫어하는 것과 낙을 구하는 능인能因이다. 이것이 근본이 되어 내세에는 극과에 이르는 것이니, 이는 셋째 분의 주장이 이 부분에 해당된다.

이와 같은 일심이 염오를 따라 전전할 때에 이르는 곳을 따르면서 모든 법을 통틀어 제어하여 곳곳에서 생명을 받으니 이것을 '중생'이라고 부른다. 이는 둘째 분의 주장이 이 부분에 해당된다.

이와 같은 중생의 본각이 전전하는바, 반드시 미래에는 대각의 과위에 이르게 되지만, 그러나 지금은 아직 나타나지 않는다. 그러므로 '미래의 불과'라고 부른다. 이는 첫째 분의 주장이 이 부분에 해당한다.

이러한 의미에서 볼 때, 여섯 분의 말씀이 비록 다 부처님의 마음자리의 실체를 완전하게 설명하지는 못하였지만, 각기 부분적으로 말씀하였으므로 일리는 있다고 말할 수 있다. 그러므로 이 『대반열반경』에 있는 아래의 글에서 말씀하시는 것과 같다.

> 저 눈먼 사람이 각기 코끼리에 대하여 말하는 것과 같으므로, 비록 코끼리의 실체를 얻지는 못하였지만, 그렇다고 코끼리를 말하지 않은 것은 아니다. 부처님의 마음자리라고 말하는 것도 이와 같다. 여섯 가지 법에 상즉한 것도 아니며 여섯 가지 법을 벗어난 것도 아니다.[222]

이 가운데에서 여섯 분의 학설도 또한 그러한 줄을 알아야 한다.

---

[222] 『大般涅槃經』(T12, 802b).

부처님의 마음자리의 체를 나타내는 부문을 마친다.

總說雖然。於中分別者。於一心法。有二種義。一者不染而染。二者染而不染。一味寂靜。不染而染。流轉六道。如下文言。一味[1]藥隨其流處有種種味。而其眞味停留在山。夫人經言。自性淸淨心難可了知。彼心爲煩惱所染。此亦難可了知。起信論中廣顯是義。此者眞諦三藏之義。第六師說。眞如佛性得於染而不染門也。前之五義皆在染門。何者。隨染之心不守一性。對緣望果必有可生。可生之性不由熏成。是故說名法爾種子。第五師義得此門也。又卽如是隨染之心乃至轉作生滅識位而恒不失神解之性。由不失故終歸心原。第四師義亦當此門也。又若隨染生滅之心依內熏力起二種業。所謂厭苦求藥之能因。此爲本當至極果。第三師義當此門也。如是一心隨染轉時。隨所至處總御諸法處處 受生說名受[2]生。第二師義合於是門也。如是衆生本覺所轉必當得至大覺之果。而今來[3]現說名當果。第一師義合於是門也。由是義故。六師所說雖皆未盡佛性實體隨門而說各得其義。故下文說如彼盲人各各說象。雖不得實非不說象。說佛性者亦復如是。不卽六法不離六法。當知此中六說亦爾。出體門竟。

1) ㉠ '味' 다음에는 『大般涅槃經』에 따르면 '之'가 들어가야 한다. 2) ㉠ '受'는 문맥에 따르면 '衆'이 되어야 한다. 3) ㉠ '來'는 문맥에 따르면 '未'가 되어야 한다.

(2) 인과를 밝힘

① 통틀어 논설함

둘째, 인과의 문을 밝힌다. 부처님의 마음자리의 체는 인도 아니며 과도 아니다. 그렇지만 또 인위와 과위의 성품이 아닌 것도 아니다. 그러한 까닭은 체를 들어서 인으로 삼고 과로 삼기 때문이다. 과위의 부처님의

마음자리란 붓다의 체성이기 때문에 부처님의 마음자리라고 부른다. 이
『대반열반경』「가섭보살품」 제24에서 말씀하시는 것과 같다.

> 부처님의 십력十力[223]과 사무외四無畏[224] 등의 한량이 없는 모든 법이
> 부처님의 성품이다.[225]

또 이 『대반열반경』에 있는 아래의 글에서 말씀하시는 것과 같다.

> 부처님은 벌써 안웃따라쌈약쌍보디(阿耨多羅三藐三菩提)를 얻었기 때
> 문에, 모든 부처님의 마음자리와 모든 부처님의 법은 언제나 변하거나
> 바뀌는 일이 없다. 그러므로 삼세三世가 없는 것이 마치 허공과 같다.[226]

---

223 십력十力 : ⓢ Daśa balāni. ① 처비처지력處非處智力-도리에 맞는가 맞지 않는가를 변별하는 지혜의 힘. ② 업이숙지력業異熟智力-하나하나의 업인業因과 그 과보果報와의 관계를 여실히 아는 지혜의 힘. ③ 정려해탈등지등지지력靜慮解脫等持等至智力-사선四禪·팔해탈八解脫·삼삼매三三昧 등의 선정을 아는 지혜의 힘. ④ 근상하지력根上下智力-중생의 근기의 상하우열上下優劣을 아는 지혜의 힘. ⑤ 종종승해지력種種勝解智力-중생의 여러 가지 바람을 아는 지혜의 힘. ⑥ 종종계지력種種界智力-중생이나 제법의 본성을 아는 지혜의 힘. ⑦ 변취행지력遍趣行智力-중생이 지옥·열반 등 어느 곳으로 갈 것인가를 아는 지혜의 힘. ⑧ 숙주수념지력宿住隨念智力-자타의 과거세의 것을 생각해 내는 지혜의 힘. ⑨ 사생지력死生智力-중생이 이 세상에서 죽은 다음 저 세상에 태어나는 것을 아는 지혜의 힘. ⑩ 누진지력漏盡智力-번뇌를 끊은 경지와 그곳에 도달하기 위한 수단을 여실히 아는 지혜의 힘.
224 사무외四無畏 : 부처님이 가지는 두려움이 없는 지혜를 말한다. ① 정등각무외正等覺無畏-모든 법을 평등하게 깨달아서 다른 사람의 힐난詰難을 두려워하지 아니함. ② 누영진무외漏永盡無畏-번뇌를 다 끊어서 외난外難을 두려워하지 아니함. ③ 설장법무외說障法無畏-악법惡法이 보리에 장애가 됨을 말하여 다른 사람의 비난을 두려워하지 아니함. ④ 설출도무외說出道無畏-고苦의 세계를 벗어나는 도리를 말하여 어떠한 비난도 두려워하지 아니함.
225 『大般涅槃經』(T12, 818a).
226 『大般涅槃經』(T12, 828b).

이런 것들과 같은 경의 글은 모두 과위의 부처님의 마음자리를 증명하는 것이다. 인위의 부처님의 마음자리란 붓다를 만드는 성품이다. 그러므로 부처님의 마음자리라고 부른다. 이 『대반열반경』「사자후보살품」 제23 가운데에서 말씀하시는 것과 같다.

> 이것은 인위이며 과위가 아니기 때문에, 부르기를 부처님의 마음자리라고 한다. 이것은 인생因生이 아니기 때문에, 이것은 인因이며 과果가 아니다.[227]

또 이 『대반열반경』에 있는 아래의 글에서 말씀하시는 것과 같다.

> 중생의 부처님의 마음자리에도 또 두 가지의 인因이 있다. 첫째는 정인正因이며, 둘째는 연인緣因이다. 정인이란 모든 중생을 말하며, 연인이란 여섯 가지 바라밀을 말씀하신다.[228]

이런 것들과 같은 경의 글은 모두 인위의 부처님의 마음자리를 논설하는 것이다.

第二明因果門。佛性之體。非因非果。而亦不非因果性。所以擧體。作因作果。果佛性者。佛之體性。故名佛性。如迦葉品云。如來十力。四無畏等。無量諸法。是佛之性。又下文言。如來已得阿耨菩提。所有佛性。一切佛法。常無變易。故無三世。猶如虛空。如是等文。明果佛性。因佛性者。作佛之性。故名佛性。如師子吼中言。是因非果 名爲佛性。非因生故 是因非果。

---

227 『大般涅槃經』(T12, 774c).
228 『大般涅槃經』(T12, 775b).

又下文言。衆生佛性。亦二種因。正因者謂諸衆生。緣因者謂六波羅蜜。如是等文。說因佛性。

② 분석하여 논설함

통틀어 말하면 그렇다고 말할 수 있지만, 이 가운데서 분별하면 과위의 부처님의 마음자리에 두 가지가 있는데, 생겨나는 바의 과果와 깨달은 바의 과果이다. 깨달은 바의 과는 열반의 과위를 가리키며 이는 곧 법신불이다. 생겨나는 바의 과는 깨달음의 과위를 가리키며 이는 곧 보신불이다. 이 두 가지의 과위에 대하여 두 가지의 부처님의 마음자리를 논설한다. 법신불의 성품은 본성이 청정한 부문에 있으며 보신불의 성품은 염을 따라서 작용한 부문에 있다. 이 『대반열반경』 「사자후보살품」 제23 가운데에서 말씀하시는 것과 같다.

> 선남자야, 내가 말하는 바의 열반의 인이란, 말하자면 부처님의 마음자리이다. 부처님의 마음자리란 성품은 열반을 낳지 않으므로, 나는 열반은 인이 아니라고 말한다. 그러나 번뇌를 아주 잘 깨뜨리므로 커다란 과라고 부른다. 이 과는 도로부터 생겨나는 것이 아니므로 과가 아니라고 부른다. 그러므로 열반은 인도 아니고 과도 아니다.[229]

이런 것들과 같은 경의 말씀은 법신불의 성품을 나타내는 것이다. 다만 숨은 뜻을 나타내어 인과 과라고 말하는 것이다. 이 『대반열반경』 「가섭보살품」 제24에서 말씀하신다.

---

[229] 『大般涅槃經』(T12, 784a).

부처님의 마음자리란 일법一法이라고 말할 수도 없고 십법十法이라고 말할 수도 없으며, 백법百法이라고 말할 수도 없고 천법千法이라고 말할 수도 없으며, 만법萬法이라고 말할 수도 없다. 아직 안웃따라쌈약쌍보디(阿耨多羅三藐三菩提)를 얻지 못하였을 때, 온갖 선·불선·무기를 모두 부처님의 마음자리라고 부르기 때문이다.[230]

부처님의 마음자리가 아닌 것이란, 말하자면 온갖 담·벽·기와·돌 등의 정이 없는 사물을 가리킨다. 이들과 같은 정이 없는 사물을 제외하고는, 이것을 부처님의 마음자리라고 부른다.[231]

이런 것들과 같은 경의 말씀은 보신불의 성품을 밝힌 것이다. 그것은 염을 따라서 움직이는 마음으로서, 비록 삼성三性에 공통이라고 하지만, 그러나 또한 신령스러운 깨달음의 성품을 잃지 않기 때문에, 이것을 보신불의 성품이라고 말씀하신다.

다만 간별簡別하기 위하여, 법신불의 본성을 드러내는 부문에서는 모든 유정·무정을 두루하며, 그러므로 보신불의 본성을 드러내는 부문에서는 무정의 사물은 취하지 않는다.

總說雖然。於中分別者。果有二種。所生所了。所了果謂涅槃。果卽是法身。所生果者謂菩提。果卽是報佛。對此二果。說二佛性。法佛性者。在性淨門。報佛性者。在隨染門。如師子吼中言。善男子。我所宣說涅槃因者。所謂佛性之性。不生涅槃。是故無因。能破煩惱。故名大果。不從道生。故名無果。是故涅槃。無因無果。是文正顯法佛之性。唯約隱顯。說爲因果也。迦葉品

---

[230] 『大般涅槃經』(T12, 828a).
[231] 『大般涅槃經』(T12, 828b).

云。夫佛性者。不名一法。不名萬法。未得阿耨菩提之時。一切善不善無記法。盡名佛性。非佛性者。所謂一切牆壁瓦石無情之物。離如是等無情之物。是名佛性。是文正明報佛之性。以隨染動心。雖通三性。而亦不失神解之性。故說此爲報佛性。但爲簡別。怯[1])佛性門。遍一切有情無情。是故於報佛性。不取無情物也。

1) ㉠ '怯'은 '法'인 듯하다.

③ 공통점을 논설함

분별하는 부분에서는 그렇다고 하더라도, 실제에 나아가서 공통되는 점을 논설하면 본성이 청정한 본각(性淨本覺)도 또한 보신과 응신의 두 불신의 성품이 되며, 염을 따르는 깨달은 성품(隨染解性)도 또한 법신法身[232]의 인이 되는 것이다. 무엇을 가지고 그런 줄 아는가?『구경일승보성론』에서 논술한다.

두 가지 부처님의 마음자리(佛性)에 의지하여 세 가지 불신을 나타낼 수 있다.[233]

『불성론佛性論』가운데서도 이런 뜻을 나타내어 논설한다.

---

232 법신法身 : Ⓢ dharma-kāya. 삼신三身의 하나로서, 법신法身·법신불法身佛·자성신自性身·법성신法性身·보불寶佛 등이라고 한다. 설일체유부에서는 부처님이 말씀하신 정법, 혹은 십력十力 등의 공덕법을 말한다. 법의 집회. 대승에서는 구극究極·절대絶對의 존재를 말하고, 일체의 존재는 그것의 나타남이라고 풀이한다. 진리를 몸으로 하고 있다는 뜻이다. 진리 그 자체. 영원의 이법으로서의 부처님. 본체로서의 신체. 그것은 순수하여 차별하는 성질이 없으며, 공과 같은 것이다.
233 『究竟一乘寶性論』(T31, 839a).

부처님의 마음자리에는 두 가지가 있으니, 첫째는 자성에 안주하는 부처님의 마음자리이며, 둘째는 이끌어 내는 부처님 마음자리이다. 이 두 부처님의 마음자리로 인하여 성취를 이룬다. 자성에 안주하는 부처님의 마음자리를 나타내려고 하기 때문에 땅속의 보장의 비유를 말씀하시고, 이끌어 내는 부처님 마음자리를 나타내려고 하기 때문에 암라수의 싹을 비유로 삼아 말씀하신다. 이 두 가지의 인을 근거로 하기 때문에 세 가지 불신의 과위를 말씀하신다. 첫째는 자성에 안주하는 부처님의 마음자리로 인하여 법신을 말씀하시며, 법신에는 네 가지 공덕이 있다. 그러므로 부패한 누더기 속의 진금의 비유를 말씀하신다. 둘째는 이끌어 내는 부처님 마음자리로 인하여 응신을 말씀하시며, 응신에는 네 가지 공덕이 있다. 그러므로 가난하고 미천한 여인이 전륜성왕을 잉태한 비유를 말씀하신다. 셋째는 이끌어 내는 부처님 마음자리로 인하여 다시 화신을 낳으며, 화신에는 세 가지 일이 있다. 그러므로 아라한 가운데의 불상을 말씀하여 비유로 삼는다. ……[234]

이 논의 뜻은, 틀림없이 얻은 인因 속에 세 가지 부처님의 마음자리를 갖추고 있다는 것이다. 틀림없이 얻은 인은 이理를 본체로 삼는 것과 같기 때문이다. 마치 자성이 청정한 부문 가운데의 진여라는 부처님의 마음자리가 공통으로 세 가지 불신이 되는 것과 같다. 그래서 정인正因이 되는 것이다. 위에서 벌써 자성이 청정한 본각은 생겨나고 소멸하는 것은 아니라고 하지만, 그러나 두 가지 불신이 될 수 있는 정인이 되는 것이라고 논설한다.

그러므로 염染을 따르는 깨달은 성품이 비록 상주하는 것은 아니라고 하더라도, 법신을 이루는 정인의 성품이 되는 것임을 꼭 알아야 한다. 『부

---

[234] 『佛性論』(T31, 808b~809a).

증불감경不增不減經』에서 말씀하시는 것과 같다.

곧 이 법신은 번뇌에 얽혀서 시작을 모르는 과거로부터 그 이래로 세간을 수순隨順하고, 물결에 표류하면서 가고 오며 생겨나고 죽는 이를 부르기를 중생이라고 하며, 온갖 더러움을 벗어나 피안彼岸[235]에 머물고, 온갖 법에서 무애 자재한 힘을 얻은 이를 부르기를 여래·응공[236]·정변지라고 한다. 내지 자세하게 말씀하신다.[237]

『대승기신론』 가운데에서도 이 뜻을 나타내기 위하여 비유를 들어 논술한다.

예를 들면 큰 바다의 물이 바람으로 말미암아 큰 물결을 일으키고 있을 때에는 물결의 출렁거리는 모습과 바람결의 움직이는 모습은 서로 떼어 놓을 수 없는 관계에 있으므로, 이것을 구별하는 것은 불가능하다. (그러나 물 자체는 움직이는 성질을 가지고 있는 것이 아니므로 만일에 바람이 멈추게 되면 물결의 출렁거리는 모습만 멈출 뿐이며, 본디의 축축한 성질은 파괴되는 것이 아니다.) 그와 마찬가지로 모든 사람들이 본디 갖추고 있는 자성이 맑고 깨끗한 마음이 무명이란 바람으로 말미암아 큰 물결을 일으키고 있을 때에는, 자성이 맑고 깨끗한 마음과 무명은

---

235 피안彼岸 : 미혹의 생존인 이쪽을 차안此岸이라고 하고 이에 대해서 깨달음의 세계인 저쪽을 피안彼岸이라고 한다. 바라밀다波羅蜜多(S) pāramitā)의 번역, 자세히 말하면 도피안到彼岸이라 번역한다. 곧 미혹의 이 세상에서 깨달음의 피안彼岸에 도달하는 것.
236 응공 : 부처님의 십호十號 가운데 하나이며, 부처님은 일체의 악을 끊어 없앤 분이기에 모든 과오가 없어 헤아릴 수 없는 복전이 청정하므로 인간이나 천상 등 모든 중생들의 공양을 받으실 분이기에 응공應供이라 한다. 이는 위대한 지도자라는 뜻이다.
237 『不增不減經』(T16, 467b).

서로 떼어 놓을 수 없는 관계에 있으므로, 이것을 구별하는 것은 불가능하다. ……238

이 뜻은, 법신이 비록 움직이는 모습은 아니라고 하더라도, 그러나 고요한 성품도 벗어난 것을 밝히려는 것이다. 무명의 바람을 따라 온몸을 걸고 뒹굴어도 뒹구는 마음은 신령스러운 성품을 잃어버리지 않는다. 뒤에 다시 무명을 되돌려 근본으로 되돌아오게 하며, 근본에 되돌아올 때, 다시 법신을 이룬다. 그러므로 염染을 따라서 움직이는 마음이 바로 고요한 법신으로 되돌아오는 인이 되는 것임을 꼭 알아야 한다.
만일 이 부문에 의하면 법신도 또한 법을 만든다고 말할 수 있다. 그것은 모든 행을 닦음으로써 비로소 고요함을 이룰 수 있기 때문이다.『입릉가경』에서 말씀하시는 것과 같다.

만일 여래의 법신이 법을 만드는 것이 아니라면 곧 이것은 몸이 아니다. 헤아릴 수 없는 공덕을 수행한 일이 있다고 말씀하신다면 온갖 행은 곧 허망한 것이기 때문이다.239

부처님의 마음자리의 인위와 과위에 관한 부문의 논설을 마친다.

別門雖然。就實通論者。性淨本覺。亦爲二身之性。隨染解性。亦作法身之因。何以知其然者。如實[1]性論言。依二種佛性。得出三種身。佛性論中。顯是意言。佛性有二種。一者住自性性。二者引出佛性。爲顯住自性性故。說地中寶藏爲譬。爲顯引出佛性故。說掩羅樹芽爲譬。約此雨[2]因故。佛說三

---

238 『大乘起信論』(T32, 576c).
239 『入楞伽經』(T16, 550a).

身果。一者因住自性佛性。故說法身。法身有四種功德。是故說毀敗布裏眞金譬。二者因引³⁾佛性。故說應身。是故說貧女。如壞輪王譬。三者因引出佛性。故復出化身。故說羅漢中佛像爲譬。乃至廣說。此論意者。應得因中。具三佛性。彼應得因。如理爲體。故如性淨門中眞如佛性。通爲三身。而作正因。旣說性淨本覺。雖非生滅。而得與二身作正因。當知隨染解性。雖非常住。而與法身。作正因性。如不增不減經言。卽此法身煩惱纏。無始世來。隨順世間。波浪漂流。去來生死。名爲衆生。離一切垢。住於彼岸。於一切法。得自在力。名爲如來應正遍知。乃至廣說。起信論中爲顯是意故引喩言。如海水因風波動。水相風相不相捨離。如是衆生自性淸淨心。因無明風動。心與無明。不相捨離。乃至廣說。是意欲明法身。雖非動相。而離靜性。隨無明風。擧體動轉。動轉之心。不失解性。後復無明還至歸本。歸本之時。還成法身。是故當知隨染動心正爲還靜法身之因。若依是門。得說法身亦是作法。以修諸行始得成靜故。如楞伽經言。若如來法身 非作法者。言有修行無量功德。一切行者皆是虛妄故。因果門竟。

1) ㉑ '實'은 '寶'인 듯하다. ㉯ 경전 명칭이므로 '寶'가 되어야 한다. 2) ㉑ '雨'는 '兩'인 듯하다. 3) ㉯ '引' 다음에는 『佛性論』에 따르면 '出'을 넣어야 한다.

(3) 견성見性에 관하여 해석함

다음으로 셋째, 부처님의 마음자리를 보는 것을 밝히는 부문이다. 말하자면 어느 계위에 이르러야 부처님의 마음자리를 볼 수 있는가를 논설하는 것이다. 어떤 분은, 부처님의 마음자리(佛性)와 법계法界는 비록 다른 몸이 아니라고 하더라도, 뜻이 같지 않으므로 보는 계위도 또한 다르다. 그러므로 초지初地[240]에서 진여·법계를 증득하여 보지만, 그러나 아직 부

---

240 초지初地 : 대승불교에서 보살이 닦아 행하는 52계위 가운데 41위에 해당하는 환희지歡喜地를 말한다. 이 계위에 이르면 진여의 이치를 밝게 관조하여 어떠한 역경에도

처님의 마음자리의 뜻은 볼 수 없다, 이어서 제10지第十地[241]에 이르러서도 아직 귀로 들어 보며, 묘각위妙覺位[242]에 이르러서야 바야흐로 눈으로 볼 수 있다고 증언하였다.

그러나 이 학설은 요달한 것이 아니니 글의 뜻에 어긋나기 때문이다. 왜 그런가 하면, 경전의 곳곳에서 모두 초지 보살初地菩薩이 법계를 증득하여 본다고 말씀하시기 때문이다. 법계와 부처님의 마음자리(佛性)는 이름은 다르지만 뜻은 같다. 그래서 비록 법계를 증득한다고 하더라도 부처님의 마음자리를 보지 못한다고 논술하는 것은 마땅히 도리에 맞지 않으며, 모든 경전의 글에 어긋나는 것이다.

次第三明見性門者。謂至何位。得見佛性。有人說言。佛性法界雖無二體。而義不同。見位亦異。是故初地證見眞如法界而未能見佛性之義。乃至十地猶是聞見。至妙覺位。方得眼見。是說不了。違文義故。何者。處處皆說初地菩薩證見法身。法身佛性名異義一。而言雖證法身不見佛性者。不應道理違諸文。

다음으로 자세하게 논설하려고 한다. 진실 그대로의 뜻은, 만일 초지에

참고 견디어 밝은 지혜로써 상대를 감화시키므로 환희지라고 한다. 환희지는 가장 관후한 공덕을 갖추어 아무리 나쁜 동물이나 식물을 가리지 않고 포용하므로, 환희지에 이른 보살의 공덕을 그에 견주어 지상地上보살이라고 한다. 이 지상에 열 단계가 있는데, 그 첫째 단계의 보살이다.

241 제10지第十地 : 보살이 수행하는 52위五十二位 가운데 50위인 제10지로서 법운지法雲地를 말한다. 이 지위는 보살의 인위因位가 완성되어 만족하게 되었으므로 대법大法의 지혜와 자비의 구름으로 감로의 비를 내려서 모든 중생들을 이익이 되게 하는 수행의 계위이다.

242 묘각위妙覺位 : 대승불교에서 수행하여 붓다를 이루는 52위의 마지막 지위를 말한다. 이 지위에 이르면 스스로 깨닫고 남을 깨닫게 하여 깨달음이 원만하여 가히 사의思議할 수 없으므로 묘각妙覺이라 한다. 이는 곧 완전한 깨달음을 이룬 부처님의 지위인 안웃따라쌈약쌍보디(阿耨多羅三藐三菩提)를 말한다.

서 법계를 증득할 수 있다고 하면 이 계위에 닿자마자 벌써 부처님의 마음자리를 보는 것이며, 만일 제10지에서도 아직 부처님의 마음자리를 보지 못한다면 또한 그 계위에서도 아직 법계를 보지 못하는 것이 된다. 이런 뜻을 나타내려고 하여 삼중三重으로 나누어 논설한다. 첫째는 구경인가 구경이 아닌가를 분석하여 보는 부문이며, 둘째는 보편인가 보편이 아닌가를 분석하여 보는 부문이고, 셋째는 증득인가 증득이 아닌가를 분석하여 보는 부문이다.

> 次當廣說。如實義者。若於初地。得證法界。卽於此位。已見佛性。若第十地未見佛性。亦於彼位。未見法界。欲顯是義。三重分別。一者究竟不究竟門。二者遍不遍門。三者證不證門。

만일 구경인가 구경이 아닌가를 분석하여 보는 부문에서 본다면, 오로지 부처님의 경지에서만 눈으로 본다고 말할 수 있는 것이다. 이때에 구경을 이루어 한마음의 근원으로 돌아와서 부처님의 마음자리의 전분全分의 체體를 증득하여 보기 때문이다. 금강유정金剛有情[243] 이전에는 아직 눈으로 볼 수 없으며 오로지 우러러 믿을 뿐이므로 다만 귀로 들어서 본다고 말씀하신다. 그것은 아직 한마음의 근원에 이르지 못하였으므로 부처님의 마음자리의 전분의 체를 증득하지 못하였기 때문이다. 부처님의 마음자리에 관해서 말한 것처럼 법계도 또한 그러하며 그 밖의 일체의 경계도 또한 모두 그와 같은 것이다.

> 若就究竟不究竟門。唯於佛地得名眼見。此時究竟。歸一心原。證見佛性之

---

243 금강유정金剛有情 : 대승불교에서 수행하여 묘각妙覺의 지위인 붓다를 이루기 전인 제10지의 지위를 말한다. 이 지위에 이르면 수행의 인위因位는 끝났으나 아직 붓다의 지위에는 이르지 못한 상태이다.

全分體故。金剛以還。未得眼見。宜是仰信。但名聞見。以其未至一心之原。
不證佛性全分體故。如說佛性。法界亦爾。餘一切境。皆亦如是。

만일 둘째는 보편인가 보편이 아닌가를 분석하여 보는 부문에서 본다면, 초지 이상에서는 부처님의 마음자리를 눈으로 보는데, 그것은 두루 모든 변계소집遍計所執[244]을 버리고, 두루 모든 꽉 찬 부처님의 마음자리를 보기 때문이다. 초지 이전의 범부나 이승의 성인은 믿음이 있든 믿음이 없든 모두 그것을 볼 수 없는데, 그것은 아직 모든 분별을 벗어나지 못하여 꽉 찬 법계를 증득할 수 없기 때문이다.

若就第二遍不遍門。初地以上眼見佛性。遍遣一切遍計所執。遍見一切遍滿佛性故。地前凡夫二乘聖人有信不信齊未能見。以未能離一切分別。不能證得遍滿法界故。

만일 셋째는 증득인가 증득이 아닌가를 분석하여 보는 부문에서 본다면, 이승의 성인은 부처님의 마음자리를 볼 수 있지만 모든 범부는 아직 볼 수 없다. 그러한 까닭은, 두 가지 공(二空)[245]을 이룬 진여가 곧 부처님의 마음자리인데, 이승의 성인은 비록 두루 보지는 못하지만 인공人空을 이룬 부문을 의지해서 진여를 증득한다. 그러므로 또한 부처님의 마음자

---

244 변계소집遍計所執 : 이리저리 억측하여 주변계탁周遍計度한다는 뜻이며, 계탁計度이란 자기의 의식의 작용으로써 시·비와 선·악의 여러 가지 사물을 헤아리고 분별하는 차별적 집착을 일으키는 것이다. 또 이 집착은 일체 사물에 대하여 주관적 색채를 띠고 보는 것이므로 주변周遍이라 한다. 소집所執은 변계遍計에 의하여 잘못 보이는 대상, 곧 주관의 눈으로 대상을 바르게 보지 못하고, 항상 잘못 분별하는 것을 변계소집성이라고 한다.

245 두 가지 공(二空) : 아공我空(人無我)과 법공法空(法無我)을 말한다. 중생은 오온이 가화합假和合한 것을 아라 하지만, 아라고 할 만한 실체가 없다고 보는 것을 아공이라고 하며, 또는 오온의 자성도 공하다고 보는 것을 법공이라고 한다.

리를 눈으로 본다고 말할 수 있다. 이 『대반열반경』「장수품」 가운데에서 말씀하시는 것과 같다.

> 만일 세 가지 법이 다르다는 상(異相)을 닦으면 청정한 삼귀명三歸命은 곧 의지할 곳이 없고, 모든 금계禁戒를 두루 구족하지 못하여 오히려 성문·연각·보리의 과도 얻을 수 없는데, 하물며 가장 높은 보리를 얻을 수 있겠는가?[246]

이 글은 '만일 이승二乘의 사람이 관觀[247]에 들었을 때, 오로지 삼보三寶에서 인·법이 다른 상(異相)만을 취한다면, 삼보의 체가 같은 것임을 깨닫지 못한다'라는 것을 밝히려는 것이다. 인공人空으로는 곧 무루無漏[248]의 성스러운 계율을 갖출 수 없고, 또한 무생지無生智[249]도 다 얻을 수 없다. 이것은 곧 '그들이 삼보가 한 몸인 것을 증견證見할 수 있기 때문에, 또한 이승二乘의 보리菩提를 얻을 수 있다'라는 것을 거꾸로 나타내는 것이다.

---

[246] 『大般涅槃經』의 인용 가운데 "若於三法修異相者. 淸淨三歸卽無依處. 所有禁戒皆不具足."은 「長壽品」(T12, 622b)에서 인용된 것으로 보이고, "尙不能得聲聞緣覺菩提之果. 何況能得無上菩提."는 「師子吼菩薩品」(T12, 529a)에서 인용된 것으로 보인다.

[247] 관觀 : Ⓢ vipassana. 불교 수행의 한 방법으로서 망혹妄惑을 관찰하여 끊고 진리의 세계를 달관達觀하는 것으로 지혜를 말한다. 관에는 대승적인 수행법으로서의 오정심관五停心觀 등이 있다. 지止를 정定이라 하고, 혜慧를 관觀이라 하여 예로부터 불교의 2대 수행법으로 높이 평가되고 있다.

[248] 무루無漏 : Ⓢ anasrava. 누漏(Ⓢ asrava)는 누설·누락의 뜻으로 모든 번뇌를 말한다. 즉 안·이·비·설·신·의의 육근에서 허물을 항상 만들어 누출한다는 뜻이다. 이런 번뇌에서 이탈하여 그것이 없어지고 증가함이 없음을 무루라 하며 사성제 가운데의 도성제에서 주장하는 것이다.

[249] 무생지無生智 : ① 이미 미래의 고과苦果를 받지 않음을 확실히 자각하는 지혜이다. 이미 사성제를 체득했기 때문에 다시 체득할 것은 아무것도 없다고 아는 지혜로서 곧 아라한阿羅漢의 최극지最極智를 말한다. ② 일체법의 생멸이 없는 실체를 아는 지혜 또는 번뇌의 더러움을 멸진하여 거기에 이끌리지 않는 궁극의 지혜를 말한다. 생겨나고 소멸하는 변화를 여읜 영원한 지혜이다.

삼보가 한 몸인 것이 곧 부처님의 마음자리이다. 이것으로 미루어 또한 부처님의 마음자리를 볼 수 있다고 논설하게 되는 것이다.

다만 그 사람은 비록 실제로는 부처님의 마음자리를 볼 수 있다고 하더라도 아직 그것이 부처님의 마음자리라고 알 수 없을 뿐이다. 마치 그것은 안식眼識[250]이 푸른빛을 보면서도 그것이 푸른빛임을 알지 못한다고 말하는 것과 같다. 비록 아직 그것이 푸른빛임을 알지 못한다고 할지라도 이 안식은 실제로는 푸른빛을 보고 있다. 이승이 부처님의 마음자리를 보는 것도 또한 이와 같음을 꼭 알아야 한다. 증득인가 증득이 아닌가, 이렇게 분석하여 보는 부문의 글의 뜻은 이와 같다.

若依第三證不證門。二乘聖人得見佛性。一切凡夫未能得見。所以然者。二空眞如卽是佛性。二乘聖人。雖非遍見。依人空門。證得眞如。故亦得說眼見佛性。如長壽品言。若於三法修異相者。淸淨三歸卽無依處。所有禁戒皆不具足。尙不能得聲聞緣覺菩提之果。何況能得無上菩提。是文欲明。若二乘人。入觀之時。唯取三寶人法異相。不證三寶同體。人空卽不能具無漏聖戒。亦不能得盡無生智。是卽反顯彼能證見三寶一體故。亦能得二乘菩提。三寶一體卽是佛性。准知亦說得見佛性。唯彼人。雖實得見佛性。而未能知謂是佛性。如說眼識見靑不知靑。雖未能知謂是靑色。而是眼識實見靑色。二乘者見佛性。當知亦爾。證不證門。文義如是。

보편인가 보편이 아닌가를 분석하여 보는 부문에 관한 글의 뜻이란, 이 『대반열반경』「사자후보살품」제23 가운데에서 말씀하시는 것과 같다.

---

250 안식眼識 : 사람이 가지는 육식의 하나로서 안근을 소의로 하여 색경을 요별하는 식을 말한다. 능생能生의 안근을 따라서 안식이라고 부른다. 안식으로부터 의식에 이르기까지 근을 따라 이름을 세워서 안식·이식·비식·설식·신식·의식이라고 하며, 이들을 모두 합쳐서 육식六識이라고 통칭한다.

부처님의 마음자리에 또 두 가지가 있다. 첫째는 색色이라는 것이며, 둘째는 색이 아니라는 것이다. 색이라는 것은 말하자면, 부처님과 보살을 가리키며, 색이 아닌 것이란 모든 중생을 가리키고, 색이라는 것은 눈으로 보는 이를 말하며, 색이 아닌 것이란 들어서 보는 이를 말씀하신다.[251]

『묘법연화경우바제사』에서 논설한다.

팔생八生에서 일생一生[252]에 이르기까지 모두 초지를 증득하기 때문이다. 여기서 안웃따라쌈약쌈보디(阿耨多羅三藐三菩提)라고 말하는 것은 삼계의 분단생사를 벗어남으로써, 분수를 따라서 진여인 부처님의 마음자리를 볼 수 있는 것을 가리켜 보리菩提를 얻었다고 말씀하신다.[253]

『구경일승보성론』의 「승보품」에서 논설한다.

또 두 가지 수행이 있으니, 말하자면 여실수행如實修行과 변수행遍修行을 가리킨다. 여실수행이란, 말하자면 중생의 자성을 청정한 부처님의 마음자리의 경계로 보는 것을 가리킨다. 가타[254]로 읊는다.

---

251 『大般涅槃經』(T12, 775a).
252 일생一生 : 생을 한 번만 지내면서 보처존補處尊이 되어야 부처님의 지위에 오를 자격이 됨을 말씀하신다. 예를 들면 보명보살과 미륵보살과 같은 분을 일생보처一生補處라고 한다.
253 『妙法蓮華經優波提舍』(T26, 10a).
254 가타 : Ⓢ gāthā. 게偈 또는 게타偈陀라고 음사하며, 게송偈頌, 송頌, 시詩라고 번역하고, 시구의 형식으로 구성되어 있다.

장애가 없는 깨끗한 슬기로운 이,
진실 그대로 중생을 보니,
자성은 맑고 깨끗한 성품,
불법신의 경계로구나.

변수행遍修行이란, 말하자면 십지의 모든 경계를 두루하기 때문이다. 모든 중생이 모든 지혜를 가지고 있는 것을 보기 때문이다. 또 모든 경계를 두루함이란, 모든 경계를 두루함으로써 출세간의 지혜에 의지하여, 모든 중생에서 축생에 이르기까지 여래장如來藏[255]을 가지고 있다는 것을 보는 것이다. 꼭 알아야 한다. 그는, 모든 중생이 진여인 부처님의 마음자리를 가지고 있다는 것을 보는 줄을 알라. 초지 보살마하살도 두루 모든 진여·법계를 증득하기 때문이다. 가타로 읊는다.

장애가 없는 깨끗한 슬기로운 눈,
저 모든 중생의 성품을 보니,
무량한 경계를 두루하였네.
나 이제 공경하고 예배하노라.[256]

그러므로 해석하여 논술한다. 이 가운데에서, 여실수행이란 것은 곧 정체지正體智이며, 변수행遍修行이란 것은 곧 후득지이다. 이로써 초지 보살의 두 지智도 다 진여인 부처님의 마음자리를 증득하여 볼 수 있다는 것

---

255 여래장如來藏 : ⓢ tathāgatagarbha. 미혹한 세계에 있는 진여를 말한다. 미혹한 세계의 사물은 모두 진여에 섭수되었으므로 여래장이라고 한다. 진여가 바뀌어 미혹한 세계의 사물이 될 때에는 그 본성인 여래의 덕이 번뇌 망상에 덮이게 된 점에서 여래장이라고 한다. 또 미혹한 세계의 진여는 그 덕이 숨겨져 있을지라도 아주 없어진 것이 아니고 중생이 여래의 성덕性德을 함장含藏하고 있으므로 여래장이라고 한다.
256 『究竟一乘寶性論』(T31, 825a).

을 안다. 다만 정체지는 온전히 진여인 부처님의 마음자리의 실체를 증득하므로 여실수행이라고 부르며, 그 후득지는 모든 중생에 다 부처님의 마음자리가 있다는 것을 보기 때문에 변행遍行이라고 부르는 것이다. 보편인가 보편이 아닌가, 이렇게 분석하여 보는 부문에 관한 글의 뜻은 이와 같다.

> 遍不遍門之文義者。如師子吼中言。復次色者謂佛菩薩。非色者一切衆生。色者名爲眼見。非色者名爲聞見。法花論云。八生乃至一生得阿耨菩提者。證初地得菩提故。以離三界。分段生死。隨分能見眞如佛性。名得菩提。寶性論。僧寶品云。有二種修行。謂如實修行。及遍修行。如實修行者。謂見衆生自性淸淨。佛性境界故。偈言。無障淨智者。如實見衆生。自性淸淨佛。法身境界故。遍修行者。謂 遍十地。一切境界故。見一切衆生。有一切智故。又遍一切境界者。以遍一切境界。依出世惠[1]眼。見一切衆生。乃至畜生。有如來藏。應知。彼見一切衆生。皆有眞如佛性。初地菩薩摩訶薩。以遍證一切眞如法界故。偈言。無礙淨智眼。見諸衆生性。遍無量境界。故我今敬禮。故解言。此中如實修行。卽正體智。遍修行者。是後得智。是知初地菩薩二智。皆能證見眞如佛性。但正體智。宜證眞如佛性實體。名如實行。其後得智。見諸衆生悉有佛性。故名遍[2]行。遍不遍門。文義如是。

1) ㉠ '惠'는 문맥에 따르면 '慧'가 되어야 한다. 2) ㉠ '遍' 다음에는 문맥에 따르면 '修'를 넣어야 한다.

구경인가 구경이 아닌가를 분석하여 보는 부문에 관한 문증文證이란, 이『대반열반경』「사자후보살품」제23 가운데에서 말씀하시는 것과 같다.

> 부처님의 마음자리에 두 가지가 있다. (첫째는 색이라는 것이며, 둘째는 색이 아니라는 것이다.) 색色이라는 것은 안웃따라쌈약쌍보디를 말

하며, 색이 아닌 것은 범부에서 십주 보살에 이르기까지이다. 십주 보살도 보아서 요요了了하지 못하므로 색이 아니라고 부른다. 색이라는 것은 눈으로 보는 것을 말하고, 색이 아닌 것이란 들어서 보는 것을 말한다.[257]

『유가사지론』에서 논설한다.

   問 모든 구경의 자리에 이르러 안주하는 보살의 지혜와 여래의 지혜는 어떻게 다릅니까?
   答 눈 밝은 사람이 얇은 껍질을 사이에 두고 온갖 빛깔의 상像을 보는 것과 같이, 모든 구경의 자리에 이르러 안주하는 보살의 미묘한 지혜도 온갖 경계를 대하는 것이 그와 같다는 것을 꼭 알아야 한다.

  눈 밝은 사람이 사이에 장애를 받지 않고 온갖 빛깔의 상像을 보는 것과 같이, 여래의 미묘한 지혜도 온갖 경계를 대하는 것이 그와 같다는 것을 꼭 알아야 한다. 그림을 그리는 사업이 원숙하여 여러 가지 채색을 하되 오직 뒤의 미묘한 빛깔만을 아직 깨끗이 마무리하지 못한 것과 같이, 구경의 자리에 이른 보살의 미묘한 지혜도 그와 같다는 것을 꼭 알아야 한다. 그림을 그리는 사업이 원숙하여 여러 가지 채색을 하되 최후에 미묘한 빛깔로 벌써 깨끗이 마무리하는 것과 같이, 여래의 미묘한 지혜도 그와 같다는 것을 꼭 알아야 한다. 눈 밝은 사람이 희미한 속에서 온갖 빛깔을 보는 것과 같이, 구경의 자리에 이른 보살의 미묘한 지혜도 그와 같다는 것을 꼭 알아야 한다. 눈 밝은 사람이 모든 어두움을 벗어나서 온갖 빛깔을 보는 것과 같이, 여래의 미묘한 지혜도 그와 같다는 것을 꼭 알아야 한다. 눈 밝은 사람이 멀리서 온갖 빛깔을 보는 것과 같

---

[257] 『大般涅槃經』(T12, 775a).

이, 구경의 자리에 이른 보살의 미묘한 지혜도 그와 같다는 것을 꼭 알아야 한다. 눈 밝은 사람이 가까이서 온갖 빛깔을 보는 것과 같이, 여래의 미묘한 지혜도 그와 같다는 것을 꼭 알아야 한다. 조금 흐린 눈으로 온갖 빛깔을 보는 것과 같이, 구경의 자리에 이른 보살의 미묘한 지혜도 그와 같다는 것을 꼭 알아야 한다. 아주 맑은 눈으로 온갖 빛깔을 보는 것과 같이, 여래의 미묘한 지혜도 그와 같다는 것을 꼭 알아야 한다.[258]

이런 글의 증명을 근거로 하여, 보살은 부처님의 마음자리의 경계를 아직 다 알지 못하고 온갖 경계를 다 알지 못함을 알아야 한다. 다 알지 못하기 때문에 통틀어 귀로 들어서 본다고 말씀하셨고, 인因을 얻은 것이 원만해졌기 때문에 또한 눈으로 본다고 말씀하셨다.

> 究竟不究竟門文證者。師子吼中言。佛性亦二。言色者阿耨菩提。非色者凡夫乃至十住菩薩。見不了。不了故名非色。色者名爲眼見。非色者名爲聞見。瑜伽論云。問。一切安住到究竟地。菩薩智等。如來智等。有何差別。答。如明眼人。隔於輕縠。觀衆色像。到究竟地。菩薩妙智。於一切境。當知亦爾。如知盡事業圓布衆采。唯後妙色。未淨修治。已淨修治。菩薩如來。二智亦爾。如明眼人。微闇見色。離闇見色。二智亦爾。如遠見色。如近見色。猶如輕翳眼觀。極淨眼觀。二智差別。當知亦爾。依此文證。當知佛性境界。菩薩未究竟。於一切境。皆未究盡。未究盡故。通名聞見。得因滿故。亦名眼見。

아직 온전히 알지 못하는 이유에는 간략히 다섯 가지 뜻이 있다.
첫째, 본식本識이 가장 미세한 망상과 서로 어울려서 무명의 알음알이

---

258 『瑜伽師地論』(T30, 574bc).

가 금강의 눈을 가리기 때문이다. 그러므로 얇은 껍질을 사이에 둔 것과 같은 것이다.

둘째, 만행萬行을 벌써 갖추고 또 삼지三智[259]를 벌써 얻었지만, 다만 아직 대원경지大圓鏡智[260]를 얻지 못하였기 때문이다. 마치 가장 미묘한 빛깔만을 아직 깨끗이 마무리하지 못한 것과 같은 것이다.

셋째, 두 가지 장애를 해탈하였으므로 맑고 깨끗함을 얻었지만 아직 가장 미세한 무명주지가 가벼워지지 않았기 때문이다. 그러므로 희미한 어둠 속에서 빛깔을 보는 것과 다름이 없다는 것이다.

넷째, 혹장의 습기는 가지고 있다. 그렇지만 가까이서 법공을 관찰하는 지혜를 장애하지는 않기 때문이다. 마치 멀리 떨어져 있는 빛깔을 보는 것과 같은 것이다.

다섯째, 그 앎을 장애(智障)하는[261] 기운이 비록 미세하고 얇다고는 하더라도 가까이서 지혜의 눈을 가리는 것과 같기 때문이다. 이것은 얇은

---

259 삼지三智 : 여기서 말하는 삼지는 성소작지成所作智·묘관찰지妙觀察智·평등성지平等性智의 세 가지 지혜를 가리킨다. ① 성소작지成所作智-네 지혜의 하나이며, 불과에 이르러 유루의 전5식과 그 상응심相應心을 전사轉捨하고 얻은 지혜이다. ② 묘관찰지妙觀察智-네 지혜의 하나이며, 제6식을 바꾸어 얻은 지혜이다. 묘妙는 불가사의한 힘의 자재를 말하며, 모든 법을 관찰하여 정통하고, 중생의 근기를 알아서 불가사의 자재한 힘을 나타내며, 공교롭게 법을 말씀하여 여러 가지 의심을 끊게 하는 지혜이다. ③ 평등성지平等性智-네 지혜의 하나이며, 제7식을 전사하여 얻은 무루의 지혜이다. 일체 모든 법과 자기나 다른 유정들을 반연하여 평등·일여한 이성理性을 관조하고 자타自他의 차별심을 여의어 대자대비심을 일으키며, 보살을 위하여 여러 가지로 교화하여 이익이 되게 하는 지혜이다.
260 대원경지大圓鏡智 : 성소작지成所作智·묘관찰지妙觀察智·평등성지平等性智·대원경지의 네 지혜의 하나이며, 유루의 제8식을 뒤집어서 얻은 무루의 지혜이다. 이것은 거울에 한 점의 티끌도 없이 삼라만상이 그대로 비추어 모자람이 없는 것과 같이, 원만하고 분명한 지혜이므로 대원경지라고 한다. 불과에서 얻는 지혜를 가리킨다.
261 앎을 장애함(智障) : 두 장애 가운데의 하나로 소지장所知障·지애智碍라고도 한다. 탐·진·치 등의 번뇌가 알아야 할 진상眞相을 그대로 알지 못하게 하므로, 이들 번뇌를 소지장所知障이라고 하며, 진지眞智의 발현發顯을 장애하는 점에서 지장智障이라고 한다.

껍질을 사이에 두고 보는 것과 같은 것이다.

이런 다섯 가지 뜻을 근거로 하여 보면 아직 온전히 관조할 수는 없다. 그러므로 이와 같은 다섯 가지 비유를 들어서 논설하는 것이다. 그 가운데서 어려운 것을 잘 회통해서 서로 어긋나는 경전의 글을 화회和會한 것은 『이장의二障義』[262] 가운데에서 자세하게 논설한 것과 같다. 세 번째 문(第三重)에 나온 글의 뜻은 이와 같다.

만일 이와 같이 삼중三重으로 분별하는 뜻을 안다면, 여러 경문들에서 나아가고 물러나는 것들에 대해 통하지 않는 바가 없을 것이다.

> 所以未窮知者。略有五義。一者本識相應。最綱妄想。無明所識。金剛眼。是故似隔輕繫也。二者萬行已備。三智已得。而唯未得大圓鏡智。如最妙色。未淨修治。三者解脫二障故得淨。未輕極微無明住地。是故不異微闇見色。四者有惑障習。而非親障法空觀智。故如遠色。五者其知障氣。雖是微薄。近曉惠眼。事同輕繫。依是五義。未能窮照。故說如是五種譬喩。於中通難。會相違文。具如二障義中廣說。第三重內。文義如是。若知如是三重別義。諸文進退。無所不通也。

(4) 부처님의 마음자리가 있고 없음을 해석함

부처님의 마음자리가 있고 없음의 다른 점은 대략 두 가지가 있는데, 첫째는 성인의 계위에 의거하는 것이고, 둘째는 범부의 계위에 의거하는 것이다.

---

262 『二障義』를 참고하도록 서술한 것을 보면, 이 글을 저술하기 이전에 벌써 『二障義』를 세상에 유포시켰다는 것을 알 수 있다.

第四明有無者。有無差別。略有二句。一就聖位。二約凡位。

① 성인의 계위에 의거함

성인의 계위에서 부처님의 마음자리가 있고 없음에 대하여 먼저 다섯 단계를 만든다. 말하자면, 앞의 5지 보살까지를 첫째 단계로 삼으니, 열 가지 바라밀[263]의 행위를 가지고 10지문에 짝을 지어 보면,[264] 아직 반야般若를 얻지 못하여 형상이 범부의 계위와 같기 때문이다. 6·7·8지를 둘째 단계로 삼으니, 비록 출입出入이 있고 들고 남이 없다는 차이는 있지만, 한결같이 속제에서는 공용이 있기 때문이다. 제9지를 셋째 단계로 삼으니, 이 단계에서는 진제眞諦[265]와 속제俗諦[266]에서 모두 공용이 없기 때문이다. 제10지를 넷째 단계로 삼으니, 십바라밀十波羅蜜을 구족하여 인위因位의 행위를 완전하게 만족하기 때문이다. 여래지如來地를 다섯째 단계로 삼는다. 이 다섯 단계에 의거하여 부처님의 마음자리의 작용이 있고 없음

---

263 열 가지 바라밀 : ⓢ daśa pāramitā. 보시(ⓢ dāna), 지계(ⓢ śīla), 인욕(ⓢ kṣānti), 정진(ⓢ vīrya), 선정(ⓢ dhyāna), 지혜(ⓢ prajñā), 방편(ⓢ upāya), 원願(ⓢ praṇidhāna), 역力(ⓢ bala), 지智(ⓢ jñāna)의 바라밀을 가리키며, 『華嚴經』에서의 수행의 덕목이다.
264 십지(ⓢ daśa-bhūmi)와 십바라밀(ⓢ daśa-pāramitā)을 서로 짝지으면 아래와 같다. ① 환희지歡喜地(ⓢ pramuditā bhūmi)-단나檀那·보시布施(ⓢ dāna-pāramitā), ② 이구지離垢地(ⓢ vimalā bhūmi)-시라尸羅·지계持戒(ⓢ śīla-pāramitā), ③ 발광지發光地(ⓢ prabhākarī bhūmi)-찬제羼提·인욕忍辱(ⓢ kṣanti-pāramitā), ④ 염혜지焰慧地(ⓢ arcismatī bhūmi)-비리야毘梨耶·정진精進(ⓢ vīrya-pāramitā), ⑤ 난승지難勝地(ⓢ sudurjayā bhūmi)-선나禪那·선정禪定(ⓢ dhyāna-pāramitā), ⑥ 현전지現前地(ⓢ abhimukhī bhūmi)-반야般若·지혜智慧(ⓢ prajñā-pāramitā), ⑦ 원행지遠行地(ⓢ dūraṅgamā bhūmi)-방편方便(ⓢ upāya-pāramitā), ⑧ 부동지不動地(ⓢ acalā bhūmi)-원願·서원誓願(ⓢ praṇidhāna-pāramitā), ⑨ 선혜지善慧地(ⓢ sādhumatī bhūmi)-역力(ⓢ bala-pāramitā), ⑩ 법운지法雲地(ⓢ dharmameghā bhūmi)-지智(ⓢ jñāna-pāramitā).
265 진제眞諦 : ⓢ paramārtha-satya. 승의제, 제일의제, 최고의 진리 또는 궁극적 진리.
266 속제俗諦 : ⓢ saṃvṛti-satya, loka-saṃvṛti-satya. 세제, 세속제, 세간에서의 진리 또는 세속적인 진리.

을 논설하려고 한다. 이 『대반열반경』「가섭보살품」제24에서 말씀하시는 것과 같다.

> 부처님의 십력十力[267]과 사무외四無畏 등 한량없는 모든 법이 부처님이며 부처님의 마음자리이다. 이와 같은 부처님의 마음자리에 곧 일곱 가지 작용이 있으니, 첫째는 상常이며, 둘째는 낙樂이고, 셋째는 아我이며, 넷째는 정淨이고, 다섯째는 진眞이며, 여섯째는 실實이고, 일곱째는 선善이다. 후신 보살後身菩薩의 부처님의 마음자리에는 여섯 가지 작용이 있으니, 첫째는 상常이며, 둘째는 정淨이고, 셋째는 진眞이며, 넷째는 실實이고, 다섯째는 선善이며, 여섯째는 소견少見이다. 구지 보살의 부처님의 마음자리에 여섯 가지 작용이 있으니, 첫째는 상常이며, 둘째는 선善이고, 셋째는 진眞이며, 넷째는 실實이고, 다섯째는 정淨이며, 여섯째는 가견可見이다. 8지 보살부터 6지 보살까지의 부처님의 마음자리에 다섯 가지 작용이 있으니, 첫째는 진眞이며, 둘째는 실實이고, 셋째는 정淨이며, 넷째는 선善이고, 다섯째는 가견可見이다. 5지 보살로부터 초지 보살까지의 부처님의 마음자리에 다섯 가지 작용이 있으니, 첫째는 진眞이며, 둘째는 실實이고, 셋째는 정淨이며, 넷째는 가견可見이고, 다섯째는 선善·불선不善이다.[268]

聖位有無。先作五階。謂前五地。爲第一位。以十度行。配十地門。未得般若。相同凡位故。六七八地。爲第二位。雖有出入無出入異。齊於俗諦 有功用故。第九地 爲第三位。以於眞俗。俱無功用故。第十地。爲第四位。具足十度。因行窮滿因[1)]故。如來地者。爲第五位。就此五位。說事有無。如迦葉

---

267 십력十力 : ⓢ Daśa balāni. 앞의 주석 223 참조.
268 『大般涅槃經』(T12, 818a).

品說。如來十力。四無畏等。無量諸法。足佛。²⁾ 是佛之性。卽³⁾ 如是佛性。卽 有七事。一常二樂三我四淨五眞六實七善。後身菩薩佛性有六。一常二淨 三眞四實五善六可⁴⁾見。九地菩薩。佛性有六。一常二善三眞四實五淨六可 見。八地菩薩。下至六地。佛性有五事。一眞二實三淨四善五可見。五住菩 薩。下至初地。佛性有五事。一眞二實三淨四可見五善不善。

1) ㉠ '因'은 문맥에 따르면 삭제해야 한다. 2) ㉠ '足佛'은 『大般涅槃經』에 따르면 삭제해야 한다. 3) ㉠ '卽'은 『大般涅槃經』에 따르면 삭제해야 한다. 4) ㉠ '可'는 『大般涅槃經』에 따르면 '少'가 되어 있다.

[해] 이 다섯 단계 가운데에 통틀어 열 가지 작용이 있다. 첫째는 선善·불선不善이고, 둘째는 가견可見이고, 셋째는 소견少見 및 부처님 계위에 있는 일곱 가지 작용(常·樂·我·淨·眞·實·善)이다. 이 열 가지 작용은 보신 부처님의 인위와 과위에 있는 것이지, 법신法身 부처님[269]의 진여로서의 부처님의 마음자리를 말하는 것은 아니다. 그것은 저곳의 글의 짜임새(文相)가 그렇지 않기 때문이다.

그런데 이 열 가지 작용으로 부처님의 마음자리에 있고 없음을 모두 묶으면 다섯 가지로 짝을 짓는다. 첫째, 진眞·실實·정淨의 세 가지 작용은 다섯 단계에 공통된다. 둘째, 선善의 한 가지 작용은 상위의 네 단계에 있고, 셋째, 가견可見의 한 가지 작용은 하위의 세 단계에 있다. 넷째, 상常의 한 가지 작용은 상위의 세 단계에 있다. 다섯째, 아我·낙樂·소견少見·선불선善不善의 네 가지 작용은 그에 해당되는 데에 따라서 한 단계에만 국한되어 있는데, 그러한 까닭은 다음과 같다. 아我는 곧 부처님의 뜻이고 낙樂은 곧 열반의 뜻이므로, 부처님과 열반은 모두 구경을 드러내는 이름이다. 그러므로 이 두 가지는 오로지 과지果地에만 있다고 말씀하시

269 법신法身 부처님 : [S] dharmakāya-buddha. 법불法佛, 자성신自性身, 법성신法性身. 우주의 보편적인 진리를 신체로 하고 있는 부처님. 우주에 편만하는 절대적인 진리를 인격화하고, 진리의 체현자로서 이상화한 불신을 법신이라고 한다.

는 것이다. 소견少見은 앞에서 설했던 다섯 가지 짝에서 나타나듯이 오로지 십지十地에만 있다. 선·불선은 형상이 범부와 같으므로 아직 순수한 선을 얻지 못하였기 때문에, 이 한 가지 작용은 하위의 첫째 단계에 있다. 하나의 단계에만 있는 네 가지 작용을 세우는 뜻은 이와 같다.[270]

상常의 작용이 상위의 세 단계에 있는 까닭은, 마음대로 앞에 나타나는 것이 상의 뜻이므로 9지九地 이상의 세 단계는 비록 인위와 과위는 다르다고 할지라도, 다 같이 진제와 속제에서 공용功用이 없음을 얻은 것이다. 그러므로 상의 작용은 상위의 세 단계에 있다고 말씀하시는 것이다.

가견可見이 하위의 세 단계에 있는 까닭은, 10지는 인지因地를 완성시키고 불지佛地는 과지를 완성시킨 것이기 때문에, 비록 인지와 과지가 다르다고 할지라도 똑같이 원만하기 때문에 말씀하지 않으셨고, 9지 이하는 모두 아직 원만하지는 못하지만 앞으로 원만함을 갖출 수 있기 때문에 가견을 말씀하신 것이다.

선善의 작용이 상위의 네 단계에 있는 까닭은, 6지 이상은 벌써 반야를 얻어서 선교로 중생들을 이롭게 하기 때문에 선의 작용을 얻은 것이라고 말씀하신 것이다.

정淨·진眞·실實이 다섯 단계에 공통되는 까닭은, 이 가운데의 정淨은 무루의 뜻이니, 초지 이상은 참다운 무루를 얻기 때문에 정덕淨德이 다섯 단계에 공통이라고 말씀하신 것이다. 그리고 허망함을 벗어난 것이 진眞의 뜻이므로 견분見分에 있으며, 허망하지 않음이 실實의 뜻이므로 상분相分에 해당한다고 말씀하신 것이다. 무루의 견분과 상분은 헛된 것도 아니며 망령스런 것도 아니기 때문에 진眞과 실實, 이 두 가지는 역시 다섯

---

[270] 뒤의 표에서도 나타나듯, 여기서 설명하는 아我·낙樂·소견少見·선불선善不善의 네 가지는 다섯 단계 중 하나의 단계에만 속하고 있다. 즉 아·낙은 다섯째 단계에만 있고, 소견은 넷째 단계에만 있고, 선불선은 첫째 단계에만 있다. 본문은 이것의 이유를 설명한 것이다.

단계에 공통이라고 말씀하신 것이다.[271]

그러나 이 열 가지 작용이 있다거나 없다는 뜻은 다만 한쪽만을 붙잡고서 그 계급階級을 나타낸 것이므로, 반드시 한결같이 꼭 그렇게 된다는 것은 아니다.

解言。此五位中。通有十事。一善不善。二者[1)]可見。三少見。幷佛地七。是十法。[2)] 在報佛因果。非就法身眞如佛性。以彼處文相。不得爾故。然此十事有無。總束以爲五倒。[3)] 一[4)] 眞實淨三。貫通五位。二者善之一事。在上四位。三者可見一事。在下三位。四者常之一事。在上三位。五者我樂少見善不善四。隨其所應。局在一位。所以然者。我者卽是佛義。樂者是涅槃義。佛與涅槃。究竟之名。故說此二唯在果地。言少見者。爲前所說五對所顯。故此一事唯在十地。善不善者。相同凡夫。未得純善。故此一事在一位。一位四事。立意如是。所以常事在上三位者。任運現前是其常義。九地以上三位雖因果殊俱於眞俗得無功用。故說常事。在上三位 所以可見在下三位者。十地因滿佛地果員。[5)] 因果雖殊同員[6)]滿故。九地以下齊未圓俱[7)]足應滿故說可見。所以善事在上四位者。六地已上已得般若善巧利物故得善事。所以淨與眞實通於五位者。此中淨者是無漏義。初地以上得眞無漏。故說淨德通於五位。離妄爲眞義。在見分。不虛爲實義。當相分。無漏見相非妄

---

271 연구자들의 이해를 돕기 위하여 표를 만들면 아래와 같다.

	첫째 단계	둘째 단계	셋째 단계	넷째 단계	다섯째 단계
상常			○	○	○
아我					○
낙樂					○
정淨	○	○	○	○	○
진眞	○	○	○	○	○
실實	○	○	○	○	○
선善		○	○	○	○
소견少見				○	
가견可見	○	○	○		
선불선善不善	○				

非虛。故說此二亦通五位。然此十事有無之義。但約一邊顯其階級。未必一
向定爲然也。

1) ㉠ '者'는 문맥에 따르면 삭제해야 한다. 2) ㉠ '法'은 문맥에 따르면 '事'가 되어야
한다. 3) ㉠ '倒'는 문맥에 따르면 '對'가 되어야 한다. 4) ㉠ '一' 다음에는 '者'가 들
어가야 한다. 5) ㉠ '員'은 문맥에 따르면 '圓'이 되어야 한다. 6) ㉠ '員'은 문맥에 따
르면 '圓'이 되어야 한다. 7) ㉠ '俱'는 문맥에 따르면 '其'가 되어야 한다.

② 범부의 계위에 의거함

다음으로 범부의 계위에 의거하여 부처님의 마음자리(佛性)가 있고 없음을 논설하면, 이 『대반열반경』「가섭보살품」 제24의 네 글귀 가운데의 말씀과 같다.

> 어떤 부처님의 마음자리(佛性)는 일천제一闡提(icchantika)에게는 있으며 선근善根을 가진 사람에게는 없다.
> 어떤 부처님의 마음자리는 선근을 가진 사람에게는 있으며 일천제에게는 없다.
> 어떤 부처님의 마음자리는 일천제와 선근을 가진 사람 모두에게 있다.
> 어떤 부처님의 마음자리는 일천제와 선근을 가진 사람 모두에게 없다.[272]

[해] 이와 같은 네 글귀는 보신報身[273]의 부처님의 마음자리를 드러내는

---

272 『大般涅槃經』(T12, 818a).
273 보신報身 : Ⓢ sambhoga-kāya. 수용신, 등류신. 보살로서의 바라밀의 수행과 서원이 완성되어, 그 과보로서 얻게 된 완전하고도 원만한 이상적인 부처님이다. 삼신불의 인위에서 지은 한량없는 원력의 과보로 얻게 된 만덕이 원만한 불신으로서, 깨달은 법열을 자기 혼자서만 누리고 다른 이와 함께 나누려고 하지 않는 자수용보신과, 다른 이와 같이 이 법열을 받을 수 있는 몸을 나타내어 중생을 제도하려고 적극적으로

것이지 법신의 진여인 부처님의 마음자리에 의거한 것이 아니다. 이 경의 글의 짜임새가 꼭 그래야 하기 때문이다. 네 글귀로 차별된 말씀에는 대략 네 가지 뜻이 있다. 첫째는 두 문을 나타내기 때문이고, 둘째는 인과를 구별하기 때문이고, 셋째는 네 가지 의미를 전개하기 때문이며, 넷째는 두 가지 치우침을 막으려고 하기 때문이다.

次約凡夫位說有無者。如迦葉品四句中說。或有佛性。一闡提有善根人無。或有佛性。善根人有。一闡提無。或有佛性。二人俱有。或有佛性。二人俱無。解云。如是四句顯報佛。[1] 非就法身眞如佛。[2] 彼處文勢必應爾故。四句差別略有四義。顯二門故。別因果故。開四意故。遮二邊故。

1) ㉯ '佛' 다음에는 문맥에 따르면 '性'이 들어가야 한다. 2) ㉯ '佛' 다음에는 문맥에 따르면 '性'이 들어가야 한다.

가. 두 문을 나타냄

첫째로 두 문을 나타내기 때문에 네 글귀를 말씀하신다는 것은 무슨 뜻인가? 앞의 두 글귀는 의지문依持門을 들어서 다섯 종성種性[274]을 말씀하시는 것이며, 뒤의 두 글귀는 연기문緣起門을 들어서 인위와 과위의 부

자비를 실천하는 타수용보신으로 나누어진다.
274 『瓔珞經』에서 말씀하신 여섯 종성 가운데에서, 여섯 번째의 묘각성妙覺性은 과성果性이므로 이것을 빼고, 인위因位에 속하는 종성을 따로 분별하여 다섯 종성이라고 한다. ① 습종성習種性 : 십주十住의 계위로 공관을 연구하고 닦아 견사見思의 번뇌를 부순다. ② 성종성性種性 : 십행十行의 계위로 공에 주지하지 않으며 능히 중생을 교화해 일체 법성을 분별한다. ③ 도종성道種性 : 십회향十廻向의 계위로 중도의 묘관을 닦음으로 인해 일체의 불법에 통달한다. ④ 성종성聖種性 : 십지十地로 이 앞의 주住, 행行, 회향廻向을 모두 현현賢이라 하며, 이 십지의 보살이 중도의 묘관에 의해 무명의 일분一分을 논파하고 성위聖位를 증입하므로 성종성聖種性이라 함. ⑤ 등각성等覺性 : 이 계위의 보살이 뒤의 묘각을 바라보면 오히려 일등一等이 있으나 앞의 모든 위치보다 수승하므로 등각성等覺性이라 한다.

처님의 마음자리를 나타내려는 것이다.

첫째 글귀에서 부처님의 마음자리가 일천제에게 있다고 말씀하시는 것은, 부정성不定性인 사람이 선근을 끊었을 때조차도 오히려 부처님이 될 진실한 종자를 가지고 있다는 말씀이다. 또한 부처님의 마음자리가 선근을 가진 사람에게 없다고 말씀하시는 것은, 종성이 결정된 이승(決定二乘)[275]에게 선근이 있을 때에는 앞에서 말씀했던 부처님이 될 종자를 가지고 있지 않다는 말씀이다.

둘째 글귀 가운데에서 선근을 가진 사람에게 부처님의 마음자리가 있다고 말씀하시는 것은, 보살종성은 선근을 끊지 않고 본래부터 부처님이 될 종자를 가지고 있다는 말씀이다. 또한 일천제에게 부처님의 마음자리가 없다고 말씀하시는 것은, 부처님의 마음자리가 없는 중생이 선근을 끊었을 때에는 영원히 앞의 보살과 같은 종성을 가지고 있지 않다는 말씀이다.

그러므로 꼭 알아 두어라. 이 두 글귀는 다섯 종성을 나타내려는 것이다.

셋째 글귀에서 부처님의 마음자리가 일천제와 선근을 가진 사람 모두에게 있다고 하는 말씀은, 앞의 두 글귀 안의 서로 겹치는 두 사람은 모두 연기문緣起門 가운데의 인성因性을 가지고 있으며, 무릇 마음이 있는 이는 깨달음(菩提, bodhi)[276]을 얻을 수 있다는 말씀이다.

넷째 글귀에서 부처님의 마음자리가 일천제와 선근을 가진 사람 모두에게 없다고 하는 말씀은, 이는 곧 셋째 글귀에서 말씀한 두 사람은 모두 연기문 가운데의 과지果地의 부처님의 마음자리를 가지고 있지 않다는 말

---

275 종성이 결정된 이승(決定二乘) : 성문과 연각의 이승 가운데, 오직 아라한과를 증득할 무루종자를 지닌 자를 결정성문決定聲聞이라고 하고, 오직 벽지불과를 증득할 무루종자를 지닌 자를 연각정성緣覺定性이라고 한다. 이들은 비록 선근을 지니고 있지만, 부처님이 될 종자는 지니고 있지 않다는 말이다.
276 깨달음(菩提) : ⓢ bodhi. 보리菩提라고 음사한다.

씀이며, 당시에는 아직 가장 높은 깨달음을 얻지 못하였기 때문이다.

그러므로 꼭 알아 두어라. 이 두 글귀는 인과의 성품을 나타낸 것이다. 이와 같이 경經의 뜻이 넓고 크기 때문에 포용하지 않는 것이 없다. 그러므로 통틀어 두 문을 가지고 네 글귀를 말씀하시는 것이다. 첫째 뜻은 이와 같다.

第一義者。爲顯二門故說四句。何者。前之二句約依持門說五種性。其後二句就緣起門顯因果性。謂初句言闡提人有者。不定性人斷善根時。猶有作佛法爾種子故。善根人無者。決定二來[1]有善根時。無如前說作佛種子故。第二句中善根人有者。菩薩種性無斷善根。本來具有作佛種子故。闡提人無者。無性衆生斷善根時。永無如前菩薩種性故。故知此二句顯五種性也。第三句言。二人俱有者。前二句內兩重二人皆有緣起門中因性。凡有心者當得菩提故。第四句言。二人俱無者。卽第三句所說二人齊無緣起門中果性。當時未得無上菩提故。故知此二句顯二[2]果性。如此經意寬, 無所不苞。通取二門。以說四句。初義如是。

1) ㉠ '來'는 문맥에 따르면 '乘'이 되어야 한다. 2) ㉠ '二'는 문맥에 따르면 '因'이 되어야 한다.

나. 인과를 구별함

둘째로 인과因果를 구별하기 위한 것이라고 말씀하신 것은 연기의 한 문에 의거하여 말씀하신 것이다. 앞에 내세운 세 글귀는 인因의 차별을 설명하는 것이고, 마지막 한 글귀는 과果가 둘이 아니라는 것을 나타내려는 것이다. 이는 무슨 뜻인가?

첫째 글귀 가운데에서 부처님의 마음자리가 일천제一闡提에게는 있으며 선근을 가진 사람에게는 없다고 말씀하신 것은, 모든 선근을 끊은 사람이 가지고 있는 불선不善한 오온이라도 보신이 될 부처님의 마음자리임을 밝히려는 것이다.

둘째 글귀에서 부처님의 마음자리가 선근을 가진 사람에게는 있으며 일천제에게는 없다고 말씀하신 것은, 모든 선근을 가지고 있는 이가 소유한 선한 오온도 역시 보신이 될 부처님의 마음자리임을 밝히려는 것이다.

셋째 글귀에서 부처님의 마음자리가 일천제와 선근을 가진 사람 모두에게 있다고 말씀하신 것은, 앞의 두 사람이 가지고 있는 네 가지 무기無記인 오온이 모두 보신이 될 수 있는 정인正因이라는 말씀이다. 그것은 저 모든 (선善·악惡·무기無記의) 삼성三性의 오음이 모두 한 마음(一心)이 일어나 지은 것이기 때문이다. 삼성三性이 모두 다 부처님의 마음자리가 되는 것을 드러내기 위해 세 글귀를 지어서 인因의 차별을 밝힌 것이다.

넷째 글귀에서 부처님의 마음자리가 일천제와 선근을 가진 사람 모두에게 없다고 말씀하신 것은, 앞의 두 사람이 비록 선·악·무기의 세 가지 인因을 가지고 있다고 하더라도, 그러나 아직 보신의 결과로서의 부처님의 마음자리(果佛性)를 얻지 못한 것이다. 그래서 극과極果인 순일純一하고 착한 부처님의 마음자리를 나타내려고 한 글귀를 내세워 둘이 아님을 나타내는 것이다. 둘째 뜻은 이와 같다.

第二義者。宜就緣起一門而說。前立三句明因差別。最後一句顯果無二。何者。初句中言。闡提人有善根人無者。是明一切斷善根人所有不善五陰亦作報佛之性。第二句言。善根人有闡提人無者。是明一切有善根者所有善五陰亦爲報佛。第三句二人俱有者。謂前二人所有四種無記五陰。皆能得作報佛正因。以彼一切三性五陰。皆爲一心轉所作故。爲顯三性皆爲佛性故。作三句明因差別也。第四句言。二人俱無者。謂前二人。雖有三因。而皆未得報佛果性。爲顯極果純一善性故。立一句顯無二也。二義如是。

다. 네 가지 의미를 전개함

셋째로 네 가지 의미를 전개하기 위하여 네 글귀를 말씀하시는 것이다.

첫째 글귀는 억누르고 이끌어 준다는 의미를 말씀하시는 것이다. 선근을 끊는 사람을 이끌어 줌으로써 절망하는 마음을 제거하여 주기 때문이며, 또한 선근을 가진 사람이 선을 가지고 있으면서도 악을 꿈꾸는 것을 억누르도록 이끌기 때문이다.

둘째 글귀는 권청하는 의미를 말씀하시는 것이다. 벌써 악을 꿈꾸는 것을 억눌러 버렸으므로, 온갖 선을 닦기를 권청하는 것이며, 손을 들거나 머리를 숙이는 것이 모두 불도佛道를 이루는 것이기 때문이다. 그리고 벌써 절망하는 마음을 제거하여 주었기 때문에, 모든 악에서 벗어날 것을 권청하는 것이니, 악이란 화禍의 근본이 되어서 아주 심하게 불도를 장애하는 것이기 때문이다.

셋째 글귀는 널리 공경하는 뜻을 내게 하려는 의미에서 말씀하시는 것이다. 한 중생이라도 미래의 불과를 품고 있지 않는 이가 없는데, 미래의 불과를 품고 있는 이는 반드시 대각을 성취하는 것이기 때문이다.

넷째 글귀는 널리 제도하는 일을 하자는 의미에서 말씀하시는 것이다. 비록 미래의 불과를 가지고 있다고 하더라도 보고 깨닫지 못하는데, 보고 깨닫지 못하는 이는 오래도록 고해에 빠지기 때문이다.

이 네 가지 의미 속에서 드러내 보이는 것은, 첫째 글귀 가운데에서는 사견邪見을 들어서 말씀하신 것이고, 둘째 글귀 가운데에서는 신심信心을 들어서 말씀하신 것이고, 셋째 글귀와 넷째 글귀는 똑같이 미래의 불과를 희망하는 것이니, 미래에 있는 것(當有)을 가리키므로 두 사람이 다 있다고 말씀하셨고, 현재 없는 것(現無)을 근거로 하므로 또한 두 사람이 다 없다고 말씀하셨다. 셋째 뜻은 이와 같다.

第三意者。爲四種意故說四句。第一句者。抑引意說。引斷善根者除絕望心故。抑善根人持善夢惡故。第二句者。勸請意說。旣除夢惡勸修衆善。擧手低頭皆成佛道故。旣除絕望心。識[1]離諸惡。惡爲禍本能障佛道故。第三句者。生普敬意。無一有情不含當果。含當果者必成大覺故。第四句者。起廣度意。雖有當果而無觀覺。無觀覺者。長沒苦海故。此四意內所詮義者。第一句中約邪見說。第二句中約信心說。第[2]四同望當果。指當有義說爲俱有。據現無義亦說俱無。三義如是。

1) ㉠ '識'은 문맥에 따르면 '請'이 되어야 한다. 2) ㉠ '第' 뒤에는 문맥에 따르면 '三第'가 들어가야 한다.

라. 두 가지 치우침을 막음

넷째로 두 가지 치우침에서 벗어나게 하기 위해서 네 글귀를 말씀하시는 것이다. 앞의 두 글귀는 분석적으로 치우침에서 벗어나는 것을 나타내려고 하며, 뒤의 두 글귀는 종합적으로 치우침에서 벗어나는 것을 나타내려고 한다.

분석적으로 치우침에서 벗어나는 것을 나타내려고 한다는 말씀은, 첫째 글귀에서 부처님의 마음자리가 일천제一闡提에게는 있다고 말씀하신 것은 부처님의 마음자리가 일천제에게는 결정코 없다고 하는 치우침을 막는 것일 뿐, 부처님의 마음자리가 일천제에게 결정코 있다고 하는 치우침을 따르려는 것은 아니며, 둘째 글귀에서 부처님의 마음자리가 일천제에게는 없다고 말씀하신 것은 부처님의 마음자리가 일천제에게는 결정코 있다고 하는 치우침을 막는 것일 뿐, 부처님의 마음자리가 일천제에게는 결정코 없다고 하는 치우침에 집착하지 말라는 가르침이다. 이『대반열반경』의 아래 글에서 말씀하신 것과 같다.

만일 어떤 이가 선근을 끊은 이는 틀림없이 부처님의 마음자리가 있기도 하고 틀림없이 부처님의 마음자리가 없기도 하다고 말씀하신다면, 이것을 치답置答[277]이라고 한다.

(마하가섭이 말하기를, 세존이시여, 제가 듣고서 대답하지 않으면 바로 치답이라고 하나이다. 여래께서는 이제 무슨 인연으로 대답을 하시면서도 치답이라고 하시나이까?)

선남자여, 나도 또한 말하지 않고 그대로 두고서 대답하지 않으면 치답이라고 하느니라. 이와 같이 치답에는 두 가지가 있다. 첫째는 사견邪見을 막아서 그치게 하는 것이며, 둘째는 사견에 집착하지 않게 하는 것이니라. 이러한 뜻을 가지므로 치답이라고 할 수 있느니라.[278]

일천제에 대하여 두 가지 치우침을 막으려고 하는 것처럼, 선근을 가진 사람에 대하여도 마땅히 그러함을 알아야 한다.

뒤의 두 글귀는 종합적으로 치우침에서 벗어나는 것을 나타내려고 하는 것으로, 셋째 글귀에서 부처님의 마음자리가 일천제와 선근을 가진 사람 모두에게 있다고 하는 것은, 부처님의 마음자리는 토끼의 뿔과 같지 않으므로, 없는 것이 아니라는 뜻에 의지하여 밝히려고 부처님의 마음자리가 있다고 말씀하시는 것이며, 넷째 글귀에서 부처님의 마음자리가 일천제와 선근을 가진 사람 모두에게 없다고 하는 것은, 부처님의 마음자리는 허공과 같지 않으므로 있는 것이 아니라는 뜻을 들어서 드러내려고 부처님의 마음자리가 없다고 말씀하시는 것이다. 이 『대반열반경』의 아래 글에서 말씀하시는 것과 같다.

---

[277] 치답置答 : 사기답四記答 가운데의 하나이다. 독화살의 비유에서 부처님께서 사류십난四類十難 또는 사류십사난四類十四難과 같은 물음에는 대답하지 않은 방식이다. 앞의 주석 184 참조.
[278] 『大般涅槃經』(T12, 818b).

중생에게 부처님의 마음자리가 있는 것도 아니고 없는 것도 아니다. 그러한 까닭이 무엇이냐. 부처님의 마음자리가 비록 있다고 하더라도 허공과 같은 것은 아니다. 왜냐하면 허공은 볼 수 없지만 부처님의 마음자리는 볼 수 있기 때문이다. 부처님의 마음자리가 비록 없다고 하더라도 토끼의 뿔과 같은 것이 아니다. 왜냐하면 토끼의 뿔은 생겨나지 못하지만 부처님의 마음자리는 생겨나기 때문이다. 그러므로 부처님의 마음자리는 있는 것도 아니며 없는 것도 아니고 또한 있기도 하고 또는 없기도 하다.

왜 있다고 말하는가? 모든 중생이 모두 부처님의 마음자리를 가지고 있는 것이어서, 모든 중생이 끊어 없어지지 않는 것이 마치 등불의 불꽃과 같은 것이며 내지 가장 높은 깨달음을 이루기 때문에 부처님의 마음자리가 있다고 말씀하시는 것이다.

왜 없다고 말하는가? 모든 중생이 현재는 아직 모든 불법(의 상·락·아·정)을 가지고 있지 않으므로 부처님의 마음자리가 없다고 말씀하시는 것이다.

부처님의 마음자리의 있음과 없음이 합일한 것이기 때문에, 이것을 중도라고 말씀하신다. 그러므로 부처님은 중생에게 부처님의 마음자리가 있는 것도 아니며 없는 것도 아니라고 말씀하신다. ······[279]

만일 이와 같이 치우침을 벗어난다는 뜻에 의하면, 이 네 글귀는 모두 미래의 부처님의 마음자리를 바라보고 하시는 말씀이다.

만일 네 글귀를 모두 하나의 과위를 바라보게 하는 것이라면, 종합적인 것과 분석적인 것의 두 가지 뜻은 어떠한 차이가 있는가? 앞의 두 사람이 말하는 두 글귀는 차전遮詮[280]의 뜻에 의지하여 두 가지 치우침을 없애

---

[279] 『大般涅槃經』(T12, 819b).

려는 것이고, 뒤의 두 사람이 주장하는 두 글귀는 표전表詮[281]의 뜻에 의지하여 중도를 보이려는 것이다. 중도의 뜻은 두 사람에게 공통이기 때문에 통합하여 논설하며, 두 가지 치우침에의 집착은 사람에 따라서 각각 다르게 일어나기 때문에 따로따로 논설하는 것이다. 그러나 부처님이 네 글귀를 말씀하신 의취意趣는 참으로 많지만, 이제 잠시 간략하게 네 가지 뜻으로 추려서 보려고 하는 것뿐이다.

부처님의 마음자리가 있고 없음을 논설하는 글을 마친다.

第四義者。爲離二邊故說四句。謂前二句別顯離邊。後之二句總顯離邊。言別顯者。謂初句言闡提人有。遮定無邊非據定有。弟二句言闡提人無。止定有邊不著定無。如下文言。若有說言。斷善根者定有佛性定無佛性。是名置答。善男子我亦不說置而不答乃說置答。如是置答復有二種。一者遮止。二者莫著。以是義故得名置答。如就闡提遮止二邊。對善根人當知亦爾。言後二句總顯離邊者。第三句言。二人俱有。是明佛性不同菟[1]角依非無義說名爲有。第四句言。二人俱無。是顯佛性不同虛空約不有義說名爲無。如下文言。衆生佛性非有非無。所以者何。佛性雖有。非如虛空。虛空不可見。佛性可見故。佛性雖無。不同菟[2]角。菟[3]角不可生。佛性可生故。是故佛性非有非無亦有亦無。云何名有。一切悉有是諸衆生不斷滅。猶如燈炎。[4] 乃至菩提。故[5]名有。云何[6]無。一切衆生現在未有一切佛法。是故名無。有無合故是名中道。是故佛性非有非無乃至廣說。若依如是離邊之意。四句皆望當果佛性。若使四句薺望一果。總別二意有何異者。前二人說二句者。依遮

---

280 차전遮詮 : 차전遮詮에서의 전詮은 표현하여 드러낸다는 뜻이며, 차전은 사물을 간접적으로 드러내어 표현하는 방법이다. 예를 들면 소금은 싱겁지 않다, 물은 마르지 않는다, 마음이 기쁘지 않다 등이다. 불교에서는 이러한 방법을 많이 사용하고 있는데 불생불멸不生不滅, 부증불감不增不減, 불구부정不垢不淨 등도 그러한 것이다.

281 표전表詮 : 표전이란 사물에 대하여 직접적인 방법으로 표현하는 것이다. 예를 들면 소금은 짜다, 물은 적신다, 마음이 슬프다 등이 그러한 것이다.

詮義以遣二邊。後總[7]二人立[8]句者。依表詮門以示中道。中道之義通於二人。是故合說。二邊之執隨人各起。所以別說。然佛說四句意趣衆多。今且略爾四種義耳。有無門竟。

---

1) ㉐ '菟'는 문맥에 따르면 '兎'가 되어야 한다. 2) ㉐ '菟'는 문맥에 따르면 '兎'가 되어야 한다. 3) ㉐ '菟'은 문맥에 따르면 '兎'가 되어야 한다. 4) ㉐ '炎'은 『大般涅槃經』에 따르면 '焰'이 되어야 한다. 5) ㉐ '故' 앞에는 『大般涅槃經』에 따르면 '是'가 들어가야 한다. 6) ㉐ '何' 다음에는 『大般涅槃經』에 따르면 '名'이 들어가야 한다. 7) ㉐ '總'은 문맥에 따르면 삭제해야 한다. 8) ㉐ '立' 다음에는 문맥에 따르면 '二'가 들어가야 한다.

(5) 삼세三世를 해석함

다섯째, 삼세三世에 걸치느냐와 삼세에 걸치지 않느냐에 관하여 밝히려고 하는 부문에는 대략 두 가지 뜻이 있다. 먼저는 법신 부처님에 의거하여 해석하고, 뒤에는 보신 부처님에 의거하여 해석하려고 한다.

第五明三世非三世。略有二義。先就法身。後約報佛。

① 법신 부처님에 의거함

만일 이것을 따로따로 나누어서 해석하면, 법신 부처님의 성품은 비록 인위因位의 이름이라고 하더라도 틀림없이 과위의 이름이기도 하다. 그 본체를 얻어 평등성에 도달하면 생겨나는 것도 아니고 소멸하는 것도 아니다. 그러므로 한결같이 삼세에 포섭되지 않는다. 이러한 뜻은 너무나 분명하기 때문에 구태여 경의 말씀으로 인증引證할 필요가 없다.

若就別文。法身佛性。雖復因名。應得果名。至得其體平等無生無滅。是故。一向非三世攝。是義灼然。不勞引證也。

② 보신 부처님에 의거함

다음에는 보신 부처님의 인위의 성품과 과위의 성품에 의거하여 해석하려고 하는데, 아래 글의 학설에 의하면 바로 세 가지가 있다.

次約報佛因果性者。依下文說。卽有三句。

첫째, 여래는 과위果位[282]를 원만하게 이루신 것이며, 보살은 인위因位[283]를 원만하게 이룬 것이다. 이 둘을 서로 비교하여 같지 않음을 나타내려고 한다. 여래의 원만한 지혜는 이치의 근원을 완전히 다 이루어, 한 법계와 평등하며 삼세의 끝까지 두루하고 있으므로, 과거도 아니며 현재도 아니고 미래도 아닌 것이다. 그런데 후신 보살後身菩薩[284]은 아직 이치의 근원을 다 이루지 못하였으므로, 비록 벌써 원만한 인위를 이루어 부처님의 성품을 조금은 본다고 하더라도, 아직 부처님의 최후의 과위를 이루지 못하였기 때문에 골고루 다 보지를 못한다. 아직 끝까지 골고루 다 보지 못하는 것을 미래라고 말하니, 아직 원만한 과위를 이루지 못하였기 때문이다. 그리고 벌써 끝까지 조금 보는 것을 현재라고 말하니, 원만한 인위를 이루었기 때문이다. 이 두 가지는 아직 사라져 버리지 않았기 때문에 과거는 아니다. 이『대반열반경』의 아래 글에서 말씀하시는 것과 같다.

여래의 부처님의 마음자리(如來佛性)는 과거도 아니며 현재도 아니고

---

282 과위果位 : 인행因行이 성취되어 증득하는 불과의 자리, 깨달은 지위.
283 인위因位 : 부처님이 되려고 수행하는 기간.
284 후신 보살後身菩薩 : 이 생애에서 성불하기 때문에 보살로서의 마지막 몸이라는 의미이다.

미래도 아니다. 후신 보살의 부처님의 마음자리는 현재이기도 하며 미래이기도 하다. 그것은 부처님의 성품을 조금 볼 수 있기 때문에 현재라 말할 수 있으며, 아직 끝까지 골고루 다 보지 못하기 때문에 미래라고 말씀하신다.[285]

문 후신 보살은 부처님의 성품을 아직 끝까지 골고루 다 보지 못한다는 뜻은, 아직 이것은 현재에 있는 것인데 어찌하여 이것을 미래의 것이라 이르는가? 또는 후신 보살이 부처님의 성품을 조금 볼 수 있는 것을 현재라 말씀하신다면, 이는 곧 여래도 현재 그것을 볼 수 있기 때문에 현재라고 해야 하지 않겠는가?

답 여래가 현재 부처님의 성품을 볼 수 있다는 것은, 삼세에 두루할 수 있다는 것이므로 필경 시절을 따라 변천하는 것이 아니다. 그러므로 비록 현재 부처님의 성품을 볼 수 있다고 하더라도 현세에 있다는 것은 아니다.

그런데 후신 보살이 부처님의 성품을 조금 본다고 하더라도 아직 삶과 죽음을 면하지 못하여서 시절에 떨어지게 되므로 현재가 되는 것이다. 이것은 뒤에 나오는 어려운 질문에 통하는 대답이다.

앞의 물음에 관하여 대답하면, 후신 보살이 부처님의 성품을 아직 끝까지 골고루 다 보지 못한다는 뜻은, 비록 현재 있다고 하더라도 골고루 갖추어 볼 수 있는 종자는 숨어서 아직 생겨나지 않은 상태이지만, 현재로부터 생겨날 것이므로 미래라고 한다. 『유가사지론』에서 논설하는 것과 같다.

아직 과위를 부여한 것은 아니지만 미래의 종자와 상속하므로 미래

---

[285] 『大般涅槃經』(T12, 818a).

의 과위라고 한다.²⁸⁶

이 가운데의 도리도 또한 이와 같다는 것을 꼭 알아 두어야 한다.

一者如來圓果。菩薩滿因。此二相對。以顯不同。如來圓智。窮於理原。等一法界。遍三世際。故非過去現在未來。後身菩薩未至理原。雖復已得滿因。故已少見。未至極果。故未具見。未具見邊。名爲未來。未成圓果故。已少見邊。名爲現在。現得滿因故。猶未謝故非過去。如經言。如來佛性。非過去非現在¹⁾未來。後身菩薩佛性。現在未來。少可見故。得名現在。未具見故。名爲未來故。問。未具見義。猶是現在有。何得說是。名爲未來。又若菩薩現得少見故。名現在者。是卽如來。現得其見。應名現在。答。如來現得。得遍三世。畢竟不爲時節所遷。故雖現得。不在現世。菩薩少見。未免生死。猶墮時節。故爲現在。是通後難。答前問者。未具見義。雖是現有。具見種子。猶伏未起。由現起故。名未來。如瑜伽說。未與果。當來種子相續。名未來果。當知此中。道理亦爾。

1) ㉠ '在' 다음에는 『大般涅槃經』에 따르면 '非'가 들어가야 한다.

둘째, 여래의 인위와 과위를 서로 대대待對하여 그 다른 점을 밝히려고 한다. 과위를 내세워서 인위를 바라보면 인위는 모두 아직 구경의 자리가 아니므로 생겨나고 소멸함을 벗어나지 못하였기 때문에 삼세에 떨어진다.

그렇지만 과위를 근거로 하여 과보를 담론하면 곧 두 가지 뜻이 있다. 첫 번째, 생인生因²⁸⁷으로 생겨나는 것은 반드시 소멸하여 찰나刹那도 머무르지 않으므로 이것은 삼세에 걸치는 것이다. 두 번째, 벌써 이치의 근

---

286 『瑜伽師地論』(T30, 585c).
287 생인生因 : 과보를 낳게 하는 원인으로서의 종자. 마치 초목의 씨앗을 초목의 인因이라 하는 것과 같은 말이다.

원에 이르러 본체가 한 법계法界이므로 두루하지 않는 데가 없기 때문에 삼세에 걸치는 것이 아니다. 그러나 생겨나고 소멸하는 성질은 이치를 본체로 삼지 않는 것이 없으므로 한 순간 한 순간이 모두 삼세에 두루 미치는 것이다. 삼세에 두루 미치는 성질은 모두 생인을 따르지 않는 것이 없으므로 삼세에 두루 미치는 것은 찰나에 지나지 않는다. 이렇게 찰나를 물리치면 삼세에 두루하며, 삼세에 두루하는 이치를 따르지 않으면 한 순간이 되어 버리는 것이다. 한 순간이 되어 버리므로 삼세를 따르는 것이며, 삼세三世에 두루하므로 과거도 아니며 현재도 아니고 미래도 아닌 것이다. 이것은 부처님의 공덕이 불가사의함을 말하는 것인데, 다만 우러러 믿을 뿐이지 생각하고 헤아릴 것이 아니다. 이『대반열반경』「가섭보살품」제24에서 말씀하시는 것과 같다.

> 여래가 아직 안웃따라쌈약쌍보디를 얻지 못하였을 때, 부처님의 마음자리는 인위이므로 과거이기도 하며 현재이기도 하고 미래이기도 하다. 그러나 부처님이 된 과위에서는 그렇지 않으므로 삼세이기도 하고 삼세가 아니기도 하다.[288]

문 이 경의 글에서 '삼세이기도 하고 삼세가 아니기도 하다는 것'은 곧 둘로 분석하여 보아야지, 하나의 성질로만 말씀한 것이 아니다. 이것이 '삼세이기도 하다는 것'은 화신 부처님[289]의 형색을 말씀하시는 것이다. '삼세가 아니기도 하다는 것'은 보신 부처님의 내덕內德을 말씀하시는 것

---

288 『大般涅槃經』(T12, 818b).
289 화신 부처님 : ⓢ nirmāṇa-kāya-buddha. 응신, 응화신. 교화의 대상에 맞춰서 임시로 어느 자태를 만들어 낼 수 있는 불신이라는 뜻이다. 이 부처님은 보신처럼 시방 삼세에 걸쳐서 보편적으로 존재하는 완전하고도 원만한 이상적인 부처님이 아니라, 특정한 시대나 특정한 지역에서 구제해야 할 대상에 맞춰서 모습을 드러내는 부처님을 가리킨다.

이다. 이와 같이 두 가지 뜻을 분명하게 알 수 있는데, 어찌하여 하나의 실덕만을 가지고 알기 어려운 설명을 하는가?

답 그대가 보는 것도 또한 일리는 있다. 그것은 새로 배우는 이를 위해서는 이렇게 말씀을 해야 하지만, 그러나 만일 새로 배우는 이가 아니고 결정적인 집착이 없는 이라면, 이들을 위해서는 앞의 말씀과 같이 해야 한다. 이러한 뜻을 나타내려고 이『대반열반경』「가섭보살품」제24에서 다음과 같이 말씀하신다.

가섭보살이 부처님께 사뢰어 말씀하셨다. "세존이시여! 어찌하여 인위가 또한 과거이기도 하고 현재이기도 하며 미래이기도 하다고 말씀하시는지요? 그리고 과위가 또한 과거이기도 하고 현재이기도 하며 미래이기도 하면서 또 한편으로는 과거도 아니고 현재도 아니며 미래도 아니라고 말씀하시는지요?"

부처님께서 말씀하셨다. "오음에는 두 가지가 있으니, 첫째는 인因이고 둘째는 과果이다. 이 인의 오음은 과거이기도 하고 현재이기도 하며 미래이기도 하다. 이 과의 오음은 또한 과거이기도 하고 현재이기도 하며 미래이기도 하면서 또 한편으로는 과거도 아니고 현재도 아니며 미래도 아니다."[290]

이러한 경의 예증을 근거로 하여 보면, 한 과(一果)의 오음은 삼세이기도 하며 또한 삼세가 아니기도 하다는 것을 꼭 알아 두어야 한다.

第二句者。宜就如來。因果相對。以明差別。立果望因。因皆未極。不離生滅。故隨三世。就果談果。即有二義。者[1] 生因所生者。必滅刹那不住。故是

---

[290] 『大般涅槃經』(T12, 818b).

三世。二者已至理原。體一法界。無所不遍。故非三世。然其生滅德。無不體用。故一一念。皆遍三世。遍三世德。莫不從因。故其周遍不過刹那。爾退刹那。而遍三世。不從周遍。而爲一念。爲一念故。隨於三世。遍三世故。非過現未。是謂佛德。不可思議。但應仰信非思量流。如經言。如來未得阿耨菩提時。佛性因故。亦是過去現在未來。果卽不爾。有是三世。有非三世故。問者。是經文。有是有非。卽應二別。不就一德。有是三世者。化身色形是。有非三世者。報佛內德是。亦如是二義。灼然可見。何勞宜就實德。而作難解之說。答。如汝所見。亦有道理。爲新學者。應作是說。若非新學。無定執者。爲是等人。應如前說。爲顯是義故。彼下文言。迦葉菩薩白佛言。世尊云何名因。亦是過去現在未來。果亦過去現在未來。非是過去現在未來。佛言五陰二種。一者因。二者果。是因五陰是過未。是果五陰亦是過去未來。亦非過去現在未來。依是文證。當知宜就一果五陰。亦是三世。亦非三世。

1) ㉑ '者' 앞에는 문맥에 따르면 '一'이 들어가야 한다.

셋째, 보살의 인위와 과위를 서로 대대시켜서 삼세三世를 논술한다는 것은, 보살의 부처님 마음자리는 아직 생겨나고 죽는 것을 면하지 못한 것이므로, 먼 훗날 올 것을 바라보면 인위가 되며 앞에 지나간 날을 바라보면 과위가 된다. 그것은 종자는 인위가 되고 현행現行은 과위가 되기 때문이다. 이와 같은 보살의 인위와 과위는 모두 삼세를 따르므로 아직 이치의 근원에 이르지 못하여 삼세가 아닌 것이 없다. 이 『대반열반경』「가섭보살품」제24에서 다음과 같이 말씀하신다.

후신 보살은 부처님의 마음자리가 인위이기 때문에 또한 이것은 과거이기도 하고 현재이기도 하며 미래이기도 하다. 그 보살의 과위도 이와 같으므로 이것을 분별답[291]이라고 한다. 구지九地 보살은 부처님의 마음자리가 인위이기 때문에 또한 이것은 과거이기도 하고 현재이기도 하며 미래이기도 하다. 그 보살의 과위도 이와 같다. ……[292]

문 둘째 내용에서는 여래의 인위를 밝히면서, 아직 부처님을 이루지 못하였을 때의 인위의 성품에 관하여 취급한 것이다. 그런데 이제 셋째 내용에서는 보살의 과위를 밝히면서, 널리 미래의 부처님을 이룰 때의 과위의 성품에 관하여 말씀하신 것이다. 그런데 어찌하여 이 가운데에서 미래의 부처님이 될 과위에 관하여 말하지 않는가?

해 과위를 내세워서 인위를 바라보는 것을 예로 삼아서는 안 된다. 보살의 인위는 벌써 닦았기 때문에 인위에 관하여 취급한 것이다. 그 인위의 수행은 과위를 바라보고 한 것이지만, 그렇다고 과위를 아직 깨달은 것은 아니기 때문에, 과위에 관하여 취급하지 않는 것이다. 그러므로 보살의 지위 안에서 과거와 미래를 서로 바라보면서 인위와 과위의 삼세에 관하여 말하는 것이다.

부처님의 마음자리의 삼세三世에 관한 해설을 마친다.

第三句者。宜就菩薩。因果相對。以辨三世者。菩薩佛性未免生死。望後爲因。望前爲果。種子爲因。現行爲果。如是因[1])皆隨三世。未至理原。無非三世。如經云。後身菩薩。佛性因故。亦是過去現在未來。果亦如是。九地菩薩。佛性因故。亦是過去現在未來。果亦如是。[2]) 九地菩薩。佛性因故。亦是過去現在未來。果亦如是。乃至廣說故。問。第二句中。明如來因。乃取未成佛時因性。今第三句。明菩薩果廣說。當成時果性。何故此中。不取當果。

---

291 분별답 : 응분별기문應分別記問, 분별기분별기分別記, 분별답分別答, 해의답解義答. 분별답이란 사기답四記答 가운데의 하나이다. 그에 관한 내용을 설명하면 다음과 같다. "죽은 이는 모두 윤회하는가?"라는 물음에, "번뇌가 있는 이는 윤회하며, 없는 이는 재생하지 않는다."라고 조건에 따라서 대답하는 경우이다.
292 『大般涅槃經』(T12, 818b).

解云。不例立果望因。因是已修故得取。因在望果。果非已證。所以不取。是故宜就菩薩位内。前後相望。而說因果三世。三世門竟。

1) ㉯ '因' 다음에는 문맥에 따르면 '果'가 들어가야 한다. 2) ㉯ '是' 다음에 나오는 '九地菩薩。佛性因故。亦是過去現在未來。果亦如是。'는 『大般涅槃經』에 따르면 삭제해야 한다.

(6) 회통에 관하여 논설함

경전의 서로 다른 말씀을 회통하는 가운데에는 두 가지가 있다. 앞에서는 경전의 말씀이 서로 다른 것을 회통하며, 뒤에서는 같은 뜻으로 분류되어도 경전에는 서로 다른 말씀으로 표현되어 있는 것을 회통한다.

第六會通。於中有二。初通文異。後會義同。

① 경전의 서로 다른 말씀을 회통함

이는 경전의 서로 다른 말씀을 회통하는 것이다.
㉴ 앞의 인과 과를 밝히는 부문(因果門)에서 인용한 『대반열반경』 「가섭보살품」 제24에서 말씀하신 것과 같다.

> 부처님의 마음자리란, 한 가지 법이라고 말할 수도 없고 열 가지 법이라고 말할 수도 없으며, 백 가지 법이라고 말할 수도 없고 천 가지 법이라고 말할 수도 없으며, 만 가지 법이라고 말할 수도 없다. 아직 안웃따라쌈약쌍보디를 얻지 못하였을 때, 온갖 선·불선·무기를 모두 부처님의 마음자리라고 부른다.[293]

---

[293] 『大般涅槃經』(T12, 828a).

만일 이 경전의 말씀을 근거로 하면 안웃따라쌈약쌍보디와 육바라밀[294]의 실행이 모두 부처님의 마음자리이다. 그런데 왜 이『대반열반경』「사자후보살품」제23 가운데에서는 아래와 같이 말씀하셨는가?

> 정인正因[295]은 부처님의 성품을 말하는 것이며, 그것을 도와주는 조건(緣因)[296]은 안웃따라쌈약쌍보디를 일으키는 것이다.[297]

이와 같이 서로 다른 것을 어떻게 회통하려고 하는가?
해 회통하려고 하는 학자는 해석하여 논술한다. 인과 과를 밝히는 부문(因果門)에서 인용한 경전의 말씀은 성품을 가지고는 포섭하지만 실행을 가지고는 포섭하지 못하기 때문이다. 그러므로 성품으로는 모든 것을 다 부처님의 성품이라고 부르는 것이며,「사자후보살품」제23 가운데에서 인용한 경전의 말씀은 실행을 가지고 성품을 바라보면, 성품은 있으나 실행은 아직 아닌 것이다. 그러므로 성품과 실행으로 나누어서 두 가지 인

---

294 육바라밀은 다음과 같다. ① 보시바라밀이며, 보시에는 재시財施와 법시法施와 무외시無畏施의 세 가지 대행大行이 있다. ② 지계바라밀이며, 소승의 계율을 비롯하여 대승의 계율과 출가자의 계율과 재가자의 계율을 분수에 맞게 행하는 모든 계를 가리킨다. ③ 인욕바라밀이며, 인욕이라 함은 매욕罵辱, 구타毆打, 한서寒暑, 기갈飢渴 등 모든 역경은 말할 것도 없고 부귀와 호사 등 온갖 순경順境에도 자신의 수행 목표에 흔들리지 않고 꾸준히 실행하는 대원大願·대행大行을 가리킨다. ④ 정진바라밀이며, 어떠한 환경이나 조건에도 항상 자기의 몸과 마음을 정려精勵하여 앞과 뒤의 다섯 바라밀행을 진수進修하는 것을 가리킨다. ⑤ 선정바라밀이며, 수행하는 사람은 항상 번뇌를 비우고 진리를 사유하여 산란한 마음을 쉬고 혼침昏沈하는 마음을 일깨워 성성적적惺惺寂寂한 자세를 가져야 한다는 것을 가리킨다. ⑥ 지혜바라밀이며, 모든 법성을 관통하는 것을 지智라 하고, 미혹을 끊어 이치를 증득한 것을 혜慧라 한다.
295 정인正因 : 정인이란 사물이나 마음의 모든 법을 내는 데 주체가 되는 인자因子를 말한다. 불교에서는 극락세계의 왕생이나 또는 성불하는 결과를 얻는 데 정당한 인자가 되는 것을 말한다. 이 능생의 힘을 정인이라고 한다.
296 도와주는 조건(緣因) : 사물이나 마음의 모든 법을 내는 정인을 도와서 그를 생성하게 하는 힘을 연인緣因이라 한다.
297 『大般涅槃經』(T12, 778a).

을 말씀하시는 것이다.

또한 다시 성품에 두 가지 뜻이 있는데, 하나는 인이라는 뜻이며 다른 하나는 만들어진 것이 아니라는 뜻이다. 인이라는 뜻으로 보기 때문에 모두 부처님의 성품이라고 불리는 것이지만, 만들어진 것이 아니라는 뜻으로 보면 실행은 성품이 아닌 것이다. 이러한 도리로 말미암아 서로 다르지 않다는 것이다.

> 通異文者。問。如因果門。所引文云。未得阿耨菩提之約一切善不善無記法盡名佛性。若依是文菩提之心六度等行皆是佛性。何故師子吼中言。正因者名爲佛性。緣因者發菩提心。如是相違。云何會通。通者解云。以性攝行不攝故說一切盡名佛性。以行望性有性非行故分性行以說二因。又復性有二義。一是因義。二非作義。就因義故盡名佛性。約非作義行卽非性。由是道理。故不相違也。

問 앞의 체상문에서 인용한 『대반열반경』「가섭보살품」 제24에서 말씀하신 것과 같다.

부처님의 마음자리가 아닌 것이란, 말하자면 온갖 담·벽·기와·돌 등의 감정이 없는 사물을 가리킨다. 이들과 같은 감정이 없는 사물을 제외하고는 이것을 부처님의 마음자리라고 부른다.[298]

또한 『대반열반경』「가섭보살품」 제24에서 말씀하신 것과 같다.

범부인 중생에게는, 혹은 부처님의 성품이 색·수·상·행·식인 오음

---

[298] 『大般涅槃經』(T12, 828b).

속에 안주하는 것이 마치 그릇 속에 과일이 있는 것과 같다고 말씀하시고, 혹은 부처님의 성품이 오음을 떠나서 있는 것이 마치 허공과 같다고 말씀하신다. 그러므로 여래는 중도를 말씀하시기를, 중생의 부처님의 마음자리는 안·이·비·설·신·의인 안의 육입도 아니며 색·성·향·미·촉·법인 밖의 육입도 아니고, 안의 육입과 밖의 육입을 합한 것이므로 중도라고 부른다고 하신다.[299]

만일 뒤의 글에 의하면, 기와나 돌과 같은 물건은 밖의 육입에 포섭되므로 부처님의 마음자리가 된다고 할 것이다. 이와 같이 서로 다른 것을 어떻게 회통하려고 하는가?

해 회통하려고 하는 학자는 해석하여 논술한다. 만일 유정과 무정이 서로 다르다는 입장에서 보면, 기와나 돌과 같은 물건은 부처님의 마음자리라고 부르지 않는다. 그러나 만일 유식이 변하여 나타나는 바의 입장에서 보면 안의 육입과 밖의 육입은 둘이 아니며, 화합하여 부처님의 마음자리가 되는 것이다. 이것은 오로지 보신 부처님의 성품에 관련해서만 말씀하시는 것이다.

그리고 또한 앞에서 말씀하신 글은 보신 부처님의 성품을 말씀하신 것이며, 뒤에서 인용한 글은 법신 부처님의 성품을 말씀하신 것이다. 만일 이렇게 말씀하신다면 또한 서로 틀리는 것이 아니다.

問。如體相門所引文言。非佛性者所謂一切牆壁瓦石無情之物。又復迦葉品中說云。或云佛性住五陰中果。或言佛性性離陰而有。猶如虛空。是故如來說於中道。衆生佛性非內六入非外六入內外合故名爲中道。若依後文瓦石等物外六入所攝而爲佛性。如是相違云何會通。通者解云。若依有情無

---

[299] 『大般涅槃經』(T12, 819a).

情異門。瓦石等物不名佛性。若就唯識所變現門。內外無二合爲佛性。此是
唯約報佛性說。又復前說文說報佛性。後所引文說法佛性。若作是說亦不
相違也。

🈷 앞의 견성문 안에서 『구경일승보성론』의 「승보품」을 인용하여 다음
과 같이 논설한다.

> 초지 보살마하살도 두루 모든 진여·법계를 증득하기 때문이다. 가타
> 로 읊는다.
>
> > 장애가 없는 깨끗한 슬기로운 눈,
> > 저 모든 중생의 성품을 보니,
> > 무량한 경계를 두루하였네.
> > 나 이제 공경하고 예배하노라.[300]

그런데 왜 이 경전에서는 부처님의 마음자리를 볼 수 없다고 말씀하시
는가? 『대반열반경』 「광명변조고귀덕왕보살품」 제22 아홉 번째 공덕 가운
데에서 다음과 같이 말씀하신다.

> 선남자여, 모든 보살이 9지九地에서 안주하면 법에 성품이 있음을 보
> 지만, 부처님의 마음자리는 보지 못한다.[301]

십지에서 안주하면 법에 성품이 없음을 보기 때문에 틀림없이 부처님

---

300 『究竟一乘寶性論』(T31, 825a).
301 『大般涅槃經』(T12, 765c).

의 마음자리를 본다. 또한 이 『대반열반경』 「사자후보살품」 제23 가운데에서 말씀하신다.

십주 보살은 부처님의 마음자리를 듣고서 보기 때문에 명료하지 못하며, 또 십주 보살은 오로지 스스로가 틀림없이 안웃따라쌈약쌍보디를 얻으리라는 것만은 알 수 있지만, 모든 중생이 모두 다 부처님의 마음자리를 가지고 있다는 것을 알 수 없다.[302]

또 같은 『대반열반경』 「사자후보살품」 제23 가운데에서 말씀하신다.

십주 보살은 다만 그 마지막을 보지만 그 처음을 보지 못한다. 그러나 모든 부처님께서는 처음도 보고 마지막도 보신다. 이런 뜻을 가지기 때문에 모든 부처님은 명료하게 부처님의 마음자리를 볼 수 있다.[303]

또한 이 『대반열반경』 「사자후보살품」 제23 가운데에서 말씀하신다.

십주 보살은 일승을 볼 수 있다고 하더라도 여래께서 상주하신다는 법은 알지 못한다. 이런 뜻을 가지기 때문에 십주 보살은 부처님의 마음자리를 본다고 하더라도 명료하지 못하다고 말씀하신다.[304]

또한 이 『대반열반경』 「사자후보살품」 제23 가운데에서 말씀하신다.

모든 깨달은 이를 부처님의 마음자리라고 한다. 십주 보살은 모든 깨

---

[302] 『大般涅槃經』(T12, 772b).
[303] 『大般涅槃經』(T12, 768c).
[304] 『大般涅槃經』(T12, 769b).

달은 이라고는 할 수 없다. 그러므로 본다고 하더라도 명료한 것이 아니다.[305]

이들과 같은 경전의 말씀을 어떻게 회통하려고 하는가?
㉠ 회통하려고 하는 학자는 해석하여 논술한다. 통틀어서 논술하면 구경문과 구경문이 아닌 것이 서로 다르다는 것을 나타내려고 하기 때문에, 십지 보살은 부처님의 마음자리를 보기는 하지만 명료한 것이 아니라고 서술한다. 그러나 이것을 분수에 따라서 증득하여 보는 부문을 근거로 하여 본다면, 초지 보살도 또한 눈으로 부처님의 마음자리를 볼 수 있다는 것이다. 그 나머지의 경전의 말씀은 앞으로 나아가기도 하며 뒤로 물러서기도 하고 숨기기도 하며 드러내기도 하는 입장에서 논설한 것이다.

왜냐하면 십지 보살은 인행因行을 원만하게 성취한 자리임을 나타내려고 하므로, 부처님의 성품을 볼 수 있다고 논설한 것이며, 9지九地 이하의 보살은 인행을 아직 원만하게 성취하지 못하였기 때문에 부처님의 성품을 보지 못한다고 논설한 것이다.

그리고 또 『대승기신론』에서 여섯 가지 더럽게 물든 마음 가운데에서 다음과 같이 논술한다.

다섯째는 능견심불상응염이다. 이와 같이 더럽게 물든 마음은 10지의 제9지인 심자재지心自在地에서 벗어날 수가 있다.[306]

이것은 구지 보살의 장애가 되므로, 구지 보살은 이 장애에서 벗어나지 못하는 것이다. 그러므로 9지에서는 법에 성품이 있음을 본다고 논설

---

305 『大般涅槃經』(T12, 772b).
306 『大乘起信論』(T32, 577c).

하는 것이다. 제10지에 들어가면 벌써 이 장애에서 벗어나므로, 십지 보살은 법法에 성품이 없음을 본다고 논설하는 것이다. 그러나 때에 따라서 한쪽만을 지나치게 드러내면 계위는 내려간다.

또한 십지 보살만 오로지 마지막을 본다고 논설한 것은, 중생의 마지막은 육식에서 끝이 나며, 유정의 근본은 한마음에서 비롯되는 것이다. 보살은 육식의 현상적인 모습을 통달한 것이지만, 아직 한마음의 근본을 증견하지는 못한 것이다. 그러므로 마지막은 보지만 처음은 보지 못한다고 말하는 것이다.

또한 스스로는 미래에 깨달음을 얻는다는 것을 알고 있지만, 그러나 아직 중생이 부처님의 성품을 가지고 있다는 것을 알지 못한다고 말하는 것이다. 이것은 시간적으로 멀고 가까움을 들어서 어려움과 쉬움을 논설한 것이다.

말하자면 스스로의 미래의 과위는 바로 다음 생각에 있어 가깝기 때문에 알기 쉽지만, 중생의 미래의 과위는 저 끝에 있어 멀기 때문에 알기 힘들다는 것이다. 이것은 미래의 과위로서의 부처님의 마음자리를 두고 논설한 것이다.

또한 십지 보살은 비록 일승을 본다고 하더라도, 여래께서 상주한다는 것을 알지 못한다고 논설하는 것은, 인위와 과위를 들어서 어려움과 쉬움을 나타낸 것이다. 일승一乘이라고 말한 것은 정인正因으로서의 부처님의 마음자리이며, 여래께서 상주하는 것이라고 말한 것은 과위의 부처님의 마음자리를 논설한 것이다. 십지 보살은 인행의 지위를 원만하게 성취하였기 때문에 인위의 부처님의 마음자리를 보는 것이다. 그러나 아직 부처님의 원만한 과위를 얻지 못하였기 때문에 과위의 부처님의 마음자리를 보지 못하는 것이다. 이러한 뜻에 근거하기 때문에 뒤의 경전의 말씀에서, 보살은 아직 모든 깨달음을 얻은 것이 아니며, 그러므로 부처님의 마음자리를 본다고 하더라도 밝고 뚜렷하지 못하다는 것이다. 그 나머지

다른 경전의 말씀이 서로 맞지 않는 것은 이것을 기준으로 하여 회통해야 한다.

問。見性門內所引論說初地菩薩無礙智眼見諸衆生悉有佛性。何故是經不能見。如德王品第九功德中言。住九地者見法有性不見佛性。住十住者見法無性方見佛性。又師子吼中言。十住菩薩唯能自知當得菩提。而未能知一切衆生悉有佛性。又言。十住菩薩唯見其終不見其始。諸佛世尊見始見終。以是義故諸佛了了得佛性。又言。十住菩薩唯見一乘不知如來是常住法。以是義故言。十住菩薩雖見佛性而不明了。又言。一切覺者名爲佛性。菩薩不得名一切覺。是故雖見而不明了。如是等文云何會通。通者解云。通相而言。爲顯究竟不究竟異故說十地見不明了。若依隨分證見門者。初地菩薩亦得眼見。餘文進退隱顯門說。何者。爲顯十地。是因滿位。故說得見。九地以還。因未圓滿。故說不見。又復起信論。說六種染中。第五能見心不相應染。是九地障。未出此障。故說九地見法有性。入第十地已出彼障。是故說言見法無性。且時一邊。顯位階降。又說十住唯見終者。衆生之末[1]終乎六識。有情之本 始於一心。菩薩通達六識之相。而未證見一心之原。故言見終而不見始。又言自知當得菩提。未知衆生有佛性者。是約遠近。以說難易。謂自當果。在第二念。近故易知。衆生當果。卽天[2]後邊。遠故難知。是望當果佛性說也。又言十住雖見一乘。不知如來。是常住法者。是約因果。顯其難易。言一乘者。正因佛性。如來常者是果佛性。十住因滿。故見因性。未得圓果。不見果性。卽依是義故。後文說言。菩薩未得名一切覺。是故雖見。而不明了也。餘文相違。准此可通。

---
1) ㉯ '末'는 문맥에 따르면 '未'이 되어야 한다. 2) ㉭ '天'은 '在'인 듯하다.

② 같은 뜻으로 분류되어도 경전에는 서로 다른 말씀으로 표현되어 있는 것을 회통함

다음으로 같은 뜻으로 분류되어도 경전에는 서로 다른 말씀으로 표현되어 있는 것은, 같은 뜻끼리 분류하여 여러 경전의 서로 다른 말씀을 회통하려는 것이다. 부처님의 마음자리라는 뜻에는 한량이 없는 부문이 있지만, 그것을 뜻이 서로 같은 부류로 묶어서 보면 다섯 가지를 벗어나지 아니한다.

첫째, 자성이 청정하다는 부문으로서, 부처님의 마음자리는 늘 존재한다는 것이다.

둘째, 염오를 따른다는 부문으로서, 부처님의 마음자리는 무상하다는 것이다.

이 두 가지 부문은 모두 인위의 부처님의 마음자리를 논설하는 것이다.

셋째, 현재의 과위果位는 모든 부처님이 얻은 것이다.

넷째, 미래의 과위는 중생이 모두 다 함유하고 있다는 것이다.

(이 두 가지 부문은 모두 과위의 부처님의 마음자리를 논설하는 것이다.)

다섯째, 부처님의 마음자리로서의 한마음은 인위도 아니며 과위도 아니라는 것이다.

이와 같은 다섯 가지 부문을 근거로 하여 여러 경전의 말씀을 포섭하려고 한다.

次會義同者。於同類義。有異文句。以義類而會諸文。佛性之義 有無量門。以類相攝。不出五種。一性淨門。常住佛性。二隨染門。無常佛性。是二種門。皆說因性。三者現果。諸佛所得。四者當果。衆生所含。五者一心非因非果。依是五門。以攝諸文。

가. 자성이 청정한 부문

첫째, 부처님의 마음자리(佛性)는 늘 존재한다는 부문은, 이 『대반열반경』「사상품」 제7 가운데에서 말씀하신다.

오직 집착만을 끊을 뿐이며 아견我見은 끊은 것이 아니다. 아견을 부처님의 성품이라고 하니 부처님의 성품이 바로 참된 해탈이니라.[307]

또 이 『대반열반경』「여래성품」 제12 가운데에서 말씀하신다.

부처님이 말씀하시기를, 선남자여, 아我라고 하는 것은 바로 여래장이라는 뜻이다. 모든 중생들이 모두 다 부처님의 성품을 가지고 있다는 것, 바로 이것이 아我라는 뜻이다.[308]

또 이 『대반열반경』「사자후보살품」 제23 가운데에서 말씀하신다.

부처님의 성품이란 제일의공을 말하며 제일의공을 지혜라고 한다. 말하자면 공이란 공空과 불공不空을 보지 못하지만, 지혜로운 이는 공과 불공, 상주와 무상, 고뇌와 안락, 아와 무아를 보느니라.[309]

또 이 『대반열반경』「사자후보살품」 제23 가운데에서 말씀하신다.

십이인연十二因緣을 관조하는 지혜에는 무릇 네 가지가 있다. (첫째

---

[307] 『大般涅槃經』(T12, 635c).
[308] 『大般涅槃經』(T12, 648b).
[309] 『大般涅槃經』(T12, 767c).

는 하근기의 지혜, 둘째는 중근기의 지혜, 셋째는 상근기의 지혜, 넷째는 상상근기의 지혜이다.) 하근기와 중근기의 지혜로 관조하는 이는 부처님의 마음자리를 보지 못하니, 바로 (성문과 연각의) 이승二乘이다. 상근기의 지혜로 관조하는 이는 부처님의 마음자리를 보기는 하지만 명료하지 못하며, 명료하지 못하기 때문에 십지의 경지에 안주한다. 상상근기의 지혜로 관조하는 이는 부처님의 마음자리를 봄이 명료하기 때문에 안웃따라쌈약쌈보디의 깨달음을 얻는다. 이러한 뜻을 가지고 있기 때문에 십이인연을 부처님의 마음자리라고 한다. 부처님의 마음자리란 바로 제일의공이고, 제일의공을 중도라 하고, 중도를 바로 부처님이라 하고, 부처님을 열반이라 하느니라.[310]

또 이 『대반열반경』 「사자후보살품」 제23 가운데에서 구경究竟에 대해 말씀하신다.

구경究竟이란 모든 중생이 얻은 일승一乘이고, 일승은 부처님의 마음자리이다. 모든 중생이 모두 일승을 가지고 있지만 무명으로 가려져 있기 때문에 볼 수 없다.[311]

이들과 같은 경전의 말씀은 여러 가지 다른 이름을 쓰고 있지만 모두 다 자성이 청정한 진여인 부처님의 마음자리를 드러내는 것이다. 삼승이 한군데로 돌아오므로 일승一乘이라고 부르는 것이며, 열두 가지의 근본이 되므로 인연因緣이라고 부르는 것이고, 모든 속박에서 벗어나 버리므로 공空이라고 하며, 성품에 본각을 지니고 있으므로 지혜라고 부르는 것이

---

310 『大般涅槃經』(T12, 768c).
311 『大般涅槃經』(T12, 769a).

고, 중생 가운데에서 진실하므로 정의(義)라고 부르는 것이며, 자기의 몸을 스스로 비추므로 아견我見이라고 부르는 것이다.

이와 같이 여러 가지 다른 이름으로 불린다고 하더라도 결국 본체는 하나이다. 그런데 이렇게 여러 가지 많은 이름을 말씀하시는 까닭은, 여러 경전들의 말씀이 오직 한맛임을 나타내려고 하시기 때문이다. 말하자면 아견我見이라고 부르거나 여래장如來藏³¹²이라고 부르는 것은 『승만경』과 『능가경』 등의 취지와 회통하는 것이며, 또는 공空이라고 하거나 지혜라고 부르는 것은 여러 부류의 『반야경』 교의를 회통하는 것이고, 또는 일승一乘이라고 부르는 것은 『묘법연화경』 등의 뜻을 회통하는 것이며, 또는 참다운 해탈이라고 부르는 것은 『유마힐경』 등의 뜻을 회통하는 것이다. 이러한 여러 경전에는 서로 다른 말씀으로 표현되어 있지만, 취지가 같은 것을 나타내려는 까닭에 하나의 부처님의 마음자리에 여러 가지 이름을 붙이는 것이다.

> 第一常住佛性門者。四相品云。唯斷取著。不斷我見。我見者名爲佛。佛性者卽眞解脫。如來性品云。我者卽是如來藏。一切衆生悉有佛性。卽是我義。師子吼中言。佛性者名第一義空。第一義空 名爲智惠。智者見空及與不空。愚者不見空與不空。又言。觀十二緣智凡有二¹⁾種。下中智者不見佛性。卽是二乘。上智觀者不見²⁾了了。不了了見故住十住地。上上智者卽了了見。了了見故得阿耨菩提。以是義故十二因緣名爲佛性。佛性者名第一義空。第一義空名爲中道。中道者名爲佛性。佛性者名爲涅槃。又言究竟。究竟者一切衆生所得一乘。一乘者名爲佛性。一切衆生皆有一乘。無明覆

---

312 여래장如來藏 : 모든 중생의 번뇌 가운데에 감추어져 있는 본래의 밝고 맑은 여래법신을 가리킨다. 여래장은 번뇌 가운데에 있어도 번뇌에 더러워짐이 없으며, 본래부터 절대로 청정하여 영원히 변함이 없는 깨달음의 본성이다. 더러운 것과 맑고 깨끗한 것(染淨) 등 모든 현상이 여래장에서 연기했다고 논설하는 것을 여래장 연기라 한다.

故不能得見。如是等文。擧諸異名。同顯性淨。眞如佛性。三乘同歸。名一乘。十二之本。故名因緣。離一切。故名爲空。性有本覺。名爲智惠。衆生中實。故名爲義。自體自照。故名我見。諸名雖異。所詮體一。所以說是衆多名者。爲顯諸經唯一味故。謂名我見。名如來藏者。是會勝鬘楞伽等旨。又名爲空。名智惠者是會諸部般若教義。又名一乘者。是會法花經等。又名眞解脫者。是會維摩經等。爲顯是等諸經異文同旨故。於一佛性。立是諸名也。

1) ㉣ '二'는 『大般涅槃經』에 따르면 '四'가 되어야 한다. 2) ㉣ '不見'은 『大般涅槃經』에 따르면 '見不'이 되어야 한다.

나. 염오를 따르는 부문

둘째, 염오를 따른다는 부문 가운데에서 보신 부처님의 성품이라고 하는 것을 이 『대반열반경』 「사자후보살품」 제23 가운데에서 다음과 같이 말씀하신다.

> 부처님의 마음자리란 커다란 신심이라고 부른다. 왜냐하면 신심을 가지고 있으므로 보살은 육바라밀을 잘 갖추는 것이다.[313]

또는 이를 『대반열반경』 「사자후보살품」 제23 가운데에서 다음과 같이 말씀하신다.

> 대자·대비를 부처님의 마음자리라고 한다. …… 대희大喜·대사大捨를 부처님의 마음자리라고 한다. …… 부처님의 마음자리란 네 가지 무애지를 말씀하신다. …… 부처님의 마음자리란 관정삼매灌頂三昧를 말씀

[313] 『大般涅槃經』(T12, 802c).

하신다.³¹⁴

또는 이 『대반열반경』 「가섭보살품」 제24 가운데에서 다음과 같이 말씀하신다.

　　후신 보살後身菩薩의 부처님의 마음자리에는 여섯 가지가 있다. (첫째는 상, 둘째는 정, 셋째는 진, 넷째는 실, 다섯째는 선, 여섯째는 소견이다. 이것을 분별답이라고 한다.) 내지 초지 보살의 부처님의 마음자리에는 다섯 가지가 있다. (첫째는 진, 둘째는 실, 셋째는 정, 넷째는 가견, 다섯째는 선·불선이다.) 모두 과거도 되며 현재도 되고 미래도 된다.³¹⁵

또는 이 『대반열반경』 「가섭보살품」 제24 가운데에서 다음과 같이 말씀하신다.

　　보살이 아직 안웃따라쌈약쌍보디를 얻지 못하였을 때, 모든 선과 불선 그리고 무기를 다 부처님의 마음자리라고 부른다.³¹⁶

이들과 같은 경전의 말씀은 같은 뜻으로서, 염오를 따르는 부문 가운데에서 보신 부처님의 성품을 나타내는 것이다.

第二隨染門中報佛性者。師子吼中言。佛性者名大信心。何以¹⁾ 信心故菩薩能具六波羅蜜。又言。佛性者名慈悲喜捨。佛性者名四無礙知。乃至佛性者名灌頂三昧。迦葉品云。後身菩薩佛性有六。乃至初地佛性有五。皆是過

---

314 『大般涅槃經』(T12, 802c~803a).
315 『大般涅槃經』(T12, 818ab).
316 『大般涅槃經』(T12, 828a).

去現在未來。又言。未得菩提之時。善不善等盡名佛性。如是等文。同顯隨
染門內報佛性也。

1) ㉖ '以' 다음에는 『大般涅槃經』에 따르면 '故'를 넣어야 한다.

다. 현재의 과위

셋째, 현재의 과위는 모든 부처님이 얻은 것이라는 것은, 이 『대반열반
경』 「사자후보살품」 제23 가운데에서 다음과 같이 말씀하신다.

> 부처님의 마음자리는 색色이기도 하고 색이 아니기도 하며, 색이 아
> 니기도 하고 색이 아닌 것도 아니며, 또는 상相이기도 하고 상이 아니기
> 도 하며, 상이 아니기도 하고 상이 아닌 것도 아니다. 왜 색色이라고 하
> 는가? 금강신이기 때문이다. 왜 색이 아니라고 하는가. 열여덟 가지 불
> 공법은 색법色法이 아니기 때문이다. 왜 색色이 아니기도 하고 색色 아
> 닌 것도 아니라고 하는가? 색이기도 하고 색이 아니기도 한 것은 일정
> 한 모양이 없기 때문이다. 왜 상相이라고 하는가? 서른두 가지 상을 가
> 지고 있기 때문이다. 왜 상이 아니라고 하는가? 모든 중생의 상이 드러
> 나지 않기 때문이다. 왜 상이 아니기도 하고 상이 아닌 것도 아니라 하
> 는가? 결정된 것이 아니기 때문이다.[317]

이 『대반열반경』 「가섭보살품」 제24 가운데에서 다음과 같이 말씀하
신다.

> 여래의 부처님의 마음자리에는 바로 두 가지가 있으니, 첫째는 있다

---

[317] 『大般涅槃經』(T12, 770b).

는 것이며 둘째는 없다는 것이다. 있다고 하는 것은, 말하자면 삼십이상·팔십종호·십력·사무외와 내지 헤아릴 수 없이 많은 삼매를 말씀하신다. 이것을 있다고 말하는 것이다. 없다고 하는 것은, 말하자면 여래는 과거의 온갖 선·불선·무기와 내지 오음·십이인연을 말씀하신다. 이것을 없다고 말하는 것이다. 이것을 여래의 부처님의 마음자리가 있고 없음이라고 말하는 것이니라.[318]

이들과 같은 경전의 말씀은 똑같이 부처님의 현재의 과위를 밝히는 것이다.

第三明現果佛性者。師子吼中言。佛性者。亦色非色。非色非非色。亦相非相。非相非非相。云何爲色。金剛身故。云何非色。十八不共非色法故。云何非色非非色。無定相故。云何爲相。三十二[1)]故。云何非相。一切衆生相不現故。云何非相非非相。不決定故。迦葉品云。如來佛性。卽有二種。一者有。二者無。有者。所謂三十二相八十種好十力四無畏。乃至無量三昧是名爲有。無者。如來過去諸善不善無記。乃至五陰十二因緣。是名爲無。是名如來。佛性有無。如是等文。同明現果。

1) ㉠ '二' 다음에는 『大般涅槃經』에 따르면 '相'을 넣어야 한다.

라. 미래의 과위

넷째, 미래의 과위는 중생이 모두 다 함유하고 있다는 것은, 이 『대반열반경』 「사자후보살품」 제23 가운데에서 다음과 같이 말씀하신다.

---

318 『大般涅槃經』(T12, 821b).

비유하면 어떤 사람이 집에 유락乳酪[319]을 가지고 있는 것과 같다. 누가 묻기를 너는 소수(ⓢ Navanīta, fresh butter)를 가지고 있느냐고 한다. 대답하기를 나는 유락은 가지고 있지만 실제로 소수가 아니라고 한다. 그렇지만 미묘한 방편으로 틀림없이 소수를 얻을 수 있기 때문에 소수를 가지고 있다고 대답하는 것이다. 중생도 또한 그러하여 모두 다 마음을 가지고 있다. 무릇 마음을 가지고 있다고 하는 것은 틀림없이 안웃따라쌈약쌈보디를 얻을 수 있다는 것이다. 이러한 뜻으로 나는 언제나 모든 중생들이 모두 다 부처님의 마음자리를 가지고 있다고 연설하느니라.[320]

이 『대반열반경』 「가섭보살품」 제24 가운데에서 다음과 같이 말씀하신다.

너는 먼저 "선근이 끊긴 이에게도 부처님의 마음자리가 있습니까?"라고 물은 적이 있다. 이 사람은 여래의 부처님의 마음자리도 가지고 있고, 후신 보살의 부처님의 마음자리도 가지고 있다. 이 두 가지 부처님의 마음자리를 가지고는 있지만 미래를 장애하기 때문에 부처님의 마음자리가 없다고 말할 수 있다. 그러나 그들이 드디어는 미래에 과위의 부처님의 마음자리를 얻을 수 있기 때문에 부처님의 마음자리가 있다고 말할 수 있다.[321]

---

319 유락乳酪 : 유목민들은 우유牛乳 또는 양유羊乳 등을 발효·가공하여 여러 가지 유제품을 만들어 생활하였다. 이것을 다섯 단계로 가공한 것을 불교경전에서는 오미五味라고 하는데, 제호醍醐를 최고의 제품으로 치며, 이를 수행의 완성 단계로 비유하고 있다. 오미는 다음과 같다. 제1미- 우유牛乳(ⓢ Kṣīra, milk). 제2미- 낙酪(ⓢ Dadhi, Yogurt, Yoghurt, 凝乳). 제3미- 생소生酥(ⓢ Navanīta, fresh butter), 제4미- 숙소熟酥(ⓢ sarpis, ghee). 제5미- 제호醍醐(ⓢ maṇḍa).
320 『大般涅槃經』(T12, 769a).
321 『大般涅槃經』(T12, 818a).

이들과 같은 경전의 말씀은 중생들이 미래에 과위의 부처님의 마음자리를 얻을 수 있다는 것을 해명하는 것이다.

第四說當果佛性者。師子吼中言。譬如有人。我有乳酪。有人問言。汝有蘇[1])耶。答我有酪實非蘇。[2]) 以巧方便。決定當得故。言有蘇。[3]) 衆生亦爾。悉皆有心。凡有心者。定當得成阿耨菩提。以是義故。我常宣說一切衆生悉有佛性。迦葉品云。如汝先問。斷善根人。有佛性者。亦有如來佛性。亦有後身佛性。是二佛性障未來故。得名爲無。畢意得故。得名爲有。如是等文。明當果佛性。

---

1) ㉻ '蘇'는 문맥에 따르면 '酥'가 되어야 한다. 2) ㉻ '蘇'는 문맥에 따르면 '酥'가 되어야 한다. 3) ㉻ '蘇'는 문맥에 따르면 '酥'가 되어야 한다.

마. 인위도 아니고 과위도 아님

다섯째, 부처님의 마음자리로서의 한마음은 인위因位도 아니며 과위果位도 아니고, 상주도 아니며 상주가 아닌 것도 아니라는 것을 밝히는 것이다. 이 『대반열반경』 「덕왕보살품」 제22 가운데에서 다음과 같이 말씀하신다.

> 선근에는 두 가지가 있다. 첫째는 유루有漏이고 둘째는 무루無漏이다. 그러나 부처님의 마음자리는 유루도 아니며 무루도 아니다. 그러므로 단멸하는 것이 아니다. 또 두 가지가 있다. 첫째는 상주常住이고 둘째는 무상無常이다. 그러나 부처님의 마음자리는 상주도 아니고 무상도 아니다. 그러므로 단멸하는 것이 아니다.[322]

---

322 『大般涅槃經』(T12, 737a).

이 『대반열반경』「사자후보살품」 제23 가운데에서 다음과 같이 말씀하신다.

부처님의 마음자리란 인因이기도 하며 인의 인(因因)이기도 하고, 과果이기도 하며 과의 과(果果)이기도 하느니라. 인이기도 하다는 것은 십이인연이며, 인의 인이기도 하다는 것은 지혜이니라. 과이기도 하다는 것은 아뇩보리阿耨菩提이며, 과의 과이기도 하다는 것은 무상無上의 대반열반이니라.[323]

이들과 같은 경전의 말씀은 똑같이 한가지로 한마음(一心)은 인위의 부처님의 마음자리도 과위의 부처님의 마음자리도 아니라는 것을 나타내는 것이다. 그러한 까닭은 자성이 청정한 본각은 무루의 선이며, 염오를 따르는 여러 가지 선은 유루의 선이기 때문이다.

第五明非因非果。非常非無常性者。如德王品云。善[1]有二種。有漏無漏。是佛性非有漏非無漏。是故不斷。復有二種。一者常。二者無常。佛性非常非無常。是故不斷。師子吼中言。佛性者。有因有因因有果有果果。有因者卽十二因緣。因因者卽是智惠。有果者卽是阿耨菩提。果果者卽是無上大般涅槃。是[2]等文。同顯一心。非因果性。所以然者。性淨本覺。是無漏善。隨染衆善。是有漏善。

1) ㉠ '善' 다음에는 『大般涅槃經』에 따르면 '根'을 넣어야 한다. 2) ㉠ '是' 앞에는 문맥에 따르면 '如'를 넣어야 한다.

한마음의 본체는 두 부문에 상주하는 것이 아니므로 유루도 아니며 무루도 아니다. 또한 부처님의 과위는 상주하는 선이며 인위는 상주하지 않

[323] 『大般涅槃經』(T12, 768b).

는 선이다. 그런데 한마음의 본체는 인위도 아니며 과위도 아니므로 상주도 아니고 무상도 아니다. 만일 마음이 인위라면 과위를 지을 수 없을 것이며, 그와 같이 이것이 과위를 지을 수 없다면, 한마음은 인위도 아니며 과위도 아니다. 그러므로 인위가 되기도 하며 과위가 될 수도 있고, 또는 인의 인(因因)이 되기도 하며 과의 과(果果)가 되기도 한다. 그러므로 부처님의 마음자리란 인이기도 하며 인의 인이기도 하고, 과이기도 하며 과의 과이기도 하다.

그러한 까닭으로 앞의 네 가지 부문에서 논설한 염오와 청정에서의 두 가지 인위와 미래와 현재現在에서의 두 가지 과위는 그 성품이 둘이 아니며 오로지 한마음일 뿐이라는 것을 꼭 알아 두어야 한다. 한마음의 성품은 오로지 부처님만이 몸소 깨달은 것이기 때문에, 이 마음을 부처님의 마음자리라고 하는 것이다. 다만 여러 부문을 근거로 하여 한 성품을 나타내는 것이며, 다른 부문을 따라서 따로따로의 성품이 있는 것이 아니다. 바로 다른 것이 아니라면 어떻게 하나일 수 있는가? 하나가 아니기 때문에 여러 부문에 해당하는 것이며, 다르지 않기 때문에 여러 부문이 모두 한맛이다.

부처님의 마음자리의 뜻을 이와 같이 간략하게 판별한다.

一心之體。不常二門故。非有漏非無漏。又佛果是常善。因是無常善。一心之體。非因果[1)]非果故。非常非無常。若心是因。不能作果。如其是不能作果。良由一心。非因非果。故得作因。亦能爲果。亦作因因。及爲果果。故言佛性者。有因有因因。有果有果果。是故當知。前說四門。染淨二因。當現二果。其性無二。唯是一心。一心之性。唯佛所體。故說是心。名爲佛性。但依諸門。顯此一性。非隨異門。而有別性。卽無有異。何得有一。由非一故。能當諸門。由非異故。諸門一味。佛性之義。略判如是。

1) ㉯ '果'는 문맥에 따르면 삭제해야 한다.

위로부터 이제까지 열반문과 부처님의 마음자리문에 관하여 논술함으로써, 두 번째 『대반열반경』의 근본이 되는 가르침의 종지宗旨를 정밀하게 구명究明하는 것을 마친다.

上來所說。涅槃佛性。全爲第二廣經宗竟。

3. 『대반열반경』의 교체를 논술함

세 번째로 『대반열반경』의 교체敎體를 논술하겠다. 먼저 서로 다른 부파에 관하여 서술하고 다음에 대승의 학설을 드러내려고 한다.

第三明敎體者。先敘異部。後顯大乘。

1) 서로 다른 부파에 관하여 서술함

『가퇴론迦退論』[324]에서는 명신名身·구신句身·미신味身을 가지고 경전의

---

324 『가퇴론迦退論』: 현존하는 『涅槃經宗要』에는 『迦退論』으로 표기되어 있으나, 『大正新脩大藏經』에는 이와 같은 이름을 가진 경전이 없다. 인용한 경전의 내용을 근거로 하여 추론하면, 가퇴迦退는 '가전연자迦旃延子(S) Kātyāyanīputra)'를 잘못 표기한 것이라고 생각한다. 가전연자는 기원전 2세기 무렵의 설일체유부에 소속하는 인도의 논사이다. 현장의 『西域記』에 의하면 찌나북티(S) Cīnabhukti, 至那僕底)의 따마싸와나 쌍가라마(S) Tamasāvana-saṃghaārāma)에서 불멸 300년경에 『阿毘曇八犍度論』을 저술하였고, 이 논서에 의하여 설일체유부의 교리가 독립하였다고 한다. 초기의 유부에는 이밖에도 『集異門足論』, 『法蘊足論』, 『施設足論』, 『識身足論』, 『界身足論』, 『品類足論』의 여섯 가지 논서가 있다. 이것들을 육족론六足論이라고 부르는 것에 대하여, 『阿毘達磨發智論』을 신론身論이라고 부른다. 내용은 잡雜·결結·지智·업業·대종大種·근根·정定·견見의 8온 44납식(8장 44절)으로 나뉘어 있으며, 교법의 연구를 새로운 방식으로 정리한 것이다. 초기불교보다 일보 진전된 새로운 교학을 개척한 것으로 유부

체로 삼는다. 그러므로 그 논論에서 다음과 같이 설하였다.

(問) 십이부경十二部經³²⁵은 어떤 법인가?
(答) 명신名身과 어신語身이 차례로 자리 잡고 있는 것이다.³²⁶

만일 『잡아비담심론雜阿毘曇心論』에 의하면 두 스승의 학설이 있으니, 「서품」 제1에서와 같다.

팔만 가지 법음法陰은 모두 색음色陰에 포섭되니 부처님의 말씀에 속하는 성품이기 때문이다. 또 한 스승의 학설은 명신名身의 성질은 행음行陰에 포섭된다고 한다.³²⁷

만일 『아비담비바사론阿毘曇毘婆沙論』 제40권³²⁸에 준하면, 음성을 교체

교학의 기초를 형성한 것이라고 본다. 『阿毘曇八犍度論』은 『阿毘達磨發智論』의 이역본이며, 후자보다 먼저 한역되었다. 『阿毘曇八犍度論』이 중국에서 번역된 것은 부진건원符秦建元 19년(383)으로, 진秦 계빈삼장罽賓三藏 승가제바僧伽提婆(東晋孝武帝代, 373~396)가 축불념竺佛念(東晋, 永和~義熙, 345~419)과 함께 역경하였다. 원효는 동아시아의 대승불교권에서 활동하였기 때문에 아비달마에 관한 논서의 형성 시기를 정확하게 파악하지 못하여 그렇게 표기한 것은 아닐까 생각된다.

325 십이부경十二部經 : ① 계경契經-⑤ sūtta. 석존의 가르침을 간결하게 정리한 산문. ② 응송應頌 또는 중송重頌-⑤ geya. 계경의 내용을 시로 반복하는 형식. ③ 기설기說 또는 수기授記-⑤ vyākaraṇa. 간결한 문답 형식. ④ 게송偈頌-⑤ gāthā. 시구詩句 형식. ⑤ 자설自說 또는 감흥어感興語-⑤ udāna. 석존이 감응적으로 설한 시. ⑥ 여시어如是語-⑤ itivṛttaka. 게야의 특수한 형식. ⑦ 본생本生-⑤ jātaka. 석가모니의 전생 이야기. ⑧ 비타라毘陀羅-⑤ vaipulya. 방광方廣. 중층적인 교리문답. ⑨ 미증유법未曾有法-⑤ adbhūta-dhamma)희유한 공덕·기적에 관한 교설. ⑩ 인연因緣-⑤ nidāna. 계율 조문의 성립 사정에 관한 이야기. ⑪ 비유譬喩-⑤ avadāna. 거룩한 부처님 제자의 과거세 이야기. ⑫ 논의論議-⑤ upadeśa. 교리에 대한 설명이나 해석.
326 『阿毘曇八犍度論』(T26, 853c).
327 『雜阿毘曇心論』(T28, 872a).
328 여기서 "婆沙第四十卷"을 200권 『阿毘達磨大毘婆沙論』으로 보지 않고, 60권 『阿毘

敎體로 삼는 것은 불타제바佛陀提婆(⑤ Buddhadeva,, 覺天)의 주장이고, 명신名身과 구신句身 그리고 미신味身을 교체로 삼는 것은 화수밀和須蜜(Vasumitra, 世友)의 주장이다.

    曇毘婆沙論(⑤ Abhidharma-vibhāṣā-śāstra)』으로 볼 수 있는 근거를 몇 가지 제시하여 연구자를 도우려고 한다. 앞서 나온『阿毘曇八犍度論』과『阿毘達磨發智論』의 경우를 먼저 살펴보자. 이 두 논서는 이름은 서로 달라도, 모두 가전연자迦旃延子(⑤ Kātyāyanīputra)가 저술한 것으로 그 내용은 동일하다. 가전연자가 저술한 동일한 논서를 번역자의 의도에 따라서 이와 같이 다르게 불렀다. 말하자면 부진符秦 계빈罽賓 승가제바僧伽提婆 삼장이 축불념竺佛念과 함께 번역한 것은『阿毘曇八犍度論』이라 부르고, 현장 삼장이 번역한 것은『阿毘達磨發智論』이라고 불렀다. 저자인 Kātyāyanīputra를 한자로 음사하는 것도 서로 다른데, 전자는 가전연자迦旃延子로, 후자는 가다니연자迦多衍尼子로 표기하고 있다. 현존하는 자료를 근거로 하여 보면,『阿毘曇八犍度論』을 중심으로 하여 해석한 것이『阿毘達磨發智論』60권이며,『阿毘達磨發智論』을 중심으로 해석한 것이『阿毘達磨大毘婆沙論』200권이라고 인식된다. 이에 따라 양자의 차이를 비교하면 다음과 같다. 첫째, 본론의 저자를 한자로 표기하는 태도를 보면 전자는 가전연자迦旃延子로 되어 있으며, 후자는 가다니연자迦多衍尼子로 되어 있다. 둘째, 본론을 주석하는 태도를 보면, 전자는 "迦旃延子造 五百羅漢釋"이라고 밝힘으로써,『阿毘曇八犍度論』을 중심으로 한 해석이라는 것을 말하여 주고 있으나, 후자는 본론의 저자의 이름을 기술하지 않고, "五百大阿羅漢等造"라고만 기술함으로써,『阿毘達磨大毘婆沙論』이『阿毘達磨發智論』을 중심으로 한 해석이라기보다는 "五百大阿羅漢等造"라고 하여 오백대아라한五百大阿羅漢들의 순수한 저술로도 볼 수 있도록 애매하게 표현하고 있다. 셋째, 번역상의 용어를 중심으로 하여 보면, '迦旃延子造 符秦罽賓三藏僧伽提婆共竺佛念譯『阿毘曇八犍度論』'은 '迦旃延子造 五百羅漢釋 北天竺沙門浮陀跋摩共道泰等譯『阿毘曇毘婆沙論』'과 일치하며, '尊者迦多衍尼子造 三藏法師玄奘譯『阿毘達磨發智論』'은 '五百大阿羅漢等造 三藏法師玄奘譯『阿毘達磨大毘婆沙論』'과 일치한다는 것을 볼 수 있다. 예를 들면, 전자는 한결같이 명신名身·구신句身·미신味身이라고 표기하며, 후자는 명신名身·구신句身·문신文身이라고 표기한다. 넷째, 전자는 붓다데와(⑤ Buddhadeva)를 각천覺天이라고 하지 않고 한결같이 본명인 불타제바佛陀提婆라고 음사하고 있으며, 와쑤미뜨라(⑤ Vasumitra)를 세우世友라고 하지 않고 한결같이 본명인 화수밀和須蜜이라고만 음사하고 있다. 그러나 후자는 붓다데와(⑤ Buddhadeva)를 주로 각천覺天이라고 번역하여 쓰고, 200권 속에서 꼭 두 번 불타제바佛陀提婆라고 음사하고 있을 뿐이며, 와쑤미뜨라(⑤ Vasumitra)는 오로지 세우世友라고만 번역하여 기술하고 있다. 다섯째,『阿毘曇毘婆沙論』第四十卷 使揵度十門品之四'에는 불타제바佛陀提婆와 화수밀和須蜜이 모두 등장하지만,『阿毘達磨大毘婆沙論』卷第四十 雜蘊第一中無義納息第七之二'에는 불타제바佛陀提婆 또는 각천覺天과 화수밀和須蜜 또는 세우世友가 전혀 등장하지 않는다.

『아비달마구사석론阿毘達磨俱舍釋論』[329] 「분별계품」 제1 가운데에서 또 이에 대한 다음과 같은 두 가지 학설을 내세운다.

어떤 스승들은 부처님의 바른 가르침은 말소리를 성품으로 삼으므로 그 스승에게 있어서는 색음에 포섭된다고 주장하고, 어떤 스승들은 부처님의 바른 가르침은 문구를 그 성품으로 삼으므로 그 스승에게 있어서는 행음에 포섭된다고 주장한다.[330]

迦退論[1]中。以名句味。以爲經體。故彼論說。十二部經。名何等法。答曰。名身語身。次第住故。若依雜心有二師說。如界[2]品。八萬法陰。皆色陰攝。以佛語之性故。有說。名性者行陰攝。若准婆沙第四十卷。以音聲爲敎體者。是佛陀提婆義。以名句味爲敎體者。是和須蜜義。俱舍論中。又出是二。如界品云。有諸師執佛正敎。言音爲性。於彼入色陰攝。有諸師執。文句爲性。於彼師入行陰攝。

1) ㉣ '迦退論'은 인도 설일체유부에 속하는 스님의 이름과 저술이므로 '迦' 다음에 '旃延子。阿毘曇八犍度'를 넣고 '退'는 삭제해야 한다.   2) ㉣ '界'는 문맥에 따르면 '序'가 되어야 한다.

그런데 또 어떤 학자는 말하기를, 『아비달마구사석론』 가운데에 세 스승의 학설이 있는데, 셋째 스승의 주장은 음성音聲과 명신名身·구신句身을 모두 취하여 교체로 삼는다고 논술하는 것이다. 이는 『아비달마구사석론』 「분별계품」 제1 아래에서 논술하는 것과 같다.

여러 스승들이 실제로 이와 같이 판단하는 것은 중생에게 팔만 가지

---

329 이는 세친世親(S Vasubandhu, 婆藪盤豆)이 짓고, 진제眞諦(S Paramārtha) 삼장이 번역하였다.
330 『阿毘達磨俱舍釋論』(T29, 166b).

나 되는 번뇌행상이 있기 때문이다. 말하자면 탐욕·성냄·어리석음·아만 등의 차별이 있기 때문에, 이러한 행상들을 대치對治하려고 부처님·세존께서는 팔만 가지나 되는 법음法陰을 바르게 말씀하셨다. 이와 같이 팔만 가지나 되는 법음은 오음 가운데에서 색음色陰과 행음行陰에 포섭되는 것이다.[331]

이러한 논문의 논증으로 보아서 비평가는 셋째 스승의 학설을 채택하고 있다는 것을 알 수 있다.

그러나 이러한 학설이 있다고 하더라도 실제로는 그러한 것이 아니다. 그러한 까닭은, 그는 논문의 문제를 드러낼 수 없기 때문에 함부로 다른 경론의 글을 채택하여 이와 같이 헛된 학설을 만든 것이기 때문이다. 그는 앞의 글을 논술할 때, 벌써 두 스승의 학설(색음에 관한 학설·행음에 관한 학설)을 내세워서 색음과 행음이 포섭된다고 매듭을 짓는다. 그리고 다음에는 팔만 가지나 되는 법음을 헤아릴 수 있다고 논설하면서, 한꺼번에 세 스승의 학설을 내세우고, 여기서는 여러 스승의 판단의 다름이 이와 같다고 논술하고 나서, 아래에서 정론으로 세 번째 스승의 학설을 성립시키면서, 팔만 가지나 되는 법음을 헤아릴 수 있다고 논설하고 나서 매듭을 짓는다. 그리고 또 다음에는 다시 오분법신五分法身[332]과 십일체입十一切入[333] 등의 여러 부문을 포섭하는 주장을 하려고 한다.[334]

---

331 『阿毘達磨俱舍釋論』(T29, 166c).
332 오분법신五分法身 : 계계戒·정정定·혜혜慧·해탈해탈解脫·해탈지견해탈지견解脫知見이라고 하는 다섯 가지 덕성을 신체로 삼아서 표현하는 최고의 깨달음. 최고의 깨달음에 오른 부처님과 성자(무학위)가 갖추고 있는 다섯 가지 공덕.
333 십일체입十一切入 : 십일체처十一切處, 십변입十遍入, 십변처十遍處[S] daśa-kṛtsna-āyatanāni]라고도 한다. 삼계의 번뇌를 벗어나야 한다고 하는 한 가지 선관禪觀이다. 지地·수水·화火·풍風·청靑·황黃·적赤·백白·공空·식識의 열 가지를 그냥 그대로 무변무이無邊無二의 관법으로 수행하는 것이다. 욕계·색계·무색계의 삼계가 이들 열 가지 가운데의 어느 하나로 두루 가득 차 있다고 관조하기를 차례차례로 실천한다.

그러므로 앞의 논술은 조목별로 분별하고, 뒤의 논술은 팔만 가지 법음의 행상을 오음 가운데의 색음과 행음의 두 가지에 포섭하는 것이다. 이것은 통틀어 앞의 두 스승의 주장을 조목별로 논술한 것이므로 저 학설은 옳지 않음을 꼭 알아 두어야 한다. 소승의 여러 부파 안에서 교체의 성품을 내세우는 것은 오로지 두 스승의 학설뿐이며 다시 세 번째 학설은 없다는 것을 꼭 알아 두어야 한다.

有人說言。俱舍論中有三師說。第三師義通取音聲名句爲體。如¹⁾法界品下文說言。諸師異判如是。衆生有八萬煩惱行相。謂欲瞋癡慢等差別故。爲對治此行佛世尊正說八萬法陰。如八萬法陰相。五陰中色行二陰攝。以是文證得知評家取此第三也。雖有是說而實不然。所以然者。彼不能顯論文分齊。監取異文作是妄說。彼論前文已出二師說攝陰竟。次說八萬法陰之量。一出三師義。此言諸師異判如是已。下正成第三評家之說。說法陰量已竟。次欲更說五分法身。十一切入等。諸門攝義。是故條前成後之言。八萬法陰相。五陰中色行二陰攝。此言總條前二師義。是故當知彼說謬異。當知小乘諸部之內。出教體性。唯有二說。更無第三也。

1) ㉯ '如'는 문맥에 따르면 삭제해야 한다.

만일 『성실론成實論』[335]을 근거로 하면 상속하는 가상의 음성으로 교체를 삼는다. 『성실론』 「불상응행품」 제94에서 논술하는 것과 같다.

어떤 학자는 명중名衆·구중句衆·자중字衆이 심불상응행이라고 논술한다. 그러나 이것은 그렇지 않다. 이 법의 이름은 음성을 성품으로 하므로 법입法入에 포섭되는 것이다.[336]

---

334 『阿毘達磨俱舍釋論』(T29, 166c).
335 이 논은 하리발마訶梨跋摩(ⓢ Harivarman)가 짓고, 진제 삼장이 번역하였다.

[해] 이 논사의 의중을 종합하면, 임시로 건립한 음성의 전용詮用은 다시 □□□□ 음성의 성품이 없으므로 색음色陰에 포섭되는 것이며, 전표詮表의 작용은 의식으로 얻는 것이므로 오로지 □□□ 행음行陰에 포섭되는 것이다.

若依成實。相續假聲。以爲敎體。如彼論不相應行品云。有人言。名句字。應是心不相應行。此事不然。□□□□¹⁾ 法入所攝。解云。此論師意。假聲詮用。更無□□□□聲性。色陰所攝。詮表之用。意識所得。唯□□□□所²⁾攝也。

1) 옌 '□□□□'은 『成實論』에서 인용한 것이다. 이에 해당하는 『成實論』(T32, 289c)의 원문에는 '是法名聲性'으로 되어 있으므로, 칸의 수는 맞지 않으나 '□□□□'에 '是法名聲性'을 넣으면 완전한 문장이 된다. 2) 옌 '所' 앞에 문맥에 따라서 '行陰'을 넣어야 한다.

2) 대승의 학설을 드러냄

대승 가운데에서는 음성·명신名身·구신句身 및 소전所詮의 뜻은 □□□□□ 비록 별체別體의 불상응행은 없다고 하더라도, 임시로 건립한 불상응행이 있으므로 (성聲·명名·) 구句는 행음行陰에 포섭되는 것이다. 이러한 도리를 근거로 하여 보면 저 소승의 두 종지와 다르다. 이러한 뜻은 모두 『유가사지론』에서 논설하는 것과 같다. 『유가사지론』 「섭석분攝釋分」에서 언설하는 것과 같다.

어떻게 본체로 삼는가? 말하자면 계경契經[337]에서의 교체는 줄여서

---

336 『成實論』(T32, 289c).
337 계경契經 : 여기서는 sūtta를 계경이라고 번역한 것이다. 석가모니 부처님의 가르침을 간결하게 정리한 산문.

두 가지가 있는데, 첫째는 문文이고 둘째는 의義이다. 문은 소의所依가 되고 의는 능의能依가 된다.

어떤 것이 문文인가? 말하자면 여섯 가지가 있는데, 첫째는 명신名身이며 둘째는 구신句身이고, 셋째는 자신字身이며 넷째는 언어이고, 다섯째는 행상行相이며 여섯째는 기청機請이다. …… **338**

이 『유가사지론』의 의취는, 교체가 따로 자성自性을 가지고 있지 않고 여러 가지 연緣을 포함하고 있기 때문에 사물에 대한 이해를 생겨나게 할 수 있다는 것을 드러내려고 한다. 그러므로 여러 가지 연緣이 교체가 된다고 논설할 뿐이다. 이 가운데에서 나머지 □□□□□ 것은 『능가경소楞伽經疏』 가운데에서 논술하는 것과 같다.

大乘之中。音聲名句。及所詮義。□□□□□。雖無別體。不相應行。而有假立。不相應行。□□句[1)]行[2)]□所攝。由是道理。異彼二宗。是義具如瑜伽論說。又彼論攝決擇[3)]分言。云何爲體。謂契經體。有略二種。一文。二義。文是所依。義是能依。云何爲文。謂有六種。一者名身。二者句身。三者語身。四者字身。五者行相。□[4)]者機請。乃至廣說。是論意者。欲顯敎體。無別自。[5)] □□□緣含。能生物解。故說諸緣。爲敎體耳。於中餘□□□□□。如楞伽經疏中說。

1) ㉎ '句' 앞에는 문맥에 따르면 '聲名'을 넣어야 한다. 2) ㉎ '行' 뒤에는 문맥에 따르면 '陰'을 넣어야 한다. 3) ㉎ '決擇'은 『瑜伽師地論』에 따르면 '釋'이 되어야 한다. 4) ㉎ '□'는 문맥상 '六'인 듯하다. 5) ㉎ '自' 다음에 문맥에 따르면 '性。有諸'를 넣어야 한다.

---

338 『瑜伽師地論』(T30, 750a).

4. 『대반열반경』의 교판을 논술함

네 번째 『대반열반경』의 교판(敎迹)을 논술한다.

第四明敎迹者。

1) 남쪽 지방 스승들의 학설

예로부터 □□□□ 남쪽 지방의 여러 스승들은 대부분이 무도산武都山의 은사隱士 류규劉虯³³⁹의 주장에 근거를 두고 다음과 같이 논술하고 있다.

여래께서 일대에 걸쳐 교화하시면서 하신 말씀³⁴⁰은 돈교³⁴¹와 점교³⁴²

---

339 류규劉虯(438~495) : 남제南齊의 은사로서 자는 영여靈予 또는 덕명德明이다. 30세 전후에 사관으로 생활을 하다가 뒤에 관직을 그만두고 소박한 생활을 보내면서 불교를 배운다. 도생道生의 선불수보善不受報·돈오성불론頓悟成佛論을 조술하였으며, 당시 그를 굴복시킬 수 있는 사람이 없었다고 한다. 그의 저술인 『無量義經序』에 의하면 영명3년(485) 9월 18일 무당산에서 혜표慧表로부터 이 경의 전수를 받았다고 하는데, 이 기술은 의심스러운 것이 많다. 『無量義經』은 중국에서 성립된 경전으로 알려지고 있고, 『法華經』에 의거하여 돈오론을 선양한 것이기 때문에, 류규 스스로가 이 『無量義經』을 저술한 것으로 보는 학설도 있다. 『注法華經』 7권을 저술하였다고 하나 현재는 전하여지고 있지 않다.

340 원효는 이 글을 정영사 혜원(523~592)의 『大乘義章』에서 인용하여 자료로 활용하고 있는 것으로 보인다. 혜원의 『大乘義章』으로부터 인용한 것이라고 밝히고 있는 것은 아니지만, 원효가 서술하고 있는 글의 내용을 자세하게 검토하여 보면 바로 혜원의 글에서 류규의 학설을 빌려 쓰고 있다는 것을 알 수 있다. 그러므로 '如□□□□說無出頓漸'은 '如來一化所說無出頓漸'으로 보는 것이 문장의 취지를 잘 살릴 수 있다고 본다.

341 돈교 : ① 오교의 하나. 화엄종에서 『維摩詰經』과 같이 문자나 언어를 여의고 수행의 차례를 말하지 않고, 말이 끊어진 진여를 가리킨 교법. ② 화의化儀 사교의 하나. 천태종에서 소승·대승의 차례에 따르지 않고, 바로 처음부터 대승 일불승一佛乘의 법을 말한 것. 석존이 성도한 뒤에 곧 설하신 『華嚴經』의 설법.

342 점교 : ① 화엄종에서 오교 가운데 시교始敎와 종교終敎를 말한다. 이것은 문자로 이

를 벗어나지 않는 것이다.『대방광불화엄경』등의 경전은 돈교이고 그 나머지는 점교라고 한다. 점교 안에 오시五時[343]가 있다. 첫째 시기는 부처님이 처음 성도하시고 나서 제위提胃(S Trapusa) 등을 위하여 오계五戒·십선十善[344]·인천人天[345]의 교문을 말씀하셨다. 둘째 시기는 부처님이 성도하시고 나서 12년 동안에 삼승三乘[346]차별의 교문을 말씀하셨지만, 아직 공空의 이치를 말씀하지 않으셨다. 셋째 시기는 부처님이 성도하시고 나서 30년 중에 공·무상·『반야경』[347]·『유마힐경』·『사익범천소문경』[348] 등의 경전을 말씀하셨다. 그렇지만 비록 삼승이 한 가지로 공을 관조한다고 말씀하더라도, 아직 일승이 삼승을 깨뜨리고 일승에 돌아온다고 말씀한 것은 아니다. 넷째 시기는 부처님이 성도하시고 나서 40년 뒤에 8년 동안『묘법연화경』[349]을 말씀하시어 널리 일승이 삼승을

치를 나타내고 수행하는 계급을 세워, 점차로 증과함을 말한 법문이므로 점교라고 한다. ② 화의化儀 사교의 하나. 천태종의 말. 소승에서 대승으로 정직적인 점차의 순서를 밟아서 순서를 밟아 설한 교.

343 오시五時 : ① 인천교人天敎, ② 유상교有相敎, ③ 무상교無相敎, ④ 동귀교同歸敎, ⑤ 상주교常住敎.

344 십선十善 : 십선도十善道 또는 십선계十善戒라고도 함. 몸(動作)·입(言語)·뜻(意念)으로 십악을 범하지 않는 계제制戒. 불살생不殺生·불투도不偸盜·불사음不邪淫·불망어不妄語·불양설不兩舌·불악구不惡口·불기어不綺語·불탐욕不貪慾·불진에不瞋恚·불사견不邪見의 열 가지.

345 인천人天 : 오교의 하나. 부처님이 성도하신 처음에 제위提胃(S Trapusa, 帝梨富娑) 장자를 위하여 오계와 중품中品의 십선을 행하면 인간에 나고, 상품의 십선을 행하면 천상에 난다고 가르친 교법.

346 삼승三乘 : 성문·연각·보살에 대한 세 가지 교법. 승은 물건을 실어 옮기는 것을 목표로 하므로, 부처님의 교법도, 중생을 실어 열반의 언덕에 이르게 하는 것에 비유함.

347 『반야경』: 불교의 소극적 제법실상론을 말한 경의 총칭. 지혜로 관조하는 대상인 만유는 우리가 실물처럼 보는 것과 같은 존재가 아니고, 다 공하여 모양이 없는 것임을 말씀하신다. 이 경은 여러 종류가 있으나, 이것을 집성한 것은 당나라 현장이 번역한『大般若經』16회 600권으로, 여러 가지『般若經』은 모두 이 경의 일부에 해당한다.

348 『사익범천소문경』: 구마라집이 번역하였으며, 망명網明과 사익범천 등을 위하여 만유제법의 공적한 이유를 말씀한 경전이다.

349 『묘법연화경』: 대승 경전을 대표하는 것 가운데의 하나이며, 7권 28품으로 되어 있

깨뜨리고 일승에 돌아오는 것을 천명하신다. 그렇지만 아직 중생이 모두 부처님이 될 성품이 있다고는 말씀하지 않으신다. 다만 여래의 수명이 미진의 수량보다 더 많아서 미래에 머무르시는 것이 다시 위의 수량을 배가할 것이라고 말씀하시지만, 부처님이 상주하신다고는 말씀하지 않으셨다. 그러므로 이는 불료不了義의 가르침이다. 다섯째 시기는 부처님이 열반을 맞이하실 무렵에 『대반열반경』을 말씀하시어, 모든 중생이 모두 부처님이 될 성품이 있으므로 법신350이 상주하신다고 천명하신다. 그러므로 이는 요의경了義經이다.351

남쪽 지방의 여러 스승들은 많이 이러한 주장을 전하고 있다.

昔來□□□。南土諸師。多依武都山隱士劉虯¹⁾義云。如□□□²⁾說。無出頓漸。花嚴等經。是其頓教。餘名漸□□□³⁾內有其五時。一佛初成道已。爲提胃等。說五戒十善人天教門。二佛成道已。十二年中。宣說三乘差別教門。未說空理。三佛成道已。三十年中。說空無相波若維摩思益等經。雖說三乘同觀於空。未說 一乘破三歸一。四佛成道已。四十年後。於八年中。說法花經。廣明一乘破三歸一。未說衆生皆有佛性。但彰如來。壽過塵數。未來所住。復倍上數。不明佛常。是不了教。五佛臨涅槃。說大涅槃。明諸衆生。皆有佛性。法身常住。是了義經。南土諸師。多傳是義。

고, 일불승一佛乘·회삼귀일會三歸一·제법실상諸法實相을 말한 경전이다. 조선 세조 때 간경도감에서 번역 출판하였다. 천태 지자는 『妙法蓮華經』을 불교의 중심으로 하여 천태사상을 집대성하였다. 천태종·법상종의 소의 경전.

350 법신法身 : ⑤ Dharma-kāya. 삼신불의 하나. 법은 진여, 법계의 이리와 일치한 부처님의 진신. 빛깔도 형상도 없는 본체신. 현실로 인간에 출현한 부처님 이상으로 영원한 불의 본체, 부처님이 말씀하신 교법, 혹은 부처님이 얻은 계戒·정定·혜慧·해탈解脫·해탈지견解脫知見을 법신이라 하기도 하나 일반으로 대승에서 본체론적으로 우주의 본체인 진여실상 등의 법法, 또는 그와 일치한 불신을 법신이라고 한다.

351 『大乘義章』(T44, 465a).

1) ㉠ '釗'는 중국 남제南齊의 은사의 이름이므로 '剴'가 되어야 한다.   2) ㉠ '□□□□'은 인용 경전에 따르면 '來一化所'가 되어야 한다.   3) ㉠ '□□□'는 문맥에 따르면 '敎漸敎'가 되어야 한다.

2) 북쪽 지방 스승들의 학설

북쪽 지방 스승들의 학설은 『반야경』 등의 경전도 모두 요의교라고 하는데, 다만 그 주장하는 것이 각각 같지 않을 뿐이다. 『반야경』 등은 지혜를 종지로 삼으며, 『유마힐경』 등은 해탈을 종지로 삼고, 『묘법연화경』 등은 일승을 종지로 삼으며, 『대반열반경』은 묘과를 종지로 삼는다. 그렇다고 하더라도 그 학설은 모두 이러한 대승·해탈·연기·행덕구경行德究竟에 관한 대승요의大乘了義의 학설이라는 것이다.[352] 바로 이와 같은 학설들은 앞의 남쪽 지방의 학설인 오시교의 논술을 논파하는 것이다. 『마하반야바라밀경』「왕생품」 제4 가운데에서 말씀하시는 것과 같다.

모든 비구가 반야般若에서 보시布施를 찬탄하시는 말씀을 듣고, 드디어 삼의三衣를 벗어, 그것을 가지고 보시한다.[353]

---

[352] 『大乘義章』(T44, 466c~467a), "顯法之德門。別無量。故使諸經宗趣各異。如彼發菩提心經等。發心爲宗。溫室經等。以施爲宗。淸淨毘尼優婆塞戒。如是等經。以戒爲宗。華嚴法華無量義等。三昧爲宗。般若經等。以慧爲宗。維摩經等。解脫爲宗。金光明等。法身爲宗。方等如門。如是經等。陀羅尼爲宗。勝鬘師子吼一乘大方便方廣經等。一乘爲宗。涅槃經等。以佛圓寂妙果爲宗。如是等經。所用各異。然其所說。皆是大乘緣起行德究竟了義。" 혜원의 『大乘義章』으로부터 인용한 것이라고 밝히고 있는 것은 아니지만, 원효가 서술하고 있는 글의 내용을 자세하게 검토하여 보면 바로 혜원의 글을 빌려서 쓰고 있다는 것을 알 수 있다.

[353] 『摩訶般若波羅蜜經』(T8, 229b), "說是般若波羅蜜時。三百比丘從座起。以所著衣上佛。發阿耨多羅三藐三菩提心。" 그러나 원효가 서술하고 있는 문장과 대조하여 보면, 실제로는 『摩訶般若波羅蜜經』으로부터 바로 인용한 것이 아니라, 아래의 글에서 볼 수 있는 것처럼 혜원의 『大乘義章』으로부터 글을 빌려서 쓰고 있다는 것을 알 수 있다. 『大乘義章』(T44, 465c), "又大品經往生品中。諸比丘等。聞說般若讚歎檀度。遂脫三衣。以用布施。"

이에 대해『대지도론』「석왕생품」가운데에서 다음과 같이 해석한다.

> 부처님은 세 벌 옷을 간직하지 않으면 죄를 짓는 것이라고 제정하신다. 무엇 때문에 지계持戒를 중요하게 다루지 않고 지계를 범하면서 보시를 실행하는가? 이것은 12년 전에 있었던 것으로, 부처님이 아직 지계를 제정하지 않았기 때문이다. 그러므로 지계를 범한 것이 아니라고 하신다. 이와 같이 증명하는 경전의 말씀을 가지고 보면 국한하여 30년 가운데에 있었던 것이 아니다.[354]

또『대지도론』「석필정품」제83의 잔여분殘餘分 가운데에서 다음과 같이 논술한다.

> 수보리가『묘법연화경』[355] 가운데에서 "손을 들어 합장을 하거나 머리를 숙여 예배를 하는 것이 모두 부처님의 도道를 이룬다."라고 말씀하시는 것을 들었다. 그러므로 이제 퇴전·불퇴전의 뜻을 묻는다.[356]

이 경전의 말씀을 가지고 증명하건대, 반야경의 가르침이 아직 반드시

---

354 『大智度論』(T25, 353c~354a). 그러나 원효가 서술하고 있는 문장과 대조하여 보면, 실제로는『大智度論』으로부터 바로 인용한 것이 아니라, 아래의 글에서 볼 수 있는 것처럼 혜원의『大乘義章』으로부터 글을 빌려서 쓰고 있다는 것을 알 수 있다.『大乘義章』(T44, 465c), "龍樹釋言。佛制三衣。不畜得罪。何故不重尸波羅蜜。犯戒行施。以此在於十二年前佛未制戒。是故不犯以是證文。非局在於三十年中。"
355 『妙法蓮華經』(T9, 9a), "乃至擧一手。或復小低頭。以此供養像。漸見無量佛。"
356 『大智度論』(T25, 713b25). 그러나 원효가 서술하고 있는 문장과 대조하여 보면, 실제로는『大智度論』으로부터 바로 인용한 것이 아니라, 아래의 글에서 볼 수 있는 것처럼 혜원의『大乘義章』으로부터 글을 빌려 쓰고 있다는 것을 알 수 있다.『大乘義章』(T44, 466a), "龍樹菩薩釋大品經云。須菩提聞說法華。擧手低頭。皆成佛道。是故今問退不退義。"

『묘법연화경』 이전에 국한되어 있는 것은 아니다.[357] 그러므로 오시五時를 논파하여 잘라 버리는 것은 바로 오류가 되는 것이다.

> 北方師說。般若等經皆了義。但其所宗。各不同耳。如般若經等。智惠爲宗。維摩經等。解脫爲宗。法花經者。一乘爲宗。大涅槃經。妙果爲宗。皆是大解起行德究竟。大乘了義之說。卽破前說。五時敎言。如大品經往生品中。諸比丘聞說般若讚歎檀度。逐脫三衣。以用布施。論中釋言。佛制三衣不畜得罪。何犯戒爲行施耶。以此在於十二年前。佛未制戒。是故不犯。是以文證。非局在於十二年後。又彼論云。須菩提。聞說法花。擧手低頭。皆成佛道。是故今問退不退義。以是文證。般若之敎。未必局在於法花已前。破斷五時。卽爲謬異。

또 다시 만일 『반야경』의 가르침 가운데에서는 삼승을 논파하지 않았기 때문에 『묘법연화경』보다 천박한 것이라고 논술한다면, 『마하반야바라밀경』 「대여품」 제54 가운데에서, "사리불舍利弗이 묻는다. 만일 전혀 퇴전하지 않으며, 공과 또한 다르지 않다면, 무엇 때문에 삼승의 차별이 있어서 오로지 일승만은 안 되는가? 수보리가 대답한다. 이승도 없으며 삼승도 없고, 만일 이 도리를 듣고 놀라서 두려워하지 않으면 보리菩提를 얻을 수 있다."[358]라고 하였으니, 이것은 『묘법연화경』의 이승도 없으며 삼승도

---

357 그러나 원효가 서술하고 있는 문장과 대조하여 보면, 실제로는 혜원의 『大乘義章』으로부터 글을 빌려 쓰고 있다는 것을 알 수 있다. 『大乘義章』(T44, 466ab), "龍樹菩薩釋大品經云。須菩提聞說法華。擧手低頭。皆成佛道。是故今問退不退義。以此文證。前後不定。若言法華破三歸一深於大品。此如前破。若言法華未說佛性淺於涅槃。是義不然."

358 『摩訶般若波羅蜜經』(T8, 334c), "是般若波羅蜜中如是說。色卽是薩婆若。薩婆若卽是色。乃至一切種智卽是薩婆若。薩婆若卽是一切種智。色如相薩婆若如相。是一如無二無別。乃至一切種智如相薩婆若如相。一如無二無別." 그러나 원효가 서술하고 있는 문장과 대조하여 보면, 실제로는 혜원의 『大乘義章』으로부터 글을 빌려 쓰고 있다는 것을 알 수 있다. 『大乘義章』(T44, 466a), "大品經中舍利弗問。若都不退。空復不異。何故得有

없다고 하는 것과 그 말은 어떤 차별이 있어서 『반야경』은 천박하며 『묘법연화경』은 심오하다고 분별하는가? 이것은 삼승을 논파하고 일승으로 돌아오는 것이 아니라고 논술하는 것이다.

또는 만일 『반야경』에서는 부처님의 성품을 말씀하지 않았기 때문에 『대반열반경』보다 천박한 것이라고 논술한다면, 『대반열반경』에서 말씀하시기를, "부처님의 성품을 또는 반야바라밀이라고도 하고 또한 제일의공이라고도 한다."[359]라고 하셨으니, 『대품경』에서 말씀하시는 바의 반야 및 제일의공은 바로 이 부처님의 성품이다. 그런데 무엇 때문에 『반야경』에서는 부처님의 성품을 밝히지 않는다고 말할 수 있겠는가?

또 『대품경』 가운데에서는 진여·법성을 말씀하신다.[360] 『대지도론』「석초품중사연의」 제49의 잔여분殘餘分 가운데에서 『대품경大品經』을 해석하여 다음과 같이 논술한다.

법을 열반이라고 부르는 것은 희론이 아니다. 법성은 본분本分의 종자가 되는 것을 말하는 것이다. 이것은 마치 황석黃石에는 금의 성품, 백석白石에는 은의 성품이 있는 것과 같이, 모든 중생에게는 열반의 성품이 있는 것이다.[361]

三乘差別。不唯一乘。須菩提答。無二無三。若聞不怖。能得菩提。"

359 『大般涅槃經』(T12, 767c), "佛性者名第一義空。第一義空名爲智慧。" 그러나 원효가 서술하고 있는 문장과 대조하여 보면, 실제로는 혜원의 『大乘義章』으로부터 글을 빌려 쓰고 있다는 것을 알 수 있다. 『大乘義章』(T44, 466a), "經說佛性。亦名般若波羅蜜。亦名第一義空。"

360 『摩訶般若波羅蜜經』(T8, 219c), "復次舍利弗。菩薩摩訶薩欲知諸法如法性實際。"

361 『大智度論』(T25, 298b), "法性者法名涅槃。不可壞不可戲論。法性名爲本分種。如黃石中有金性白石中有銀性。如是一切世間法中皆有涅槃性。諸佛賢聖以智慧方便持戒禪定。敎化引導令得是涅槃法性。利根者卽知是諸法皆是法性。譬如神通人能變瓦石皆使爲金。鈍根者方便分別求之乃得法性。譬如大冶鼓石然後得金。是法性。譬如神通人能變瓦石皆使爲金。鈍根者方便分別求之乃得法性。如大冶鼓石然後得金。"

여기서 논술하는 법성이 부처님의 성품과 어떤 차별이 있는가? 부처님의 마음자리를 말씀하지 않았기 때문에 이것을 천박하다고 하겠는가? 또 『묘법연화경우바제사』 권하 「비유품」 제3 아래에서 논술하였다.

내가 본디 보살의 도를 닦아서 이룬 바의 수명은, 이제도 더욱 아직 다하지 않아서 위의 수량의 수배가 되느니라. 이 말씀은 부처님의 상주하는 수명을 드러내 보이면서, 아주 미묘한 방편으로 부처님의 수명이 헤아릴 수 없이 많은 수량이므로 그 수량을 세어도 알 수 없다는 것을 나타내려고 하기 때문이다.[362]

또 (같은 책에서) 다음과 같이 논술하였다.

나의 정토는 훼손되는 것이 아니니라. 그렇지만 중생들은 다 불타서 없어질 것이므로, 근심·걱정·고뇌가 많아 이와 같이 모두 충만하다고 보느니라. 이 말씀은 보신 부처님의 진실한 정토淨土가 제일의제에 포섭되기 때문이다.[363]

『묘법연화경』에서는 벌써 부처님의 상주하는 수명과 진실한 정토를 드러낸 것이다. 그런데도 이것을 불요의설이라고 논술한다면 도리에 맞지 않는 것이다.

---

[362] 『妙法蓮華經優波提舍』(T26, 9bc), "我本行菩薩道今猶未滿者。以本願故。衆生界未盡願非究竟故。言未滿非謂菩提不滿足也。所成壽命復倍上數者。此文示現如來命常善巧方便顯多數故。過上數量不可數知." 한편 이에 해당하는 『妙法蓮華經』(T9, 42c)에서의 본문의 내용은 아래와 같다. "我本行菩薩道所成壽命。今猶未盡。復倍上數."

[363] 『妙法蓮華經優波提舍』(T26, 9c), "我淨土不毀而衆見燒盡者。報佛如來眞實淨土。第一義諦之所攝故." 한편 이에 해당하는 『妙法蓮華經』(T9, 43c)에서의 본문의 내용은 아래와 같다. "我淨土不毀。而衆見燒盡。憂怖諸苦惱。如是悉充滿."

又復若言般若敎中。不破三乘淺化¹⁾者。大品經中。舍利弗問。若都不退定²⁾復不異。何故得有三乘差別。不唯一乘。須菩提答。無二無三。若聞不怖。能得菩提。此與法花無三 言何別而分淺深耶。又若般若不說佛性淺者。涅槃經說。佛性亦名般若波羅蜜。亦名第一義空。所³⁾ 般若及空。卽是佛性。何得說云。不明佛性。又大品說。眞如法性。論主釋云。法名涅槃。不戲論。法性名本分種。如黃石金性。白石銀性。一切衆生。有涅槃性。此與佛性。有何差別。而不說故是淺耶。又法花論云。所成壽命。復倍上數者。此文示現。如來常命。以巧方便。顯多數量。不可數知故。又言。我淨土不毀。而衆生見燒盡者。報佛如來。眞淨土第一義諦之所攝故。旣顯常命。及眞淨土。而言是不了說者。不應道理。

---

1) ㉠ '化'는 경명이므로 '華'가 되어야 한다. 2) ㉠ '定'은 『大乘義章』에 따르면 '空'이 되어야 한다. 3) ㉠ '所'는 문맥에 따르면 그 앞에 '大品'을 넣고 그 다음에 '說'을 넣어야 한다.

3) 회통

㉣ 남쪽 지방과 북쪽 지방 스승들의 두 학설은 어느 것이 맞고 어느 것이 그른가?

㉤ 만일 꼭 한쪽만을 집착해서 한결같이 그러하다고 생각한다면 두 학설이 모두 그른 것이 된다. 그러나 만일 분수를 따르고 그러한 편견을 따르는 주장이 없다면 두 학설이 모두 맞는 것이 된다. 그러한 까닭은, 부처님께서 『반야경』 등을 말씀하신 뜻은 넓고 크며 매우 깊어서 얕은 가르침에도 잘 통하므로 이를 다시 어느 한쪽에만 꼭 한정시킬 수 없기 때문이다.

또 (다음의 얘기와 같다.) 수나라 때에 천태 지자가 신인神人에게 물었다. "북쪽 지방에서 사종四宗³⁶⁴을 내세우는 것이 경의 뜻에 맞느냐 그렇

---

364 사종四宗 : 여기에 두 가지가 있다. 첫째 인명因明의 종법宗法에 4종이 있음을 사종

지 않느냐?" 신인이 대답했다. "잃는 것은 많고 얻는 것은 적다." 천태 지자가 다시 물었다. "성실론종의 스승들이 오시교五時教[365]를 내세운 것은 부처님의 뜻에 맞느냐 그렇지 않느냐?" 신인神人이 대답했다. "북쪽 지방에서 사종四宗을 내세우는 것보다는 조금 괜찮지만 그래도 과실이 많다."

그런데 천태 지자天台智者는 선정과 지혜를 모두 통달하였으므로 온 세상이 그를 존중하였고, 범부와 성인도 (그의 경지를) 헤아리기 어려워했다.

그러므로 알라. 부처님의 뜻은 심원하여 헤아릴 수 없는데도, 사종四宗으로 경의 종지를 과분科分하고, 또한 오시교五時教로 부처님의 뜻을 한정하려고 하였으니, 이것은 마치 소라고둥으로 바닷물을 퍼내고, 대롱을 가

이라 한다. 둘째 제齊의 대행사大行寺 담은曇隱이 그의 교판에서 4종을 세운 것이다. ① 보파다부菩婆多部·설산부雪山部 등은 인연종因緣宗이 되고(立性宗), ② 경량부經量部·성실론成實論 등은 가명종假名宗(破性宗)이 되고, ③ 『般若經』은 부진종不眞宗(破相宗)이 되며, ④ 『涅槃經』· 『華嚴經』은 진종眞宗(顯實宗)이 된다.

365 오시교五時教 : 부처님의 일대 교설을 시간의 차례에 따라서 다섯 단계로 설정하여 제시한 학설로서, 아래와 같이 세 가지 학설이 있다. 첫째는 유송劉宋 도량사道場寺 혜관慧觀의 학설로서 부처님의 일대교설一代教說을 구분하여 돈교頓教와 점교漸教로 나누고, 점교 가운데에 다시 시간의 차례에 따라 다섯 가지 구별이 있다는 것이다. ① 삼승별교三乘別教–삼승인들을 위하여 따로따로 말한 교법. ② 삼승통교三乘通教–삼승이 함께 듣는 교법. ③ 억양교抑揚教–보살을 찬양하고 명예를 억제한 교법. ④ 동귀교同歸教–삼승을 회동會同하여 일승에 돌아가게 하는 교법. ⑤ 상주교常住教–불성이 상주하다는 교법. 둘째는 천태종 개조 지의의 학설로서 부처님의 일대 교설을 구분하여 시간의 차례에 따라 다섯 단계가 있다는 것이다. ① 화엄시華嚴時–성도하신 바로 다음 최초의 21일 동안에 『華嚴經』을 말씀한 시기. ② 아함시阿含時–그 다음 12년 동안 녹야원에서 『阿含經』을 말씀한 시기. ③ 방등시方等時–그 다음 8년 동안 『維摩經』·『金光明經』·『楞伽經』·『勝鬘經』·『無量壽經』 등 방등부의 여러 경을 말씀한 시기. ④ 반야시般若時–그 다음 22년 동안 제부의 『般若經』을 말씀한 시기. ⑤ 법화열반시法華涅槃時–최후의 8년 동안 『法華經』과 『大般涅槃經』을 말씀한 시기. 셋째는 『大方廣佛華嚴經』「如來性起品」에 아침에 해가 뜨면 제일 먼저 고산高山, 다음에 골짜기, 평지를 차례로 비춘다는 말씀을 근거로 하여, 고산高山·유곡幽谷·식시食時·우중禺中·정중正中의 5시로 구분한다는 것이다. 천태종에서도 이것을 차례로 앞에 말씀한 5시에 배당하여 천태오시교를 제시하였다.

지고 하늘을 엿보려고 하는 짓이나 마찬가지일 뿐이다.

교판(敎迹)의 얕고 깊음을 이와 같이 간략하게 판별한다.

問。南北二說。何者爲得爲失。答。若執一邊。謂一向爾者。二說皆失。若就隨分。無其義者。二說俱得。所以然者。佛說般若等諸敎意。廣大甚深淺通。復不可定限於一邊故。又如隨[1]時。天台智者。問神人言。北立四宗。會經意不。神人答言。失多得少。又問。成實論師。立五敎。稱佛意不。神人答曰。小勝四宗。猶多過失。然天台智者。禪慧俱通。擧世所重。凡聖難測。是知。佛意深遠無限。而欲以四宗科於經旨。亦以五時限於佛意。是猶以螺酌海。用管闚天者耳。敎迹淺深。略判如是。

---

1) ㉭ '隨'는 중국의 나라 이름이므로 '隋'가 되어야 한다.

『열반경종요』
涅槃經宗要

천치天治 원년(1124)³⁶⁶ 5월 24일 이 글을 베껴 쓰다.

天治。元年。五月。卄四日。書之。

---

366 천치天治 원년元年은 일본의 왕 조우鳥羽의 연호로서 서력 1124년이다.

찾아보기

가견可見 / 203
가명假名 / 98
가벼움과 무거움의 자재(輕重自在) / 145
「가섭보살품」 / 167
『가퇴론迦退論』 / 245
각지의 낙(覺知樂) / 143
같음과 다름의 자재(一異自在) / 145
게송 / 30
경계를 대하는 자재 / 146
고인古人 / 59
공공空空 / 81
과정果淨 / 149
괴상壞相 / 132
교체敎體 / 34, 245
교판(敎迹) / 34, 253, 263
구경究竟의 뜻 / 68
『구경일승보성론究竟一乘寶性論』 / 123, 125
『구경일승보성론』「승보품」 / 194
구신句身 / 245
구중句衆 / 250
금강삼매金剛三昧 / 141
금강유정金剛有情 / 190
기起 / 175

낙樂 / 122

남쪽 지방의 여러 스승들 / 255
네 가지 덕 / 43
네 가지 의미 / 211
네 가지 환난患難 / 130
네 종류의 낙樂 / 142
『능가경소楞伽經疏』 / 252
『능가경종요楞伽經宗要』 / 162
능견심불상응염 / 230

다섯 종성種性 / 207
단견斷見 / 123
대멸도大滅度 / 32
『대반야』 / 47
대반열반大般涅槃 / 31
『대반열반경大般涅槃經』 / 26, 255
『대반열반경』「가섭보살품」 / 76, 202, 220
『대반열반경』「광명변조고귀덕왕보살품」 / 52
『대반열반경』「금강신품」 / 120
『대반열반경』「덕왕보살품」 / 242
『대반열반경』「사상품」 / 155
『대반열반경』「사자후보살품」 / 55, 167, 169, 172, 181, 243
『대반열반경』「성행품」 / 46, 156
『대반열반경』「순타품」 / 46, 152
『대반열반경』「애탄품」 / 46, 122
『대반열반경』「여래성품」 / 46, 155, 171

『대반열반경』「장수품」/ 152, 157, 192
『대방광불화엄경大方廣佛華嚴經』/ 80, 254
『대살차니건자소설경大薩遮尼乾子所說經』/ 118
대승 / 256
『대승기신론大乘起信論』/ 83, 94, 115, 186
대승요의大乘了義 / 256
대원경지大圓鏡智 / 199
『대지도론大智度論』/ 38, 86
『대지도론』「석왕생품」/ 257
『대지도론』「석초품중사연의」/ 259
『대지도론』「석필정품」/ 257
『대품경大品經』/ 259
덕멸德滅 / 63, 65
도생道生 공公 / 168
도안到岸의 뜻 / 68
독자부犢子部 / 85
돈교 / 253
두 가지 공(二空) / 191
두 가지 치우침에서 / 212
두루 드러내는 자재 / 147
둘도 없는 참된 성품 / 48
따일라 / 35

멸도滅度 / 51
명신名身 / 245, 246
명의문名義門 / 50
명중名衆 / 250
모든 구성 요소(陰) / 43
모든 사상가들(百家) / 28
묘각위妙覺位 / 189
『묘법연화경妙法蓮華經』/ 39, 51, 236, 254
『묘법연화경우바제사妙法蓮華經優波提舍』/ 73, 89, 194, 260
무구진여無垢眞如 / 105
무도산武都山의 은사隱士 류규劉 / 253
무분별지無分別智 / 35
무상無常 / 154
무상無上의 인과 / 46
무생지無生智 / 192
무여신열반계無餘身涅槃界 / 96
무여열반 / 96
무위無爲 / 63
무주처無住處열반 / 91
무학無學 / 86
미래의 과위 / 240
미래의 상덕常德과 현재의 상덕 / 46
미신味身 / 245

마니摩尼 / 36
『마하반야바라밀경摩訶般若波羅蜜經』/ 72, 256
『마하반야바라밀경』「대여품」/ 258
『마하반야바라밀경』「여화품如化品」/ 80
만행萬行 / 199
많음과 적음의 자재(多少自在) / 144

『반야경』/ 236, 254
방등方等 / 28
방편파괴열반 / 91
백마사白馬寺의 담애曇愛 법사 / 167
법성신 / 118
법신法身 / 107

법아法我 / 144
밥을 얻는 자재 / 146
변계소집遍計所執 / 191
변수행遍修行 / 195
변역생사變易生死 / 131
『보살영락본업경菩薩瓔珞本業經』 / 47
보살일천제菩薩一闡提 / 94
『보살지지경菩薩地持經』 / 88
보신報身 / 154, 206
복伏 / 175
본디 종자(法爾種子) / 172
본성주종성(性種性) / 173
본식本識 / 198
부동상不同相열반 / 92
부정취不定聚 / 89
『부증불감경不增不減經』 / 185
부처님 계위에 있는 일곱 가지 작용 / 203
부처님의 마음자리(佛性) / 43, 166
부처님의 마음자리문(佛性門) / 49
북쪽 지방 스승들 / 256
분단생사分段生死 / 130
분별이 없는 의식(無分別識) / 117
불괴의 낙(不壞樂) / 143
불료의不了義 / 255
불상응행 / 251
『불설대반니원경佛說大般泥洹經』 / 52, 118
『불성론佛性論』 / 67, 184
불타제바佛陀提婆 / 247
비유부 / 99
비학비무학非學非無學 / 86

사멸事滅 / 63
사무외四無畏 / 180
사생四生 / 28
『사익범천소문경』 / 254
사정취邪定聚 / 89
사종四宗 / 261
삼사三事 / 43, 107
삼세三世 / 216
삼승三乘 / 254
삼십칠조도품三十七助道品 / 76
삼지三智 / 199
삼해탈문三解脫門 / 76
상常 / 122
상견常見 / 123
상심上心 / 175
생상生相 / 132, 151
생인生因 / 76, 151, 154, 220
서른여섯 가지의 뜻 / 42
선善·불선不善 / 203
설일체유부說一切有部 / 85, 96
『섭대승론석攝大乘論釋』 / 35, 74, 118, 163
『성실론成實論』 / 250
성실론종 / 98, 262
『성자승만경聖者勝鬘經』 / 124
세 가지 의생신 / 132
소酥 / 241
소견少見 / 203
소전所詮 / 251
수덕修德 / 149
수受를 끊는 낙(斷受樂) / 142
수멸數滅 / 99

수멸무위數滅無爲 / 98
수미산왕須彌山王 / 38
수용신受用身 / 118
순타純陀 / 118
『승만경勝鬘經』 / 78, 103, 236
신사新師 / 173
신인神人 / 261
신정身淨 / 149
실법實法 / 98
심자재지心自在地 / 230
심정心淨 / 149
십력十力 / 180
십선十善 / 254
십일체입十一切入 / 249
『십지경론十地經論』 / 92

아我 / 122
아뢰야식阿賴耶識 / 172
아마라식阿摩羅識 / 174
『아비달마구사석론阿毘達磨俱舍釋論』 / 248
『아비담비바사론阿毘曇毘婆沙論』 / 96, 99, 246
양梁 나라의 무왕武王 소연簫衍 천자天子 / 172
어신語身 / 246
업정業淨 / 149
여덟 가지의 훌륭한 소리(八音) / 27
여래장如來藏 / 236
여실수행 / 195
연기 / 256
연기문緣起門 / 208

연상緣相 / 132
연설을 하는 것의 자재 / 147
열 가지의 모습(十相) / 27
열반涅槃 / 27
열반문涅槃門 / 49
영론문影論門 / 127
오계五戒 / 254
오분법신五分法身 / 249
오시五時 / 258
오시교五時敎 / 256, 262
오역죄五逆罪 / 31
완전한 가르침(滿字) / 30
요의경了義經 / 255
요인了因 / 76, 158
원만하고 지극한 일과一果 / 47
『유가사지론』 / 173, 197
『유가사지론』「섭결택분」 / 101
유락乳酪 / 241
『유마힐경』 / 236, 254
『유마힐소설경維摩詰所說經』 / 93
유여신열반계有餘身涅槃界 / 96
유여열반 / 96
유정有淨 / 149
유학有學 / 86
육바라밀 / 225
은밀어隱密語 / 57
의생신意生身 / 125
의지문依持門 / 207
∵(ㅎ, 伊, 이) 자字 / 110
이덕離德 / 149
이멸理滅 / 63, 64
이승二乘 / 45
『이야경二夜經』 / 37
『이장의二障義』 / 200

인상因相 / 132
인아人我 / 144
인정因淨 / 149
인천人天 / 254
일승一乘 / 235
일천제一闡提 / 31, 206, 210
일향기一向記 / 154
『입릉가경入楞伽經』 / 94, 126, 163

자성신自性身 / 118
자성청정열반 / 91
자수용신自受用身 / 119
자수용정토自受用淨土 / 119
자중字衆 / 250
『잡심론雜心論』 / 97
『잡아비담심론雜阿毘曇心論』 / 246
장수長壽의 인과 / 43
장엄사의 승민僧旻 법사 / 169
적정의 낙(寂靜樂) / 143
점교 / 253
『점찰선악업보경占察善惡業報經』 / 72
정정淨 / 122
정정취正定聚 / 89
정체지正體智 / 195
제10지第十地 / 189
제위提胃 / 254
제일의신第一義身 / 120
종지 / 34, 42
지혜(般若) / 108
진제眞際 / 28
진제眞諦 / 35

차전遮詮 / 215
천태 지자 / 261
『청승복전경請僧福田經』 / 157
체상문體相門 / 84
초지初地 / 188
출세간出世間의 인과 / 46
치답置答 / 213

크고 작음의 자재(大小自在) / 145

택멸擇滅 / 63, 65

표전表詮 / 215

하늘 북 / 36
한마음(一心) / 175
한맛 / 28
『합부금광명경合部金光明經』 / 104, 115
해탈解脫 / 108, 256

행덕구경行德究竟 / 256
현략문顯略門 / 127
현료어顯了語 / 57, 59
화수밀和須蜜 / 247

화신 / 220
후득지 / 195
후신 보살後身菩薩 / 217

원효元曉
(617~686)

원효는 신라 진평왕 39년(617)에 경상북도 압량군押梁郡에서 태어났고 속성은 설薛씨이다. 대략 15세 전후에 출가한 것으로 전해진다. 특정 스승에게 의탁하지 않고 낭지朗智·혜공惠空·보덕普德 등의 여러 스승에게서 두루 배웠다. 학문적 성향도 또한 그러하여, 특정 경론이나 사상에 경도되지 않고 다양한 사상과 경론을 두루 학습하고 연구했다. 34세에 의상義湘과 함께, 현장玄奘에게 유식학을 배우기 위해 당나라로 떠났지만, 상황이 여의치 않아 중간에 되돌아왔다. 45세에 재시도를 감행했으나, 도중에 "마음이 모든 것의 근본이며 마음 밖에 어떤 법도 있지 않다."는 깨달음을 얻고 되돌아왔다. 이후 저술 활동에 전념하여 80여 부 200여 권의 저술이 있었던 것으로 전해지며, 현재 이 가운데 22부가 전해진다. 원효는 오롯이 출가자로서의 삶에 갇혀 있지 않고, 세간을 두루 돌아다니면서 대중과 하나가 되어 불교를 전파하면서, 그들을 교화하는 데 힘을 기울였다. 그의 삶과 사상은 진속일여眞俗一如·염정무이染淨無二·화쟁和諍 등으로 집약할 수 있다. 신문왕 6년(686) 혈사穴寺에서 입적하였다. 고려 숙종이 화쟁국사和諍國師라는 시호諡號를 내렸다.

옮긴이 이평래

동국대학교 불교학과를 졸업하고, 일본의 고마자와 대학(駒澤大學)에 유학하여 「新羅佛敎如來藏思想硏究」라는 논문으로 박사학위를 취득하였다. 충남대학교 철학과 교수로 봉직하다 2007년 2월에 정년퇴임하였다. 현재는 충남대학교 명예교수로서 요가와 독서 그리고 글쓰기를 벗 삼아 안빈낙도安貧樂道하며, 한인한閑人으로 유행유행遊行한다. 저서로는 『신라불교여래장사상연구』, 『대승기신론강설』 등이 있고, 논문으로는 「大乘起信論硏究」, 「元曉의 眞如觀」, 「『涅槃宗要』의 如來藏說」, 「여래장설과 원효」, 「三階敎運動의 현대적 照明」, 「화엄교학의 기초로서의 여래장설에 관한 연구」, 「원효의 열반사상에 관한 연구」, 「佛敎における生と死との美學」, 「불교학술용어표준화사업의 未來像」, 「『涅槃經宗要』의 註釋的 연구」, 「알라야식과 여래장」, 『『슈리말라데위씽하나다경(勝鬘經)』 역주』, 『『여래장경』 역주』 등이 있다.

교감 및 증의
하유진(서강대학교 철학연구소 연구교수)